ALMANAQUE DO ROCK

Ediouro

Gene
VINCENT
and his
BLUE CAPS

almanaque do ROCK

kid vinil

Ediouro

direção de arte e design
MARCELO MARTINEZ | LABORATÓRIO SECRETO

designer
JOÃO FERRAZ

designer assistente
IGOR CAMPOS

assistente de arte
MARIANA CARVALHO

editora
CRISTINA FERNANDES

assistente editorial
MARCUS ASSUNÇÃO

edição de texto
ANDRÉ FONSECA

copidesque
MARYANNE BENFORD LINZ

preparação de texto
ALESSANDRA MIRANDA DE SÁ

revisão
FLÁVIA SCHIAVO

pequisa fotográfica
MÔNICA DE SOUZA e HEITOR PITOMBO

produção editorial
ADRIANE GOZZO

assistente de produção
JULIANA CAMPOI

imagem de capa
OTHER IMAGES

imagens
TODAS AS IMAGENS FORAM EXTRAÍDAS DE CAPAS DE DISCOS DA COLEÇÃO PESSOAL DE KID VINIL. EXCETO — **DIVULGAÇÃO**: ARCADE FIRE E THE HIVES (p. 208). **OTHER IMAGES:** ACDC (P. 244-245); ALICE COOPER (P. 8); BILLY IDOL (P. 119); BLACK SABBATH (P. 113); BON JOVI (P.119); BUDDY HOLLY (P. 10-11); CHUCK BERRY (P. 43); CREAM (P. 48); CYNDI LAUPER (P. 119); DURAN DURAN (P. 118); EAGLES (P. 242-243); EMERSON, LAKE, PALMER (P. 92-93); FATS DOMINO (43); FRANZ FERDINAND (P. 207, 246-247); GENE VINCENT (P. 2-3); GREEN DAY (P. 202); GUNS N' ROSES (P. 146-147); IRON MAIDEN (P. 120); JACK WHITE (P. 206); JIMMY HENDRIX EXPERIENCE (P. 46-47); LED ZEPPELIN (P. 113); METALLICA (P. 120); NOFX (P. 205); NIRVANA (P. 190-191); OFFSPRING (P. 203); OZZY OSBOURNE (P. 248); PEARL JAM (P. 201); PENNYWISE (P. 204); QUEEN (P. 115); SEX PISTOLS (P. 116); STROKES (P. 4, 226-227); T.REX (P. 115); THE ANIMALS (P.34-35); THE CLASH (P. 117); THE LIBERTINES (P. 206-207); THE WHO (P. 48); TWIST (P. 49); VAN HALEN (P. 118).

Rua Nova Jerusalém, 345 Bonsucesso – CEP 21042-230 – Rio de Janeiro – RJ
T.(21) 3882-8200 • F.(21) 3882-8212 / 3882-8313 • WWW.EDIOURO.COM.BR

DADOS INTERNACIONAIS DE CATALOGAÇÃO NA PUBLICAÇÃO (CIP)
(CÂMARA BRASILEIRA DO LIVRO, SP, BRASIL)

Kid Vinil
Almanaque do rock / Kid Vinil. -- São Paulo: Edíouro, 2008

ISBN 978-85-00-02145-9

1. Rock 2. Rock – História I. Título.

08-06079 CDD–781.6609

ÍNDICE PARA CATÁLOGO SISTEMÁTICO:
1. Rock: Música: História 781.6609

2ª edição / 1ª reimpressão

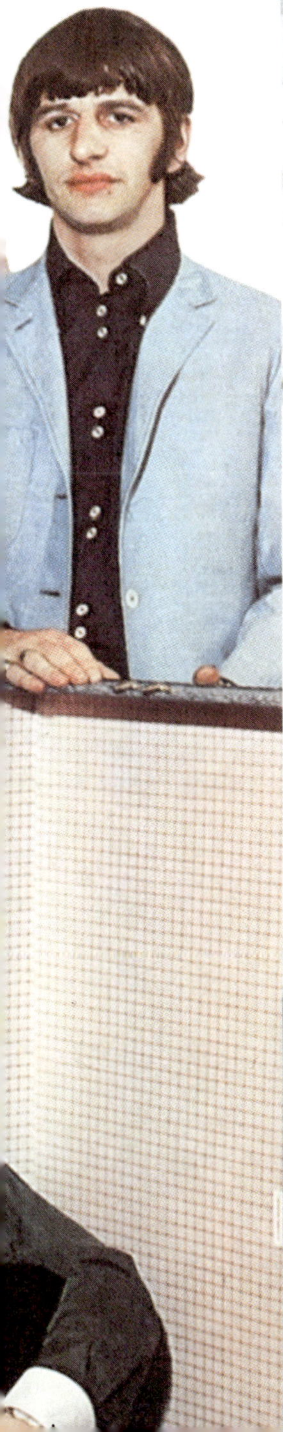

A viagem, onde tudo começou...

Dedico este livro ao meu irmão Valdecir, que me levou aos 10 anos de idade para assistir ao filme *A Hard Days Night*, dos Beatles, e a partir dali minha vida mudou. À minha tia Regina, que com seus discos de Elvis Presley e Paul Anka embalaram minha infância.

SUMÁRIO

APRESENTAÇÃO

São mais de 50 anos de história para esse jovem que atende pelo nome de "rock and roll".

Esse ritmo contagiante que traduz excitação e frenesi nunca envelhece; pelo contrário, se renova a cada geração. Se na década de 50, quando ele foi inventado por Chuck Berry e Elvis Presley, significava uma fusão da country music e do rhythm'n'blues, hoje essa definição pode ser muito mais ampla.

Com o passar dos tempos, o rock agregou elementos do jazz, da música clássica, do folk e da world music, entre outros.

Hoje o rock deita e rola na era digital, usando os famosos *samplers*, instrumentação eletrônica e muitos computadores.

Mas uma coisa é importante ressaltar: o rock and roll nunca perdeu a sua rebeldia, o seu jeito de "entrar com o pé na porta". Isso se resume em uma palavra: "atitude". Essa é a senha de comando para milhões de jovens do mundo inteiro a cada geração. Comportamento e Moda sempre andaram de mãos dadas com o rock and roll. Cada geração dita sua moda e seu estilo de vida, criando uma conexão entre passado, presente e futuro, e é assim também na música e em outras formas de expressão.

Nesses 50 anos de existência, podemos destacar algumas datas essenciais ao longo dessas cinco décadas:

1955 – quando Chuck Berry inventou o rock and roll e Elvis Presley o popularizou.

1966/67 – quando Bob Dylan, The Beatles, The Rolling Stones, Frank Zappa, The Doors e Velvet Underground causaram uma revolução maciça na estrutura do rock and roll.

1976/77 – quando o Punk Rock e a New Wave mais uma vez revolucionaram o rock and roll.

1987/88 – quando bandas como Pixies, Fugazi e Sonic Youth criaram o indie pop.

1993/94 – quando Radiohead, Oasis, Blur, Pulp, Manic Street Preachers e Suede inventaram o britpop.

No entanto, essa história não termina por aí. Esses jovens inquietos inventaram e reinventaram um ritmo que por muitos é considerado limitado – imaginem se não fosse!

Só para ter uma idéia, ao término deste livro, ainda veio a geração New Rave, que pode ser representada pelos Klaxons e por nosso Cansei de Ser Sexy.

A produção musical dos jovens eclode pelo mundo todo em busca de referências e ultrapassa o que poderia ser um fator limitante neste diálogo de gerações, o tempo. O rock and roll é atemporal. Vimos freqüentemente os jovens garimpando "novos ritmos, novos estilos" no veio de algo que já foi produzido, agora sendo reciclado e dando uma nova leitura e, quando possível, agregando novos elementos ao rock produzido atualmente.

Esse é o verdadeiro significado do "rock and roll".

50

AS RAÍZES DESSE TAL DE ROCK AND ROLL

No início da década de 50, a América se recuperava da ressaca do período pós-guerra. O cenário parecia promissor: o poder aquisitivo do norte-americano melhorava a cada dia e despontava a chamada geração do consumo, para quem tudo era novidade e inspirava prazer. Seus pais ouviam canções românticas de Dean Martin e orquestras como a de Glenn Miller, mas, definitivamente, não era isso que os jovens queriam ouvir. Dessa insatisfação surgiu o ritmo batizado de rock and roll, que expressava a excitação dessa nova geração.

A RECEITA DO ROCK AND ROLL

Na sua forma mais pura, o rock é composto de três a quatro acordes, uma batida forte e contínua e uma melodia pegajosa. As raízes do rock and roll provêm de fontes variadas: o blues tradicional, o rhythm & blues (R&B) e a música country. Adicione também o gospel, o pop tradicional, o jazz, o boogie-woogie e o folk. E misture uma estrutura ao estilo blues, que torna a canção rápida, dançante e atraente.

O rock and roll teve seu modelo criado pela primeira geração de *rockers*: Chuck Berry, Elvis Presley, Little Richard, Jerry Lee Lewis, Buddy Holly, Bo Diddley, Bill Haley, Gene Vincent, The Everly Brothers, Carl Perkins, entre outros. Nas décadas seguintes, um grande número de artistas foi recriando e redefinindo esse som. Da invasão inglesa, folk-rock e psicodelia ao hard rock, heavy metal, glam rock e punk, diversos subgêneros foram surgindo, muitos deles ainda conservando em sua concepção musical as raízes das décadas de 50 e 60. A forma de execução foi mudando, mas a essência continuava a mesma.

BRANCOS OU NEGROS?

O rock and roll já nasceu polêmico. Quando a juventude da época começou a se revoltar contra o racismo, a música foi uma forma de unir a todos. Alguns atribuem aos negros a criação do rock and roll nos anos 50. Mas quem será o pai do rock? Na versão negra, podemos considerar Chuck Berry, Little Richard, Fats Domino e Bo Diddley.

O primeiro marco na história do rock foi uma gravação de Ike Turner (o falecido marido da Tina Turner). Ele tinha um grupo de R&B chamado The Kings of Rhythm, que, em maio de 1951, emplacou nas paradas o compacto *Rocket 88*.

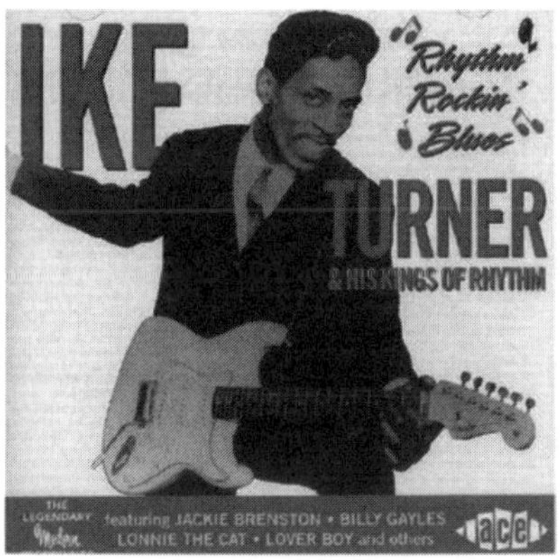

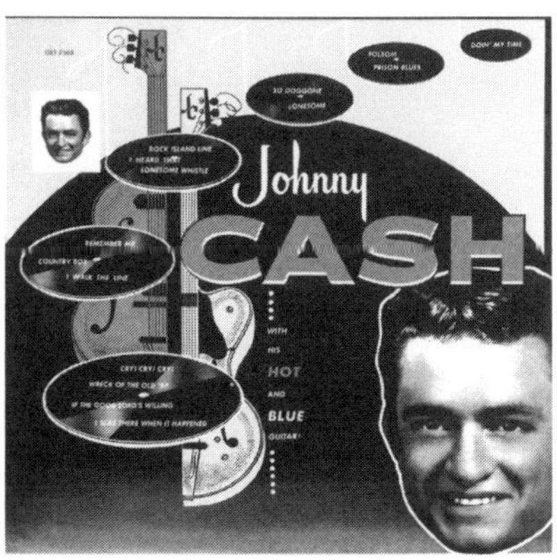

Os primeiros brancos a se aventurarem no contagiante ritmo foram Bill Haley, Carl Perkins, Johnny Cash, Jerry Lee Lewis, Roy Orbison e Elvis Presley, que traziam em suas músicas as origens do hillbilly, uma espécie de música pré-folk feita no sul dos Estados Unidos, o *swing* do blues feito pelos negros e uma pitada do jazz e do boogie-woogie — este, outra vertente do blues tradicional. Essa mistura mais tarde passou a ser chamada de rockabilly.

A diferença entre o rock and roll e o rockabilly é que no primeiro entravam elementos do pop feito antes da década de 50 — o chamado pop tradicional — e, no segundo, havia predominância das raízes country e do rhythm & blues.

O selo Sun Records, do produtor Sam Phillips, ajudou a propagar pela América alguns desses ritmos importantes, na voz de nomes como Johnny Cash, Jerry Lee Lewis e Elvis Presley. Enquanto isso, em Chicago, um outro selo chamado Chess Records — uma gravadora de R&B — apresentava ao mundo os artistas negros do rock and roll, como Chuck Berry e Bo Diddley. Nessa época, houve uma proliferação pelos Estados Unidos de outros selos menores que também fizeram história, como o Imperial e o King.

Um dos caras mais negligenciados pela mídia foi Bill Haley, músico do Estado de Michigan, que já tocava rock and roll desde o início dos anos 50, quando o ritmo ainda nem tinha nome. Sua gravação de "Rock Around the Clock", por exemplo, aconteceu em abril de 1954, antes de Elvis Presley assinar com a gravadora Sun Records (também em 1954), e de Chuck Berry gravar "Maybellene", em 1955.

O CARA CHORÃO

Citado como um precursor do rock and roll, Johnnie Ray tinha um estilo inspirado no R&B, algo entre Frank Sinatra e Elvis Presley. Ele ganhou seu primeiro disco de ouro em 1951 com a música "Cry" e depois com "Little White Cloud that Cried". O apelido *The Cry Guy* (o cara chorão) surgiu porque sua performance no palco incluía choro e dramatizações, como se ajoelhar aos prantos. Muitos o consideram uma das grandes influências de Elvis e, no Brasil, de Tony Campelo.

ENQUANTO ISSO, NO RÁDIO...

Alan Freed foi tido como o responsável por ter apresentado o som dos negros para as platéias brancas com seu programa de rádio *Moondog Rock and Roll Party*, que começou em Ohio, em 1952, tocando R&B para uma audiência de adolescentes brancos. Como o racismo pegava pesado naquela época, o DJ foi criticado por sua iniciativa e perseguido pelas autoridades.

Um dos momentos marcantes de Freed foi em 1952, quando ele conseguiu reunir uma platéia de 25 mil brancos em Cleveland, tentando entrar num local com capacidade para 10 mil pessoas, para ver um show que trazia praticamente só artistas negros de rock and roll. Claro que ocorreu um grande tumulto, mas o sucesso levou seu programa para Nova York dois anos depois. Ele promoveu outro show histórico em 1955, no Brooklyn Paramount Theater, com Fats Domino, The Drifters, The Clovers e The Heptones and Joe Turner. Mais uma vez, a maior parte da platéia presente era de jovens brancos.

O DJ virou um herói do rádio em toda a América, pois dava força a todos os novos grupos de R&B, até aos mais obscuros, e se recusava a tocar Pat Boone, cantor que cantava sucessos do rock and roll em versões adocicadas. Ele também apareceu em diversos filmes nos anos 50 interpretando a si mesmo, como *Ao Balanço das Horas* (*Rock Around the Clock*), *Don't Knock the Rock* e *Mister Rock and Roll*.

Apesar de tudo isso, Alan Freed sofreu processos por exigir participações em direitos autorais de certas composições que ele ajudava a estourar tocando-as em seus programas.

Um dos piores momentos de sua carreira foi em 1958, no seu programa de TV *Rock and Roll Dance Party*, em que ele foi proibido de mostrar o cantor de doo-wop negro Frankie Lymon dançando com uma garota branca.

Diante de tantas acusações e proibições, sua carreira começou a decair, até que em 1959 estourou o escândalo do *payola* (jabá), quantia exigida pelos DJs de rádio para tocar as músicas dos artistas. Freed terminou sua vida e sua carreira em 1965, desempregado e alcoólatra.

DOO-WOP

Um estilo importante dentro do rock and roll dos anos 50 foi o doo-wop, uma espécie de exercício vocal feito por grupos de jovens negros e brancos, pobres e, às vezes, ítalo-americanos, que começaram a carreira cantando sem nenhum acompanhamento de instrumentos, naquilo que chamamos *a capella*. Nessa década, apareceram diversos grupos desse estilo, e alguns conseguiram certo sucesso, como The Crows, The Penguins, The Ravens e The Orioles. Mas outros também merecem destaque, entre eles: The Platters, The Clovers, The Spaniels, Frankie Lymon and The Teenagers, Dion, The Flamingos e The Drifters.

Em 1954, um dos grupos precursores foram os canadenses do Crew Cuts que chegaram ao primeiro lugar em algumas paradas com a música "Sh'Boom", que consistia em um arranjo vocal dos quatro integrantes. No ano seguinte, emplacaram mais uma: "Earth Angel", regravação dos The Pinguins.

The Crows foi o primeiro grupo vocal negro a tocar em rádios de brancos em 1954, com a música "Gee". Entretanto, um dos grupos mais bem-sucedidos foi o The Clovers, que emplacou 13 sucessos entre 1951 e 1954. Sem contar o The Platters, grupo de doo-wop que entrou nas principais paradas com "The Great Pretender" em dezembro de 1955.

Músicas de doo-wop que ficaram na história

"A TEENAGER IN LOVE"_**DION** ::: "BARBARA ANNE"_**THE REGENTS** ::: "BLUE MOON"_**THE MARCELS** ::: "DEVIL OR ANGEL"_**THE CLOVERS** ::: "EARTH ANGEL"_**THE PENGUINS** ::: "LITTLE DARLIN"_**THE DIAMONDS** ::: "LOVE PORTION NO 9"_**THE CLOVERS** ::: "SMOKE GETS IN YOUR EYES"_**THE PLATTERS** ::: "THE GREAT PRETENDER"_**THE PLATTERS** ::: "WHY DO FOOLS FALL IN LOVE"_**FRANKIE LYMON**

O COMPACTO DE VINIL

Um produto de consumo importante foi o compacto de vinil de sete polegadas, o *single*, conhecido no Brasil como "compacto simples". Todos os grandes nomes começavam gravando suas músicas nesse formato.

Na época, as rádios só tocavam compactos. Existia apenas uma parada de sucessos que eles chamavam de *singles chart* (algo como "parada de compactos"). Somente no início dos anos 60 foi criada a parada *albuns chart* ("parada de discos") para os LPs que só eram lançados depois de o artista ter tido vários compactos de sucesso. Estes eram reunidos no LP.

O ROCK AND ROLL NO CINEMA

O filme responsável pela estética padrão do rock and roll foi, sem dúvida, *O Selvagem* (*The Wild One*), de 1953. Estrelado por Marlon Brando e dirigido por László Benedek, o longa ditou a moda com suas jaquetas de couro, o *blue jeans* e os topetes.

Dois anos depois, James Dean virou ícone daquela geração com *Juventude Transviada* (*Rebel Without a Cause*), dirigido por Nicholas Ray. O roteiro se baseou nas disputas de gangues de jovens e nos duelos de carros, e levava para as telas a rebeldia dos jovens e a moda da época, como as garotas usando vestidos rodados, o cabelo amarrado (conhecido por aqui como "rabo-de-cavalo") e meias soquete.

Ainda em 1955, outro filme consolidava a geração rock and roll: *Sementes da Violência* (*Blackboard Jungle*), dirigido por Richard Brooks e estrelado por Glenn Ford. A trilha sonora trazia "Rock Around the Clock", de Bill Haley & His Comets, e dizem que ela encadeou uma revolução musical que abriu as portas para talentos como Elvis Presley.

BEBOP

O bebop, que apareceu com o fim das *big bands*, foi outra raiz do rock and roll. Era um tipo de jazz misturado ao blues feito pelos jovens negros, mas não era dançante como o som das *swing bands*. Nomes como o do saxofonista Charlie Parker e do trompetista Dizzy Gillespie destacaram-se nessa onda.

A GERAÇÃO BEAT

A chamada *beat generation* foi uma grande influência literária nos anos 1950.

William Burroughs, em 1953, publicou *Junkie*, certamente o mais chocante dos livros beats. Em 1955, Allen Ginsberg, em São Francisco, criou um grande impacto ao apresentar o poema "Howl" (Uivo). Um ano depois publicou *Uivo e Outros Poemas*, que, ao lado do clássico *On the Road*, escrito por Jack Kerouac em 1957, tornaram-se livros cultuados da literatura beat.

Totalmente diferentes da geração adolescente do rock and roll, os beats ouviam jazz e bebop, e eram adeptos de novas experiências espirituais, como o zen-budismo e outras religiões orientais.

O PRIMEIRO SUPERSTAR DO ROCK AND ROLL

Bill Haley já vinha fazendo certo sucesso desde 1953, com as músicas "Crazy Man Crazy" e "Rock the Joint". Naquele ano, quando quis gravar com sua banda "Rock Around the Clock", música que se tornaria o primeiro grande hit popular do rock and roll, o diretor de sua primeira gravadora, a Essex, não mostrou interesse. Somente no ano seguinte, quando assinou com a Decca, ele conseguiu gravar a faixa. Só que ela era o lado B de um compacto chamado *Thirteen Women*, que vendeu 75 mil cópias naquele ano.

Os autores de "Rock Around the Clock", inconformados com o pouco sucesso que a canção fez inicialmente, resolveram então mandá-la a Hollywood para ser incluída na trilha sonora do filme *Sementes da Violência*. Finalmente a música estourou e a Decca resolveu lançar o compacto novamente em 1955, mas dessa vez com a música no lado A, e chegando ao mundo inteiro.

No ano seguinte, o cantor teve mais cinco sucessos nas paradas. Mas, apesar de todo o estardalhaço, Bill Haley já tinha mais de 30 anos, era gordinho e seus trajes não interessavam aos adolescentes. Em resumo, não era o tipo *sex symbol*. No mesmo ano, Elvis surgiu nas paradas e os dias de rei do rock and roll de Haley estavam contados.

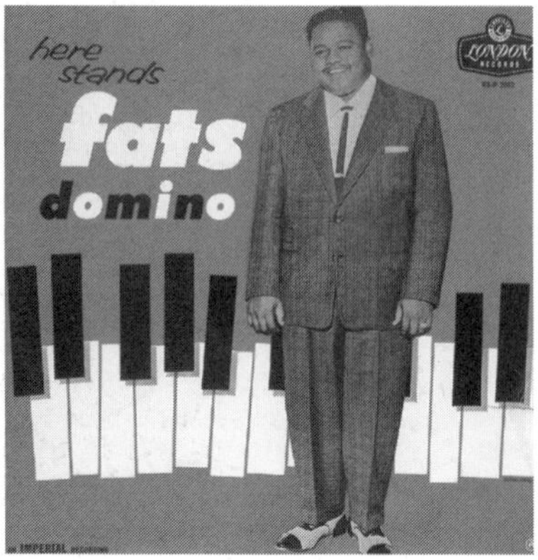

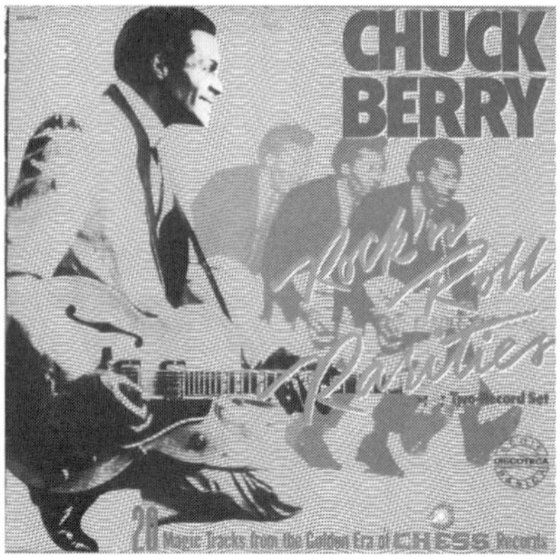

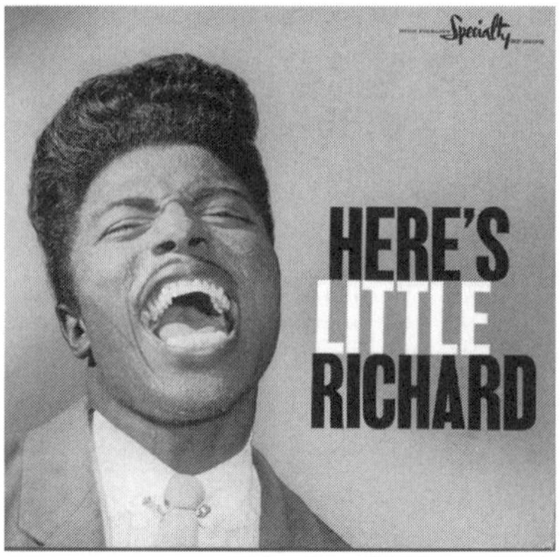

RHYTHM AND BLUES NAS PARADAS

Vindo de Nova Orleans, Fats Domino já era um sucesso nas paradas de R&B desde 1949; porém, em 1955, foi o primeiro cantor negro de R&B a furar o cerco das paradas de rock com "Ain't that a Shame". A partir dali, teve outras 37 músicas entre as mais vendidas, até o início dos anos 1960.

Um mês depois de Fats emplacar suas músicas nas principais paradas, outro artista do selo de Chicago Chess Records emplacava mais uma. Era ninguém menos que Chuck Berry, com a música "Maybellene". Assim como Domino, ele se tornou um dos nomes mais influentes do rock and roll, gravando clássicos como "Roll over Beethoven", "Rock and Roll Music", "Sweet Little Sixteen" e "Johnny B. Goode", que ficaram na história do rock e foram regravadas por uma centena de artistas em outras décadas.

Da mesma gravadora de Chuck Berry era Bo Diddley, que, apesar de não ter o mesmo sucesso, deixou sua marca nas paradas de R&B com os clássicos "I'm a Man", "Roadrunner" e "Bo Diddley".

Outros artistas negros que entraram nas paradas e merecem ser citados são: o grupo The Platters, com "Only You" e "The Great Pretender", ambas em 1955, e Frankie Lymon and The Teenagers, que explodiram com "Why Do Fools Fall in Love" no final de 1955. Na mesma época Little Richard surgiu no cenário musical com "Tutti Frutti" e ainda emplacaria outras faixas no topo das paradas, como "Long Tall Sally", "Rip It Up" e "Slippin' and Slidin'". Seu estilo era um R&B mais selvagem do que a linha melódica de Fats Domino. Mas, a partir daí, esse R&B já era conhecido entre os jovens como rock and roll, e Little Richard foi considerado aquele que representou a conexão dos dois gêneros.

Richard e Domino tornaram-se grandes vendedores de discos e apareceram em vários filmes. Eles fizeram que o R&B dos negros deixasse de ser uma música de gueto e se tornasse parte essencial do fenômeno rock and roll. Jovens brancos e negros consumiam suas músicas, o que serviu até mesmo como um manifesto revolucionário contra o racismo.

OS REBELDES DO ROCK

Com as primeiras gravações de Elvis Presley, a Sun Records, em Memphis, tornou-se um centro artístico do novo gênero de rock feito por brancos: o rebel rock, que mais tarde passou a se chamar rockabilly. Foi Elvis quem difundiu o gênero, mas Sam Phillips, dono da Sun, tinha em sua gravadora outros nomes que faziam essa fusão entre blues e country music, como Johnny Cash, Carl Perkins, Jerry Lee Lewis e Roy Orbison.

Os primeiros lançamentos da Sun nesse estilo incluíam Malcolm Yelvington, com um cover de Stick McGhee's de uma música chamada "Drinkin' Wine Spoo-Dee-O-Dee" (1954), Carl Perkins com "Movie Magg" (1955) e Charlie Feathers com "Peepin Eyes" (1955). Em maio de 1955, Johnny Cash entrava na parada country da revista *Billboard* com "Cry, Cry", e no ano seguinte já tinha seu primeiro sucesso nas principais parada com "I Walk the Line".

A música "Blue Suede Shoes", de Carl Perkins, gravada em dezembro de 1955, foi considerada um clássico do gênero. Com a ajuda de Johnny Cash, que completou alguns versos, como "Don't step on my blue suede shoes" (Não pise nos meus sapados azuis de camurça), a música entrou direto no décimo lugar da parada da *Billboard* em 1956, chegando ao segundo lugar.

A Sun Records não foi a única pioneira do estilo rockabilly. Em 1955, a Capitol lançou discos do gênero, a Imperial também tinha seus astros e a Decca tinha um cara chamado Roy Hall, que regravou "Whole Lotta Shakin' Going On", de Jerry Lee Lewis, e "See You Later Alligator", de Bill Halley.

Com o apelo de guitarras elétricas e um ritmo frenético, o rockabilly fez os adolescentes esquecerem o estilo de Bill Haley ou o romantismo dos grupos de doo-wop.

Em alguns casos, a imagem criada pelos rockabillies era de tipos com jaquetas de couro e *blue jeans*, inspirados no estilo rebelde lançado por Marlon Brando no filme *O Selvagem*. Gene Vincent e Eddie Cochram são dois exemplos.

O rockabilly influenciou musicalmente artistas que surgiram depois, como Rick Nelson e Buddy Holly, e, mais tarde, os Beatles, que gravaram três canções de Carl Perkins: "Matchbox", "Honey Don't" e "Everybody's Trying to Be My Baby".

ROCK MELOSO

Com a explosão do rock, os donos da indústria do disco descobriram um grande filão para faturar com os adolescentes. Ao mesmo tempo, queriam lançar artistas que agradassem também os pais dos jovens, apresentando-lhes o rock and roll de maneira mais amena.

Foi então que surgiram sucessos açucarados como "Sh'Boom", do Crew Cuts, e "Mr. Sandman", do The Chordettes — com garotas que faziam as harmonias na mesma veia do doo-wop —, ambas em 1954, e "Earth Angel", do The Penguins, no ano seguinte.

Mas, sem dúvida, o maior responsável pela pasteurização do rock and roll foi Pat Boone, que fazia questão de ter aquela imagem de cara certinho e regravou uma série de hits como "Ain't That a Shame", de Fats Domino (na qual quis até mudar gramaticalmente o título para "Isn't That a Shame?", algo como trocar "Aquilo num é uma vergonha?" por "Aquilo não é uma vergonha?"). Essa versão chegou ao primeiro lugar das paradas em 1955. Depois vieram "Tutti Frutti" e "Long Tall Sally", de Little Richard. Como essas versões não eram nada fiéis às originais, o DJ Alan Freed se recusava a tocar o cantor em seu programa de rádio.

ROQUEIROS INDEPENDENTES

Não é de hoje que os selos independentes têm sua importância no rock.

Na década de 50, apesar de Bill Haley e Elvis terem feito sucesso em grandes gravadoras como a Decca e a RCA, outras importantes empresas do ramo como a Columbia, a Capitol, a MGM, a ABC e a Paramount preferiram esperar o rock se firmar para começar a investir no gênero. Isso acabou levando os novos artistas para as gravadoras independentes em vários cantos do país.

Em Nova York, a Atlantic Records tinha The Coasters e Bobby Darin, e o selo Cadence foi responsável pelo sucesso da dupla de Kentucky The Everly Brothers, que teve 12 músicas nas paradas de 1957 até 1960, quando assinaram com a Warner Brothers. Em Chicago, a Chess Records era um selo de blues e logo passou a contratar artistas de rock and roll como Chuck Berry e Bo Diddley. Na costa oeste, a Specialty era a gravadora de roqueiros mais selvagens, os *wild rockers*, como Little Richard e Larry Williams, e a Liberty Records, de Hollywood, lançou Eddie Cochran.

No Tennessee, a Dot Records ficou famosa por ter Pat Boone e o primeiro grupo de doo-wop que incluía brancos e negros na sua formação, The Dell Vikings, que estouraram em 1957 com "Come Go with Me". No Mississippi, surgiu a Ace Records, que tinha em seu catálogo artistas de Nova Orleans como Huey Smith and The Clowns, Joe Tex, Jimmy Clanton e Frankie Ford — que gravou o sucesso "Sea Cruise".

No entanto, o selo independente mais famoso foi a Sun Records de Memphis, primeira gravadora de Elvis e que contava com um time de estrelas: Jerry Lee Lewis, Carl Perkins, Johnny Cash, Roy Orbison, entre outros.

ROCK AND ROLL NA EUROPA

Com o sucesso do filme *Sementes da Violência*, em 1956, sua música tema "Rock Around the Clock" enlouquecendo as platéias e causando até quebra-quebra por onde passava, o rock and roll começou a criar seus ídolos também na Inglaterra, que, até então, estava numa onda de jazz, blues e *big bands*. O primeiro grupo britânico a gravar o gênero foi Tony Crombie and His Rockets, bem no estilo de Bill Haley.

Mas os ingleses queriam ter o seu Elvis... Surgiu então um ex-marinheiro chamado Tommy Steele, que costumava viajar para os Estados Unidos e via as apresentações do Rei para aprender seu estilo. Após deixar a Marinha, ele começou a se apresentar nos cafés ingleses e foi contratado pela Decca. Sua primeira gravação, "Rock with the Caveman", chegou às paradas do Reino Unido em 1956, e, no fim do mesmo ano, "Singing the Blues" era a número um.

Contudo, o visual de Tommy não agradava os fãs de Elvis: ele era loiro, não tinha topete e logo foi para a lista dos *entertainers*, embora com uma carreira duradoura.

Outros tentaram seguir os passos do Rei, e entre os mais bem-sucedidos estão Billy Fury e Cliff Richard, este último com uma carreira brilhante na música, que atravessou décadas de sucesso.

A França também teve seu ídolo do rock and roll: o cantor Johnny Hallyday, que continuou fazendo sucesso pela década de 60, mas não necessariamente como cantor de rock, e sim como um *showman* que vendeu milhões de discos.

Um estilo que apareceu na Inglaterra paralelamente ao rock and roll foi o skiffle, divulgado pelo cantor e guitarrista Lonnie Donnegan. Ele teve sucesso com a música "Rock Island Line", originalmente gravada por Leadbelly. Apesar de não ter feito muito sucesso nos Estados Unidos, o cantor emplacou cinco hits nas paradas britânicas entre 1956 e 1959. Donnegan era influenciado por Woody Guthrie, um dos fundadores da música folk moderna dos Estados Unidos.

Uma característica do skiffle foi o surgimento de uma série de bandas de jovens ingleses que usavam instrumentos tradicionais da época, como aquela tábua chamada *washbodard* (tábua de esfregar roupa) para fazer a percussão característica. Improvisavam um baixo com caixas de chá e completavam a formação com dois guitarristas.

Essa geração de guitarristas amadores acabou influenciando, no início dos anos 1960, figuras como Eric Clapton, Jimmy Page e Jeff Beck. E muitos dos grupos que revolucionaram o rock inglês no início da década seguinte começaram como bandas de skiffle. Os Beatles (quando ainda eram The Quarry Men), os Rolling Stones, The Kinks e The Animals tiveram suas raízes nessa onda.

O REVIVAL DO FOLK

Enquanto os ingleses bebiam na fonte dos americanos para criar o skiffle, em Nova York, no Greeenwich Village, acontecia um *revival* do folk.

Um dos nomes mais renomados desse gênero, Woody Guthrie — que compôs clássicos como "This Land Is Your Land" —, escolheu o Village como sua residência desde 1941, onde formou vários grupos. A cena dos bares começava a ficar famosa em ruas como a Bleecker Street.

Grupos como The Tarriers e o Kingston Trio começaram a despontar nas paradas de sucesso no fim dos anos 1950. Todos tinham um posicionamento político muito forte em suas letras e defendiam os direitos civis. Entre os novos nomes desse circuito folk estavam Tom Paxton, Phil Ochs, Joan Baez e um rapaz vindo de Minnesota chamado Bob Dylan.

O ANO EM QUE O ROCK AND ROLL DOMINOU AS PARADAS

E o rock and roll continuou a produção de mais pop stars...

No selo Sun Records, estourava o pianista e cantor Jerry Lee Lewis, que estreou nas paradas em julho de 1957 com "Whole Lotta Shakin' Going On", uma canção no estilo boogie woogie com uma batida hillbilly. Sua performance no palco levava a platéia ao delírio, e ele ficou famoso por atear fogo em seu piano nos momentos mais exaltados do show. Seus discos venderam milhões e, no final de 1957, outro sucesso — "Great Balls of Fire" — foi o número dois na parada da revista *Billboard,* chegando a alcançar o primeiro lugar na Inglaterra.

Vindos do Texas, Buddy Holly e seu grupo The Crickets estouraram nas paradas com "That'll Be the Day" em agosto de 1957. Depois vieram "Peggy Sue" e "Oh, Boy". Sua imagem de *nerd,* com aqueles óculos enormes, cativou os adolescentes, provando que não era só o tipo sensual à Elvis que podia se tornar um superstar.

Ainda em 1957, os Everly Brothers ficaram no segundo lugar com "Bye Bye Love", os Coasters tiveram seus primeiros dois sucessos, Fats Domino teve quatro compactos entre os dez mais vendidos e Little Richard emplacou três hits nas paradas (e depois anunciou que iria se dedicar à religião, tornando-se um evangelista, cancelando uma turnê na Austrália). Havia também aqueles que não possuíam um apelo tão forte, como Paul Anka, que, no meio do mesmo ano, estourou com "Diana", vendendo mais de 9 milhões de discos no mundo todo. E Pat Boone, que emplacou três músicas: "Don't Forbid Me", "Love Letters in the Sand" e "April Love".

Como se vê, as paradas de sucesso de 1957 foram dominadas pelo rock and roll. Só Elvis teve quatro primeiros lugares: "Too Much", "All Shook Up", "Teddy Bear" e "Jailhouse Rock".

O rock and roll já era um fenômeno mundial, não só em venda de discos, mas também em shows. Jerry Lee Lewis e Buddy Holly tocavam na Austrália, enquanto Bill Haley & His Comets, em sua primeira viagem à Europa, eram recebidos em Londres por milhares de fãs na Waterloo Station, causando o maior tumulto, o que fez alguns jornalistas chamarem o acontecimento de "a segunda batalha de Waterloo".

O DRIVE-IN E O MCDONALD'S

Duas manias nasceram nessa década. A primeira foi o cinema *drive-in*, que já existia desde 1933, no entanto só se consolidou na metade dos anos 1950. Era uma maneira cômoda de uma família assistir a um filme e, ao mesmo tempo, fazer seu pedido de lanche no carro. Mas, com o crescimento das TVs nos lares americanos, passou também a ser um costume dos jovens, que aproveitavam para namorar com mais intimidade. Muitos filmes tinham sessões especiais de estréias nos *drive-ins*. Um dos que teve grande repercussão foi *E Deus criou a mulher*, com Brigitte Bardot, *sex symbol* francesa do final da década de 1950: os carros com a placa das medidas em polegadas de busto, cintura e quadril de Bardot — 36-20-36 — tinham entrada grátis.

A febre do hambúrguer da rede McDonald's também aconteceu naqueles anos, quando o público recebia os pedidos confortavelmente no carro. A era dos descartáveis — copos e utensílios de plástico — começava, eliminando o trabalho de lavar louça.

Isso tudo era prático para os adolescentes, que podiam tomar seu *milk-shake* e comer seu lanche enquanto ouviam rock and roll com sua garota na privacidade de um automóvel.

CASOU COM A SOBRINHA E ARRUINOU A CARREIRA

Um dos escândalos que ajudou a piorar a reputação do rock and roll na sociedade americana foi o casamento de Jerry Lee Lewis com sua sobrinha, em segundo grau, de, então, 13 anos de idade. O cantor já vinha de dois casamentos malsucedidos e com problemas na assinatura do divórcio, mas, ainda assim, casou-se pela terceira vez.

Quando Lewis resolveu fazer uma turnê pela Inglaterra com sua esposa (e sobrinha) Myra Galé Brown, em 1958, uma onda de notícias na imprensa britânica alardeou que ele tinha mentido sobre a idade dela, dizendo que tinha 15 anos, quando na verdade tinha 13. Diziam ainda que ele tinha se casado novamente sem ter se divorciado da esposa anterior.

Tudo isso acabou manchando a reputação do cantor, que teve seus 35 shows na Inglaterra cancelados e, ao voltar para os Estados Unidos, seus discos banidos do rádio e ele da TV, além de enfrentar o cancelamento dos shows em solo americano. Sua carreira, infelizmente, terminaria ali mesmo.

THE BIG O

Roy Orbison foi outra figura emblemática do rock and roll. Apelidado de *The Big O*, ele apareceu em meados da década de 50 gravando pelo mesmo selo em que Elvis Presley começou, a Sun Records. Contudo seus grandes sucessos começaram a partir de 1960 com "Only The Lonely", e em 1964 chegou ao topo das paradas com "Oh, Pretty Woman".

Orbison excursionou com os Beatles em 1963 e John Lennon era um grande fã. De 1960 a 1965 colecionou sucessos nas paradas, totalizando pelo menos 15 grandes hits. Na segunda metade da década de 60 uma série de tragédias atrapalhou sua carreira: em 1966 sua esposa Claudette Frady morreu num acidente ao cair do banco traseiro de sua moto e em 1968 um incêndio destruiu sua casa, matando dois de seus três filhos, Roy Duwayne Orbison e Anthony King Orbison. Na década de 80 ele reapareceu e teve seu grande sucesso "Oh, Pretty Woman" regravado pela banda americana Van Halen e a música "In Dreams" foi incluída na trilha do filme *Veludo azul*, de David Linch. Ainda na mesma década fez parte do projeto The Traveling Wilburys, ao lado de nomes consagrados como George Harrison, Bob Dylan, Jeff Lynne e Tom Petty. Morreu de um ataque cardíaco em dezembro de 1988.

OS TEDDY BOYS

Uma nova cultura da rebeldia juvenil começava na Inglaterra, em Londres: os Teddy Boys, que já existiam um pouco antes do estouro do rock and roll. Eram gangues de adolescentes que usavam roupas bem características, inspiradas na moda "eduardiana" do início do século, com longos e coloridos jaquetões de veludo e topete. Por volta de 1958, ainda na Inglaterra, crescia um movimento racista contra imigrantes indianos e negros, e, em uma dessas manifestações, os Teddy Boys estavam envolvidos. Essas gangues adotaram o rock and roll como sua música, e seu estilo acabou perdurando na história do rock inglês. Até hoje a moda lançada nessa época é cultuada na Inglaterra.

A revolta juvenil tomou conta de outras partes do mundo, como Alemanha, Austrália, Itália e Japão. Mesmo na União Soviética, com toda a proibição do regime comunista, ainda existiam clandestinamente clubes que tocavam rock e grupos que faziam a música.

OS NOVOS ASTROS

Em 1958, estouraram dois novos astros do rock: Rick Nelson, um texano que misturava country e rock, e The Everly Brothers. Ambos tiveram uma série de músicas nas paradas, e Nelson continuou sua carreira nos anos 1960 como um ídolo mais pop do que rock. Os Everly Brothers, com seus arranjos vocais muito especiais em músicas como "Wake Up Little Suzie" e "Bye Bye Love", serviram de influência para outros artistas dos 1960, como Simon & Garfunkel, The Byrds, Crosby Stills and Nash e até mesmo os Beatles.

Nessa mesma época, o doo-wop freqüentava as paradas de sucesso com Danny and The Juniors, que estouraram com "At the Hop". Dion and the Belmonts, The Imperials e The Platters continuavam a fazer sucesso.

Em outubro de 1958, aparecia nas paradas uma gravação do grupo The Teddy Bears chamada "To Know Him Is to Love Him" (Conhecê-lo é amá-lo), título que o produtor estreante Phil Spector, de 17 anos, tirou de uma frase escrita no túmulo de seu pai. Depois de ganharem 40 dólares, ele e um grupo de amigos da escola gravaram a música por essa ínfima quantia. Spector ficaria muito conhecido na década seguinte.

A GUITARRA E O ROCK AND ROLL

A guitarra elétrica se tornou o símbolo do rock and roll desde os anos 50, representada por marcas como Gibson e Fender (cujo modelo Fender Stratocaster se transformou num ícone da década).

Em 1958, o guitarrista Link Wray, pioneiro no uso de efeitos, como distorção e *feedback*, fez sucesso com a instrumental "Rumble". Era um fato inédito, pois foi a primeira música instrumental de guitarra a entrar nas paradas.

O DIA EM QUE A MÚSICA MORREU

O ano de 1959 começou mal para o rock and roll com a morte de três de seus grandes representantes em um desastre aéreo. A tragédia ocorreu em 3 de fevereiro, quando Buddy Holly morreu em um acidente de avião com Ritchie Valens e Big Bopper. Os três estavam tocando em Iowa e, no caminho para Minnesota, por causa do mau tempo, a aeronave caiu a cerca de 13 quilômetros do aeroporto de Clear Lake, onde aconteceria outro show.

Esse dia foi chamado pelos americanos de "o dia em que a música morreu", e foi imortalizado por Don McLean ao gravar a música "American Pie".

O BRASIL TAMBÉM TEVE ROCK AND ROLL

Por incrível que pareça, as primeiras gravações de rock and roll no Brasil foram feitas por cantores populares.

Em 1955, Nora Ney lançou uma gravação em inglês, de “Rock Around the Clock”. Quem também gravou essa música no ano seguinte foi Heleninha Silveira, que cantava uma versão de Julio Nagib considerada muito fraca, e que foi batizada de “Ronda das horas”.

A grande surpresa foi Cauby Peixoto, que chegou até a gravar nos Estados Unidos usando outros nomes artísticos, como Ron Coby e Coby Dijon. Em 1957, como Cauby Peixoto, lançou a música “Rock and Roll em Copacabana”. Outro cantor, Agostinho dos Santos, chegou até a gravar uma versão de “See You Later Alligator”, de Bill Haley, que em português levou o título de “Até logo, jacaré”.

O primeiro registro na história do rock and roll brasileiro pode ser a gravação de “Enrolando o rock”, de Betinho & Seu Conjunto, tema do filme *Absolutamente Certo*, de Anselmo Duarte, lançado em 1957. O cantor era um verdadeiro *rocker*, pois, naquela época, já tinha as melhores guitarras e era apaixonado pelo rock and roll de Bill Haley.

No ano seguinte apareceram dois futuros ídolos para os adolescentes da época: Tony e Celly Campelo. Naturais da cidade de Taubaté, interior de São Paulo, os irmãos gravaram em 1958 seu primeiro compacto. Em um lado, Tony cantava “Forgive Me” e, no outro, Celly Campelo cantava “Handsome Boy”, ambas compostas em inglês pela dupla de brasileiros Mário Gennari e Celeste Novaes.

Os irmãos logo atraíram a atenção da mídia, pois Celly já apresentava um programa de rádio em Taubaté. Isso foi um trampolim para que eles, em 1959, passassem a comandar um programa na TV Record, a princípio chamado *Celly e Tony em Hi-Fi* e depois *Crush em Hi-Fi com Celly e Tony Campelo*. O programa durou até maio de 1962.

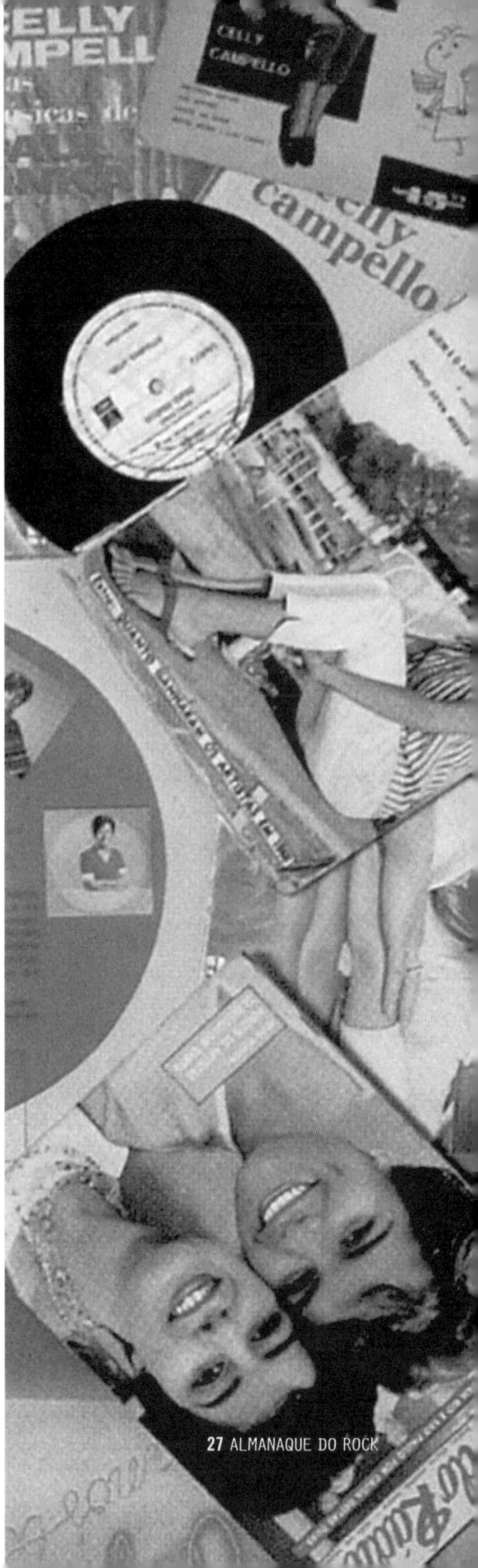

Tony foi *crooner* de um grupo em Taubaté chamado Ritmos OK, no qual interpretava sucessos do rock and roll de seus ídolos e de suas maiores influências, como Johnnie Ray, Pat Boone e, claro, Elvis. Celly foi influenciada pelas cantoras brasileiras da época, como Ângela Maria e Doris Monteiro, além de ser grande fã da cantora americana Connie Francis, de quem regravou "Estúpido cupido", versão para "Stupid Cupid", que se tornou um de seus grandes sucessos.

A maioria dos sucessos dos irmãos era de autoria de Fred Jorge, o mais importante compositor e versionista brasileiro do final dos 1950 e início dos 1960.

Depois do sucesso deles, começaram a aparecer outros artistas brasileiros gravando rock. Um deles foi Carlos Gonzaga, que ficou famoso com as versões de "Diana", de Paul Anka, e "Oh, Carol", de Neil Sedaka. Outros destaques foram George Freedman, cujo primeiro compacto é de 1959, e Demétrius, que também gravava em inglês, em um estilo que imitava Elvis, até fazer sucesso com "Ritmo da chuva" em 1963.

Essa era basicamente a geração do rock and roll que nascia em São Paulo, e que teve como grande incentivador o radialista Antonio Aguilar, que comandava o programa *Ritmos para a Juventude*. Outro veículo de comunicação importante foi a *Revista do Rádio*, da qual inúmeras vezes Tony e Celly Campelo foram capa e destaque.

Ainda no final da década de 1950 (e também início dos 1960), com o surgimento de uma nova dança e um novo estilo, o twist, alguns grupos de rock and roll apareceram, inspirados no som de Chubby Checker, Bobby Rydell e Ray Charles. Alguns deles: The Jordans, The Jet Blacks, The Clevers (que mais tarde passaram a se chamar Os Incríveis) e Renato e seus Blue Caps, que se tornaram famosos na Jovem Guarda.

As gravações eram lançadas em 78 rotações, um bolachão pesado feito de uma massa preta, que quebrava facilmente. Esse formato durou até 1963, quando definitivamente foi lançado no mercado o compacto simples de 33 rotações, no qual a matéria-prima usada era o poliestireno, mais resistente.

Em 1957, a indústria do disco no Brasil tentou introduzir no mercado o compacto de 45 rotações, igual ao americano da época, mas a estratégia falhou, pois o de 78 rotações ainda dominava o mercado e era necessário comprar um toca-discos especial para poder tocar o de 45.

O NOVO R&B

Em janeiro de 1959, Lloyd Price entrava para a lista dos mais vendidos com a música "Stagger Lee", que apontava mudanças no estilo R&B. O cantor também chegou ao topo das paradas R&B com "Personality" e "I'm Gonna Get Married". Sua formação musical vinha de Nova Orleans, de onde saíram outros nomes da nova geração desse estilo. Um deles era Frank Ford, que estourou com "Sea Cruise" em 1959 e acabou se tornando uma forte influência para as bandas de R&B por várias décadas, apesar de ter tido esse único sucesso. A banda que o acompanhava era Huey Smith & The Clowns, lembrados pelo hit de 1957, "Rocking Pneumonia and The Boogie Woogie Flu", mais tarde regravado por Johnny Rivers, entre outros.

Nessa lista de nomes vindos de Nova Orleans, também vale a pena citar Jimmy Clanton, que teve duas músicas no top 5: "Just a Woman" e "Go Jimmy Go", do filme *Go, Johnny, Go!*, produzido pelo DJ Alan Freed. E também Wilbert Harrison, que, em 1959, chegou ao topo das paradas com "Kansas City", uma das canções mais regravadas do rock and roll, tendo sido escolhida até pelos Beatles. Harrison continuou fazendo boas músicas e voltou às paradas em 1970 com "Let's Work Together".

No norte de Detroit também apareciam novos nomes do R&B, como Barret Strong (ex-vocalista do The Diablos), que foi um dos primeiros artistas a assinar contrato com o selo Motown em 1959. O cantor teve um estrondoso sucesso com a música "Money (That's What I Want)", que foi regravada inúmeras vezes e virou sucesso também com os Beatles, em 1963. Esse foi o único sucesso de Strong como intérprete, mas, como compositor, também na Motown, ele foi uma figura importante ao lado do produtor Norman Whitefield. Juntos escreveram algumas das melhores canções gravadas por artistas do selo, como "Papa Was a Rolling Stone", com os Temptations, "War", com Edwin Star, e o clássico "I Heard It Through the Grapevine", sucesso de Gladys Knight and The Pips e de Marvin Gaye (e, mais tarde, também do Creedence Clearwater Revival).

Um dos mais talentosos intérpretes de R&B dessa época foi Jackie Wilson. Nascido em Detroit, teve sua carreira impulsionada por Berry Gordy, produtor, compositor e fundador da gravadora Motown, que, em 1957, escreveu para ele sua primeira gravação, "Reet Petite". No ano seguinte, figurou entre as trinta mais vendidas de R&B com "To Be Loved", prosseguindo no mesmo ano com o sucesso "Lonely Teardrops", também escrita por Gordy. Sua apresentação dessa música no programa de Ed Sullivan, em 1959, é considerada um clássico na história da televisão. Continuou fazendo sucesso até os anos 1960, e, com seu maravilhoso vocal, se tornou o primeiro de uma nova geração de ídolos pop negros e uma grande inspiração para uma nova série de cantores de soul que surgiu na seqüência. Em 1984, Wilson sofreu um ataque cardíaco enquanto cantava e morreu após nove anos em coma.

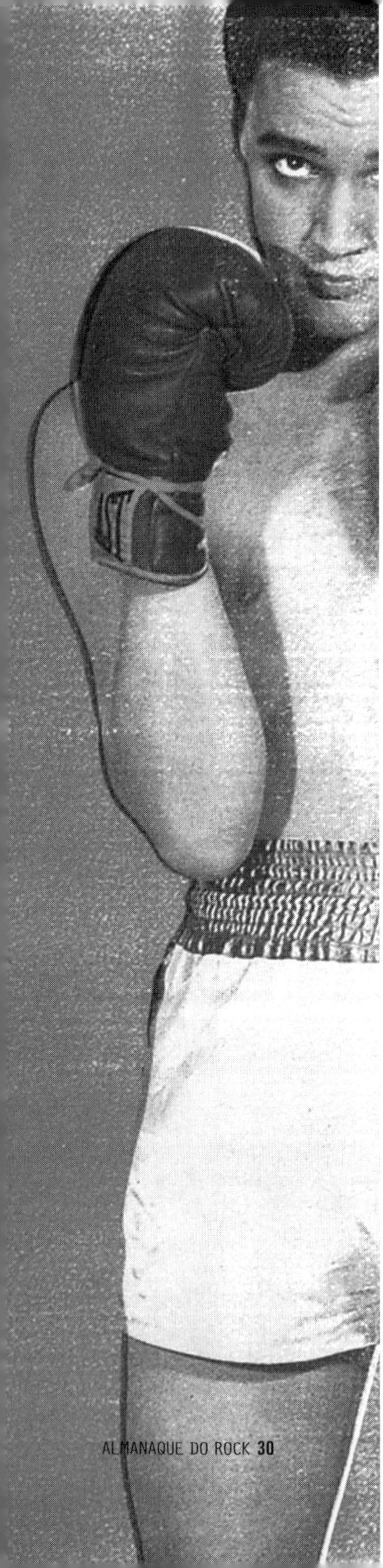

O MAIOR ÍCONE DO ROCK AND ROLL MUNDIAL

A importância de Elvis para a música mundial só cresceu ao longo dos anos, não só por sua música, mas também pelo personagem. Hoje existe um mito em torno de sua figura e a maior prova disso são as peregrinações a Graceland (a mansão do cantor), que acabou se tornando um ponto turístico no território norte-americano.

Elvis Presley foi a descoberta perfeita de Sam Philips, pois o rock and roll precisava de um ídolo maior do que os existentes até então. Bill Haley, Carl Perkins e Buddy Holly, por exemplo, tinham boas músicas e faziam sucesso, mas era preciso alguém que fosse além daquilo, principalmente no que se referia ao visual. Haley, na época, era mais velho e nada atraente, e Perkins e Holly também não eram do tipo que deixavam as mulheres histéricas e enlouquecidas. Elvis "The Pelvis" veio exatamente para preencher essa lacuna. O apelido deveu-se a seu jeito de dançar, sempre mexendo os quadris de maneira sensual. Isso causou muita polêmica e até censura, houve lugares onde Elvis era proibido de cantar fazendo esses trejeitos.

DA CINTURA PARA CIMA

Durante o ano de 1956, Elvis fez várias apresentações na TV. A mais polêmica e que deu maior ibope foi a do programa de Ed Sullivan, em 9 de setembro. O apresentador estava se recuperando de um acidente de carro e foi substituído por Charles Laughton. Elvis cantou várias canções, como "Hound Dog", "Love Me Tender", "Ready Teddy" e "Don't Be Cruel". A platéia foi ao delírio com os rebolados do cantor e o programa atingiu a marca de 82,6% de audiência na TV norte-americana.

Mas a sensualidade de Elvis "The Pelvis" foi também motivo de protestos da igreja, de políticos e de educadores. Quando Sullivan se recuperou e voltou a apresentar o programa, teve de proibir as câmeras de mostrarem Elvis da cintura para baixo.

A carreira musical de Elvis, na década de 1950, começou no selo Sun Records, no qual o astro gravou seus cinco primeiros compactos, em que conseguiu a mistura perfeita de country e R&B, cuja fusão resultou no rockabilly. Suas primeiras gravações são consideradas clássicos desse estilo. Depois disso, o proprietário da gravadora, Sam Philips, vendeu o passe de Elvis para a gravadora RCA pela bagatela de 35 mil dólares (em valores de hoje, cerca de 275 mil dólares ou 465 mil reais), uma quantia ínfima perto do sucesso que Elvis faria posteriormente.

Colonel Tom Parker era quem dirigia todos os negócios do Rei do Rock. Ainda nos anos 1950, o empresário conseguiu um contrato com Hollywood, e Elvis passou a fazer cinema. Apesar de não ser um bom ator e seus filmes nem sempre serem bem recebidos pela crítica, sua presença nas telas ajudou a impulsionar a carreira. O domínio de Parker era tão grande que muitos atribuem a ele uma série de falhas na carreira do cantor, como o fato de ele nunca ter se apresentado fora dos Estados Unidos e no Havaí.

ELVIS PARA PRESIDENTE

Durante a campanha presidencial de 1956, Colonel Tom Parker, aproveitando a popularidade do ídolo, lançou o *slogan* "Elvis for President", e distribuía bótons em que se lia "I Like Elvis", parafraseando o candidato que tinha o bóton "I Like Ike". Havia até um em versão iídiche: "Oy Gevalt Elvis".

A partir de 1956, quando Elvis já estava na RCA, seu sucesso aumentava a cada compacto, mas sua música deixou de ser o rockabilly dos primeiros tempos. Agora, Elvis juntava a seu estilo o gospel, o bluegrass, uma espécie pioneira de blues, e o pop tradicional americano. Seus ídolos eram Dean Martin e Johnnie Ray. Inspirado neles, Elvis passou a incorporar também em suas canções um lado mais romântico. Sucessos como "Love Me Tender" ajudaram a colocá-lo no topo das paradas não só como cantor de rock and roll, mas como um ídolo pop.

No início de 1958, Elvis serviu o Exército norte-americano e ficou dois anos fora de cena. Boa parte desse período de exército ele serviu na Alemanha e, apesar da sua ausência dos palcos, a RCA já tinha gravado material suficiente para suprir esse espaço de tempo. Foi nessa época que apareceram outros intérpretes na cola do Rei, como Paul Anka, que teve uma série de sucessos a partir de 1959, e Neil Sedaka, que também emplacou vários hits na mesma época. No entanto, apesar disso, não havia nada que ofuscasse o brilho de Elvis: quando regressou, em 1960, seu sucesso e sua popularidade eram ainda maiores do que quando ingressara no Exército.

O CORTE DE CABELO QUE ENTROU PARA A HISTÓRIA

Antes do Natal de 1957, Elvis recebeu em Memphis a notícia da sua convocação para o Exército americano. Ao ser aprovado no exame médico prévio ao alistamento, seu empresário o aconselhou a não aceitar tratamento especial, pois isso iria depor contra sua moral e poderia arruinar sua futura carreira. Muitos achavam que esse era o fim do cantor, mas Colonel Tom Parker, arguto como sempre, aproveitou para faturar com a mídia que Elvis poderia gerar estando no Exército. Para se ter uma idéia, o corte de cabelo de pracinha ao qual ele se submeteu logo antes de começar a servir foi altamente registrado pela mídia, e é um dos mais famosos de toda a história.

Sua trajetória no Exército foi acompanhada passo a passo. Quando ele foi mandado para a Alemanha, houve uma grande cobertura da imprensa e seus discos continuaram a ser lançados. Nesse período de dois anos, Elvis teve vários compactos no Top 20 da *Billboard* e, em 1958, lançou-se o filme *Balada Sangrenta* (*King Kreole*).

A CONCORRÊNCIA DE ELVIS

O sucesso de Elvis em 1956 fez as outras gravadoras procurarem novos ídolos para concorrer com ele. A Sun Records, em que Elvis começou, lançou Carl Perkins, que chegou ao segundo lugar nas paradas com "Blue Suede Shoes". A Capitol Records lançou Gene Vincent, cujo primeiro grande sucesso foi "Be Bop a Lu La". O cantor era fortemente influenciado pela rebeldia do Rei do Rock, chegando a ser processado por obscenidade pelo jeito de dançar e tendo que pagar uma fiança de 10 mil dólares no Estado da Virgínia, nos Estados Unidos.

Em 1957, estourava Eddie Cochran, que, segundo sua gravadora, Liberty, era a resposta a Elvis Presley. Ele teve sucessos como "Twenty Flight Rock" e "Summertime Blues".

No lado B da história do rock, um nome que merece ser citado é o de Johnny Burnette e seu Rock and Roll Trio. Eles foram recusados pela Sun Records em 1955, que achou o grupo muito no estilo de Elvis. Porém eles gravaram pelo selo Coral em 1956, atraindo as platéias sedentas pelo verdadeiro rockabilly. Burnette gravou a clássica "The Train Kept a Rollin'", mas infelizmente só veio a fazer sucesso no início dos anos 1960, em carreira solo. Seu fabuloso trio apareceu no filme *Rock, Rock, Rock*, de 1957.

Dez álbuns fundamentais do rock and roll dos anos 50

*BLUEJEAN BOP*_**GENE VINCENT** (1956) ::: *ELVIS PRESLEY*_**ELVIS PRESLEY** (1956) ::: *JOHNNY BURNETTE AND THE ROCK AND ROLL TRIO*_**JOHNNY BURNETTE AND THE ROCK AND ROLL TRIO** (1956) ::: *JERRY LEE LEWIS*_**JERRY LEE LEWIS** (1957) ::: *RICKY*_**RICK NELSON** (1957) ::: *THE CHIRPING CRICKETS*_**BUDDY HOLLY** (1957) ::: *BERRY IS ON TOP*_**CHUCK BERRY** (1959) ::: *REMEMBER WHEN*_**THE PLATTERS** (1959) ::: *ROCKIN' WITH WANDA*_**WANDA JACKSON** (1960) ::: *SOMETHING ELSE*_**EDDIE COCHRAN** (1960)

Vinte músicas que marcaram a história do rock and roll

"(WE'RE GONNA) ROCK AROUND THE CLOCK"_**BILL HALEY & HIS COMETS** ::: "BE BOP A LU LA"_**GENE VINCENT** ::: "BE MY BABY"_**THE RONETTES** ::: "BLUE SUEDE SHOES"_**CARL PERKINS** ::: "BO DIDDLEY"_**BO DIDDLEY** ::: "BYE BYE LOVE"_**THE EVERLY BROTHERS** ::: "C'MON EVERYBODY"_**EDDIE COCHRAN** ::: "GREAT BALLS OF FIRE"_**JERRY LEE LEWIS** ::: "HELLO MARYLOU"_**RICK NELSON** ::: "HOUND DOG"_**ELVIS PRESLEY** ::: "I FOUGHT THE LAW"_**BOB FULLER FOUR** ::: "I WALK THE LINE"_**JOHNNY CASH AND THE TENNESSEE TWO** ::: "JAILHOUSE ROCK"_**ELVIS PRESLEY** ::: "JOHNNY B. GOODE"_**CHUCK BERRY** ::: "LONG TALL SALLY"_**LITTLE RICHARD** ::: "MAYBELLENE"_**CHUCK BERRY** ::: "NOT FADE AWAY"_**BUDDY HOLLY** ::: "OOBY DOOBY"_**ROY ORBISON AND THE TEEN KINGS** ::: "RUNAROUND SUE"_**DION** ::: "RUNAWAY"_**DEL SHANON**

60

O ANO EM QUE ELVIS VOLTOU DO EXÉRCITO

Elvis Presley voltou do serviço militar na Alemanha para os Estados Unidos em 3 de março de 1960. Imediatamente, seu empresário, Colonel Tom Parker, começou uma campanha publicitária para que o mundo soubesse que o Rei do Rock estava de volta. Na seqüência, marcou uma gravação em um estúdio em Nashville, e duas músicas logo foram para as paradas: "Stuck on You" e "Fame and Fortune". A RCA, gravadora de Elvis nessa época, já tinha prensado cerca de 1,5 milhão de capas para as vendas antecipadas. A campanha publicitária dizia que essas eram as novas gravações de Elvis para seus 50 milhões de fãs ao redor do mundo, e o material de imprensa informava que as músicas revelavam um novo Elvis, não mais aquele cantor "rocker rebolativo", mas sim um artista com um ritmo menos agressivo, que representava tudo aquilo que as novas gerações queriam. Até porque, no início dos anos 1960, uma nova geração de talentos começou a aparecer, de Bob Dylan aos Beatles, e Elvis precisava alterar seu estilo e acompanhar a mudança dos tempos.

Ainda em março, Elvis teve sua incursão no chamado *mainstream*, quando apareceu no programa de Frank Sinatra para a rede de TV ABC. Era um especial chamado *A Festa de Boas-vindas de Frank Sinatra para Elvis Presley*. Ironicamente, dois anos antes Sinatra tinha feito declarações ásperas contra o rock and roll, chamando-o de "marcha marcial de todos os delinqüentes juvenis sobre a face da Terra" e os seus representantes de "cretinos". O programa teve 70% de toda a audiência americana. Uma coisa era certa: Elvis estava definitivamente de volta.

Após o álbum *Elvis is Back*, lançado em abril, ele gravou mais dois sucessos: "It's Now or Never" — adaptação da música napolitana "O sole mio" — e a balada "Are You Lonesome Tonight?".

No mesmo ano de sua volta, foi lançado o filme *Saudades de um Pracinha* (*G.I. Blues*), gravado na Alemanha, enquanto Elvis servia o Exército. Tratava-se de um filme com canções mais calmas e muitas baladas, mostrando um Elvis para agradar toda a família: a mamãe, o papai e até a vovó. E foi justamente isso que aconteceu: o filme esteve entre os mais assistidos naquele ano, e o álbum com a trilha sonora bateu recordes de venda. Depois desse sucesso, o Rei quis tentar uma nova carreira como ator de cinema e participou de *Estrela de Fogo* (*Flaming Star*), no qual não cantava e somente duas de suas músicas apareciam, durante os créditos iniciais e finais do filme. Mas após *Saudades de um Pracinha* sua carreira cinematográfica despencou, bem como sua música, a qual passou a ser menos relevante para o rock and roll que ele havia ajudado a criar.

O que ninguém pode negar é que Elvis Presley foi o cantor que, nos anos 1950, popularizou o rock no mundo inteiro, consagrando-se como um dos maiores fenômenos da história da música.

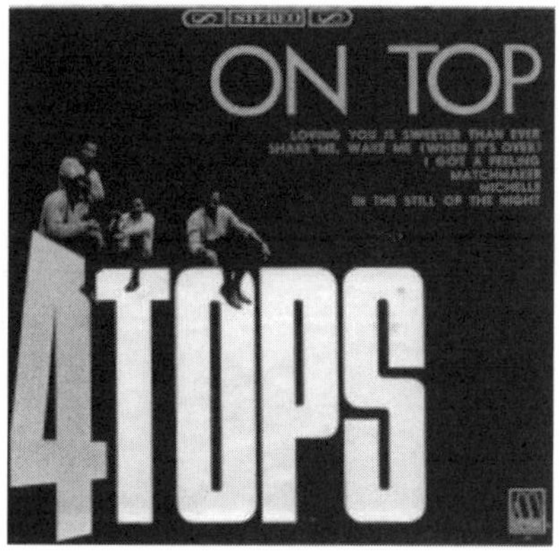

MOTOWN E A NOVA ERA DA BLACK MUSIC AMERICANA

A música feita pelos negros nos Estados Unidos começou a tomar um novo rumo pelas mãos de Berry Gordy. Ele começou na música compondo alguns sucessos durante a década de 1950, entre eles "Reet Petite" e "Lonely Teardrops", ambas gravadas por Jackie Wilson. Em janeiro de 1959, abriu sua própria gravadora de R&B, a Tamla, e, em dezembro do mesmo ano, fundou outro selo que se tornaria lendário, o Motown. O nome foi inspirado por sua cidade natal, Detroit, o centro das indústrias automobilísticas, ou a "Motor City Town".

No primeiro ano da Motown, Gordy lançou o cantor Smokey Robinson e seu grupo The Miracles, mas o desejo dele era lançar artistas de black music que fossem aceitos por brancos e negros e chegassem às paradas de sucesso. Isso acabou acontecendo em 1961, quando a banda The Marvelettes alcançou o primeiro lugar com a música "Please Mr. Postman". Um detalhe interessante é que, quando o grupo foi para o estúdio gravar essa música, o baterista era Marvin Gaye, um futuro astro da Motown que fez sua primeira gravação em 1961, na Tamla.

Além de Marvin, a Motown revelou grandes nomes da música soul dos anos 1960, como Stevie Wonder, The Temptations e The Four Tops, e os chamados *girl groups*, como Martha Reeves & The Vandellas, The Supremes e Gladys Night & The Pips. Porém essa onda de grupos femininos não estava restrita somente a Detroit. The Shirelles, um dos primeiros grupos do gênero, vinha de Nova Jersey, e havia também The Crystals.

BEATLES E STONES: O INÍCIO

Enquanto isso, na Inglaterra, depois de tantos anos produzindo cópias de Elvis e de cantores americanos de rock, os ingleses resolveram reagir. Uma nova geração de roqueiros começou a aparecer fazendo shows em *dance halls* e clubes de jazz. Suas raízes musicais eram o rock and roll e o R&B americanos, com base nos quais começaram a criar uma batida diferente, que soava como uma novidade.

Faziam parte dessa geração cinco rapazes de Liverpool que usavam calças e blusões de couro preto e começaram em 1960 tocando em Hamburgo, na Alemanha. A formação da banda nessa época trazia John Lennon, Paul McCartney e George Harrison nas guitarras, Stuart Sutcliffe no baixo e Pete Best na bateria. Eles tocavam um repertório de clássicos do rock and roll de gente como Chuck Berry, Little Richard e Carl Perkins, e começavam a soar como um grupo de verdade.

Em 21 de fevereiro de 1961, já de volta a Liverpool, e usando o nome The Beatles, eles fizeram sua primeira apresentação no Cavern Club. Alguns dias depois retornaram para Hamburgo, onde ficaram mais três meses e fizeram suas sete primeiras gravações como banda de apoio do cantor Tony Sheridan. Ainda por lá, Sutcliffe deixa a banda para se dedicar às artes plásticas e ficar com sua namorada alemã, a fotógrafa Astrid Kirchherr.

A banda voltou para Liverpool em julho — agora com Paul McCartney tocando baixo — e encontrou uma cena agitada de rock na cidade. Na Alemanha, era lançado um compacto com as músicas "My Bonnie" e "The Saints (When the Saints Go Marchin' In)". No selo do disco, aparecia Tony Sheridan and The Beat Brothers.

Os Beatles começavam a construir uma carreira em Liverpool e, em outubro de 1961, o gerente de uma loja de discos local importou algumas cópias do compacto lançado na Alemanha atendendo a pedidos. Curioso com aquele alvoroço criado pelos fãs, ele foi ao Cavern Club para ver o grupo tocar. Seu nome era Brian Epstein e, em dezembro daquele ano, se ofereceu para empresariar a banda. Os quatro, sedentos pela fama, assinaram imediatamente. Ringo Starr se juntaria ao grupo em 1962, substituindo Pete Best. O primeiro álbum, *Please Please Me,* saiu no ano seguinte.

Enquanto isso, em Londres, no subúrbio de Dartford, acontecia um encontro entre o estudante de economia Mick Jagger e o estudante de arte Keith Richards, que tinham algo em comum: o interesse pela música de Chuck Berry. Era julho de 1961. No outono desse ano, eles montaram uma banda no estilo rhythm and blues de Chicago, batizada como Little Boy Blue and The Blue Boys. No verão seguinte, encontraram Brian Jones, outro amigo que gostava de blues, e mudaram o nome do grupo para The Rolling Stones. Lançaram seu primeiro disco em 1964 e eram uma banda fortemente influenciada pelo blues americano e pelo rock and roll da década de 1950. Traziam em sua formação Charlie Watts na bateria, Mick Jagger no vocal, Bill Wyman no baixo, e Keith Richard e Brian Jones nas guitarras.

Beatles e Rolling Stones iriam dividir o trono de maior banda de rock de todos os tempos, mas ainda não sabiam disso.

AS VOZES DO VILLAGE

Quando um garoto de 19 anos chamado Robert Zimmerman — que nessa época já usava o pseudônimo Bob Dylan — chegou a Manhattan vindo de Minnesota, em janeiro de 1961, a cena folk estava concentrada no bairro Greenwich Village.

Por vários anos, o Washington Square Park, próximo à população de estudantes da Universidade de Nova York, tornou-se o palco de várias *folk sessions*, que aconteciam todo final de semana. Ainda existiam os cafés e bares como o Cafe Wha?, o Hip Bagel e o Why Not?.. O Folklore Center, na McDougal Street, tornou-se um ponto de encontro onde era possível comprar discos, instrumentos musicais e livros, além de assistir a apresentações ao vivo.

Outro lugar que ficou famoso no Village foi o Gerde's Folk City, um antigo clube de jazz e poesia que, em 1960, passou a ser uma casa de folk. As segundas-feiras eram um dos dias mais agitados, quando profissionais e amadores faziam suas *jam sessions* para o público.

Foi no Village, nesses cafés e no Gerde's, que uma nova geração de artistas apareceu: cantores e compositores como Tom Paxton, Joan Baez e Phil Ochs, que incorporavam os problemas sociais da época em suas músicas e não eram simplesmente puristas da tradição folk.

Como Dylan, um discípulo do legendário Woody Guthrie, Tom Paxton mudou para o Village em 1960 e rapidamente se tornou um dos talentos da nova cena. Seu primeiro álbum foi lançado pelo Gaslight Club, local em que ele tocava. A qualidade de suas músicas era reconhecida e incluída em revistas locais, como *Broadside* e *SingOut*.

Em 1959, Joan Baez era a sensação no *Newport Folk Festival*, e esse fato chamou a atenção de John Hammond, da Columbia Records, que, na seqüência, descobriria Bob Dylan. Porém, a cantora não se sentiu confortável em uma grande gravadora e resolveu assinar com a mais modesta, a Vanguard, do Village. Rapidamente, ela passou a ser um rosto e uma voz familiares no circuito folk local, bem como sua irmã, Mimi, cujo marido, Richard Farina, era um agitador da cena.

Outro nome imporante, citado por historiadores da música como o melhor cantor de folk dessa geração, foi Phil Ochs, que, como Dylan, era mais um garoto da classe média que cantava sob influência de Woody Guthrie.

Assim que chegou a Nova York, Bob Dylan logo se envolveu com a cena folk tocando no Cafe Wha?, no Gaslight e em qualquer lugar que o deixassem. Em setembro de 1961, ele recebeu uma crítica elogiosa no *The New York Times*, atraindo a atenção de John Hammond, que, dois meses depois, produziria o primeiro disco do cantor, chamado simplesmente *Bob Dylan* e lançado em 1962, sem chamar muita atenção.

FÁBRICA DE SUCESSOS

Havia um lugar em Nova York chamado Brill Building, na época o endereço de maior prestígio na cidade para os profissionais da indústria musical, que funcionou como uma fábrica de sucessos do rock and roll entre o final dos anos 1950 e o começo dos 1960. Em 1962, o edifício chegou a ter 165 escritórios ligados a essa indústria. Muitos deles eram de editores musicais, cuja função era descobrir novos compositores, fazer que suas canções fossem gravadas e faturar com os direitos autorais. Bastante gente foi revelada naquela época, como as duplas Gerry Goffin e Carole King, Barry Mann e Cynthia Weil, e Neil Sedaka e Howard Greenfield.

King e Goffin foram responsáveis por várias baladas juvenis como "Up on the Roof", gravada pelo Drifters, "Will You Love me Tomorrow", pelas Shirelles, e a clássica "The Loco-Motion", curiosamente gravada por Little Eva, que era a babá do casal. Anos mais tarde, Carole King estourou como cantora e compositora.

Outra dupla celebrada de compositores foi Jeff Barry e Ellie Greenwich, que escreveram clássicos como "Da Doo Ron Ron" e "Then He Kissed Me", gravados pelas Crystals, e ainda "Be My Baby" e "Baby I Love You", gravados pelas Ronettes.

Jerry Leiber e Mike Stoller tiveram músicas suas gravadas por Elvis na década de 1950, como os clássicos "Hound Dog", "Riot Cell # 9" e "Love Me", mas o sucesso da dupla continuou nos anos 1960 com músicas como "Stand by Me" e "On Broadway". Nessa época, criaram seu próprio selo, Red Bird, no qual gravaram as Shangri-Las e Dixie Cups. Eles foram considerados os verdadeiros arquitetos do rock and roll, pois conseguiram a química perfeita quando levaram o R&B na sua forma primitiva para a tradição pop.

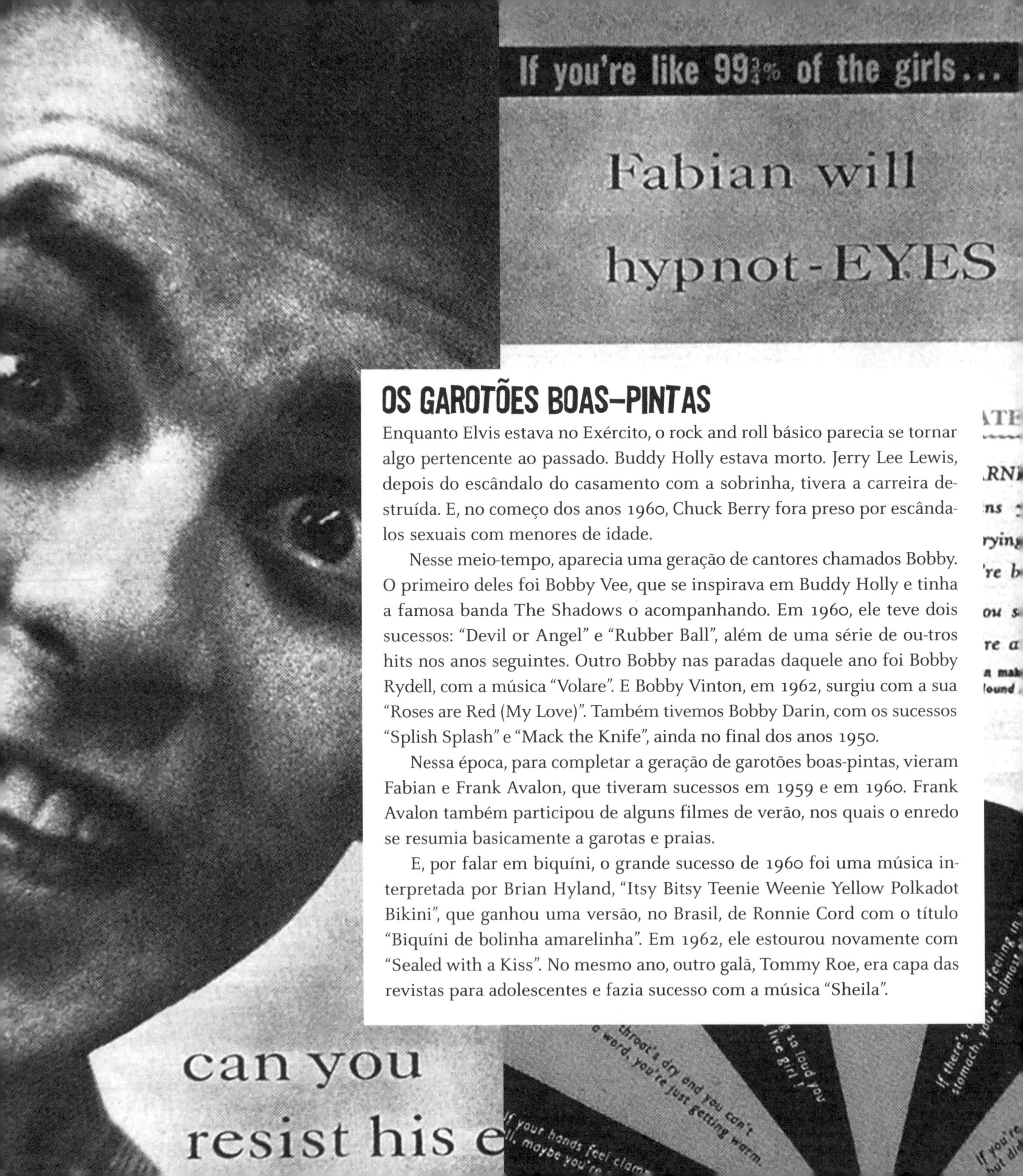

OS GAROTÕES BOAS-PINTAS

Enquanto Elvis estava no Exército, o rock and roll básico parecia se tornar algo pertencente ao passado. Buddy Holly estava morto. Jerry Lee Lewis, depois do escândalo do casamento com a sobrinha, tivera a carreira destruída. E, no começo dos anos 1960, Chuck Berry fora preso por escândalos sexuais com menores de idade.

Nesse meio-tempo, aparecia uma geração de cantores chamados Bobby. O primeiro deles foi Bobby Vee, que se inspirava em Buddy Holly e tinha a famosa banda The Shadows o acompanhando. Em 1960, ele teve dois sucessos: "Devil or Angel" e "Rubber Ball", além de uma série de ou-tros hits nos anos seguintes. Outro Bobby nas paradas daquele ano foi Bobby Rydell, com a música "Volare". E Bobby Vinton, em 1962, surgiu com a sua "Roses are Red (My Love)". Também tivemos Bobby Darin, com os sucessos "Splish Splash" e "Mack the Knife", ainda no final dos anos 1950.

Nessa época, para completar a geração de garotões boas-pintas, vieram Fabian e Frank Avalon, que tiveram sucessos em 1959 e em 1960. Frank Avalon também participou de alguns filmes de verão, nos quais o enredo se resumia basicamente a garotas e praias.

E, por falar em biquíni, o grande sucesso de 1960 foi uma música interpretada por Brian Hyland, "Itsy Bitsy Teenie Weenie Yellow Polkadot Bikini", que ganhou uma versão, no Brasil, de Ronnie Cord com o título "Biquíni de bolinha amarelinha". Em 1962, ele estourou novamente com "Sealed with a Kiss". No mesmo ano, outro galã, Tommy Roe, era capa das revistas para adolescentes e fazia sucesso com a música "Sheila".

CHECKER LP
high-fidelity
Have Guitar
Will Travel
wire BO DIDDLEY
BERT F. BAKER
368
GIFTS
SILVERWARE
BO
BO DIDDLEY

Premier

HEAR
Services in George and Human's Hall
tomorrow, Sunday, at 11 A.M.
PLEASE LEAVE
WITH THE

A DANÇA MALUCA

No verão de 1960, um novo estilo musical e uma nova dança enlouqueciam a juventude americana: o twist.

Chubby Checker bateu no primeiro lugar da revista *Billboard,* no verão de 1960, com a música "The Twist", e foi o começo de uma febre mundial para aquela dança maluca, que podia ser feita por qualquer um, mesmo quem não soubesse dançar. O segredo era mexer os quadris e fazer com um dos pés um movimento como se estivesse pisando em uma ponta de cigarro acesa. Os braços iam para trás como se a pessoa estivesse se enxugando com uma toalha depois do banho.

Em Nova York, o clube Peppermint Lounge era o ponto de encontro dos dançarinos de twist, e a atração em 1961 era o cantor Joey Dee, que gravou o sucesso "Peppermint Twist". No mesmo ano, Chubby Checker lançou "Let's Twist Again", e, em 1962, Sam Cooke estourava com a clássica "Twistin the Night Away".

Claro que não faltou filme que falasse do twist. Em 1961, foi lançado *Na Onda do Twist* (*Twist Around the Clock*).

Outras danças malucas foram lançadas pelas gravadoras na onda do twist, como o hully gully, e mesmo Chubby Checker tentou algumas, mas nenhuma delas superou o sucesso da original.

A SURF MUSIC

O fenômeno da surf music fez parte de uma cultura da juventude do sul da Califórnia, que tinha suas origens na areia e no sol daquele Estado e celebrava não somente o surfe, mas também o estilo de vida das festas na praia, as garotas de biquíni e os carros envenenados. Surgiu em 1960, quando o grupo instrumental The Ventures compôs "Walk Don't Run", que na época foi apenas um sucesso local, mas em 1962 tornou-se uma febre em toda a América.

A origem do estilo clássico de se tocar guitarra na surf music é creditada a Dick Dale e a seu grupo, os Del-tones. Ele cresceu no sul da Califórnia e se juntou aos surfistas da região. Um entusiasta da guitarra, em 1961 lançou vários compactos por seu próprio selo, chamado Deltone. Ao lado de Leo Fender — fabricante de uma das mais famosas guitarras e presidente da Fender Instruments —, criou a reverberação que dava à surf music uma sonoridade distinta, chamada de *fuzzy sound*. Em 1962, Dale lançou a música que é considerada o maior clássico da surf instrumental, "Miserlou". A importância dele para esse gênero é muito grande, uma vez que, além de grande guitarrista, também era surfista e transferia toda a emoção e adrenalina do esporte para sua música. Dizem que seu estilo ousado de tocar guitarra chegou a servir de influência para Jimi Hendrix.

Outros grupos de surf instrumental apareceram na época, como The Tornadoes, The Duals e The Chantays, que levaram outro grande clássico às paradas de sucesso, "Pipeline", em 1963, mesmo ano do lançamento de um dos mais conhecidos instrumentais de surf: "Wipe Out", do The Surfaris.

Além do instrumental, havia outro estilo de surf music: o vocal, cujo primeiro grupo apareceu em 1959, quando o duo Jan & Dean chegou ao top ten das paradas de sucesso com "Baby Talk". Em seguida, vieram sucessos como "Surf City" e "Deadman's Curve", todos com uma marca registrada na harmonia vocal e nas guitarras inspiradas nos *riffs* de Chuck Berry.

Apesar de Jan & Dean terem tido pelo menos 24 sucessos nas paradas entre 1959 e 1966, o grupo mais associado à surf music vocal foi o The Beach Boys. Formado em 1961 em Hawthorne, Califórnia, pelos irmãos Carl, Dennis e Brian Wilson, além de seu primo Mike Love e Al Jardine, teve seu primeiro sucesso em 1962 com "Surfin' Safari". Entre 1963 e 1965, os rapazes tiveram outros hits como "Surfer Girl", "Fun Fun Fun", "I Get Around" e "California Girls", antes de entrar em um território mais ousado musicalmente em *Pet Sounds* (1966). Até então, eles eram um dos ícones da surf music, mas esse álbum veio provar a qualidade musical da banda, e especialmente do genial Brian Wilson.

Paul McCartney chegou a declarar que o famoso álbum dos Beatles *Sgt. Peppers Lonely Hearts Club Band* tinha sido inspirado em *Pet Sounds*. Contudo, Brian Wilson se sentiu, de certa forma, frustrado quando o álbum do grupo inglês foi lançado, pois passaria a vida inteira com a obsessão de produzir algo que superasse a obra dos Beatles. Depois de *Sgt. Peppers* se consolidar como um dos maiores discos de todos os tempos, Brain se entregou às drogas e começou a atuar como produtor, eventualmente se apresentando com os Beach Boys. Com o passar do tempo, *Pet Sounds* passou a ser reconhecido como uma das obras-primas do rock and roll.

MULHERES NA DIANTEIRA

Em 1961, The Shirelles chegava ao primeiro lugar da parada americana com "Will You Love Me Tomorrow?". Foi essa música que pavimentou o terreno para o surgimento dos *girl groups* americanos, uma febre que dominou as paradas na primeira metade da década e que teve seu caminho aberto pelas rainhas do rock and roll nos anos 1950, Brenda Lee e Wanda Jackson.

The Crystals estourou com "He's a Rebel", um dos maiores sucessos desse gênero, e também fizeram sucesso com "Da Doo Ron Ron" e "Then He Kissed Me", ambas produzidas pelo lendário Phil Spector, que descobriu The Ronettes, do hit "Be My Baby", e conseguiu produzir cinco sucessos seguidos das garotas (além de se casar posteriormente com a líder do grupo, Veronica Bennett).

O produtor Phil Spector desenvolveu uma técnica de gravação musical chamada *wall of sound* (algo como "parede sonora"), que se caracterizava por um som denso e com ecos que se adequava bem às emissoras de rádio e às jukeboxes. Phil chamava seus discos de "sinfonias de três minutos" e produziu artistas de sucesso como The Ronettes, Darlene Love e Bob B. Soxx & The Blue Jeans. Com apenas 21 anos, ele já era milionário.

Na mesma época, em várias cidades americanas, começavam a despontar outros grupos femininos. Da Filadélfia vieram The Orlons, The Sensations e Blue Belles, entre outras. Em Nova York, aparecia The Chiffons, com o sucesso "He's So Fine", enquanto The Angels, de Nova Jersey, se destacavam com a música "My Boyfriend is Back".

A Motown assinou com Martha & The Vandellas (a vocalista Martha Reeves e as duas Vandellas eram secretárias na gravadora), que teve um sucesso nacional em 1964 com "Dancing in the Street". A gravadora também lançou o grupo feminino mais bem-sucedido comercialmente dos anos 1960, com 12 compactos que chegaram ao primeiro lugar e vários discos de ouro: The Supremes. Vindas de Detroit, elas eram Florence Ballard, Mary Wilson, Betty Travis e Diana Ross. Assinaram com a Motown em 1961 e gravaram alguns compactos, no entanto nenhum deles chegou ao topo das paradas até "Where Did Your Love Go?" em 1964. Os sucessos continuaram nos anos seguintes com "Baby Love" e "Come See About Me", e as Supremes foram consideradas verdadeiras adversárias dos invasores britânicos.

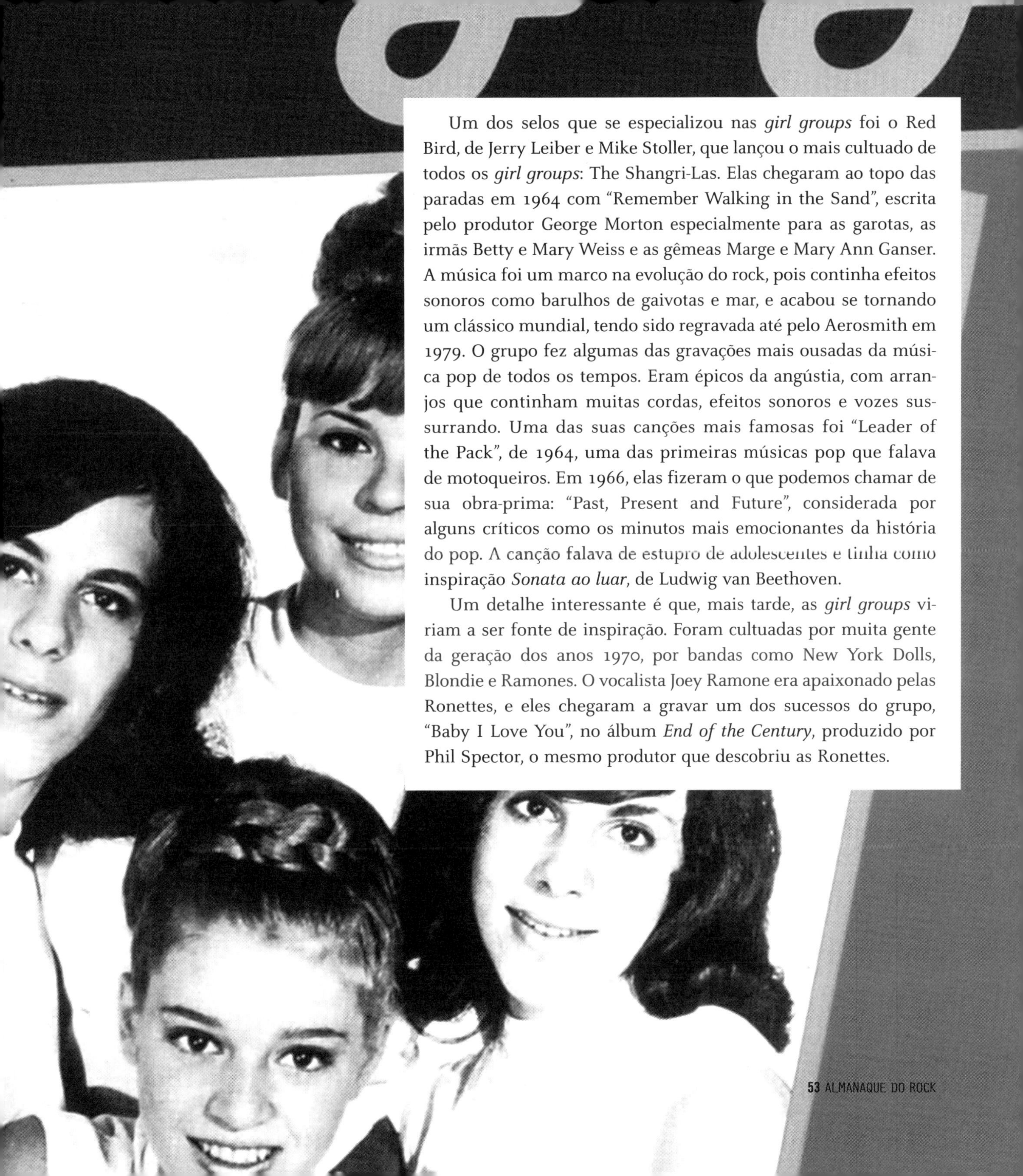

Um dos selos que se especializou nas *girl groups* foi o Red Bird, de Jerry Leiber e Mike Stoller, que lançou o mais cultuado de todos os *girl groups*: The Shangri-Las. Elas chegaram ao topo das paradas em 1964 com "Remember Walking in the Sand", escrita pelo produtor George Morton especialmente para as garotas, as irmãs Betty e Mary Weiss e as gêmeas Marge e Mary Ann Ganser. A música foi um marco na evolução do rock, pois continha efeitos sonoros como barulhos de gaivotas e mar, e acabou se tornando um clássico mundial, tendo sido regravada até pelo Aerosmith em 1979. O grupo fez algumas das gravações mais ousadas da música pop de todos os tempos. Eram épicos da angústia, com arranjos que continham muitas cordas, efeitos sonoros e vozes sussurrando. Uma das suas canções mais famosas foi "Leader of the Pack", de 1964, uma das primeiras músicas pop que falava de motoqueiros. Em 1966, elas fizeram o que podemos chamar de sua obra-prima: "Past, Present and Future", considerada por alguns críticos como os minutos mais emocionantes da história do pop. A canção falava de estupro de adolescentes e tinha como inspiração *Sonata ao luar*, de Ludwig van Beethoven.

Um detalhe interessante é que, mais tarde, as *girl groups* viriam a ser fonte de inspiração. Foram cultuadas por muita gente da geração dos anos 1970, por bandas como New York Dolls, Blondie e Ramones. O vocalista Joey Ramone era apaixonado pelas Ronettes, e eles chegaram a gravar um dos sucessos do grupo, "Baby I Love You", no álbum *End of the Century*, produzido por Phil Spector, o mesmo produtor que descobriu as Ronettes.

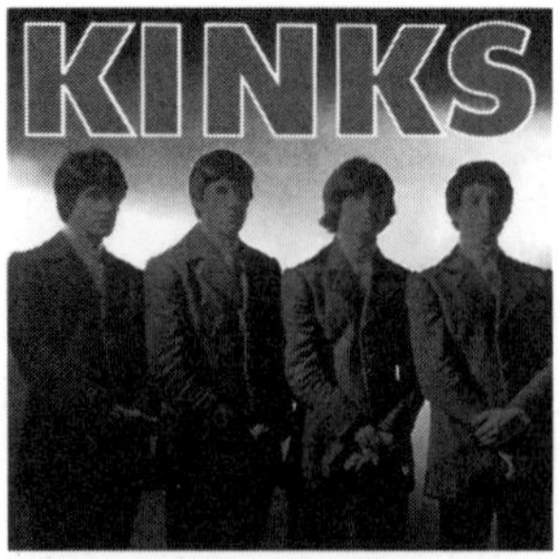

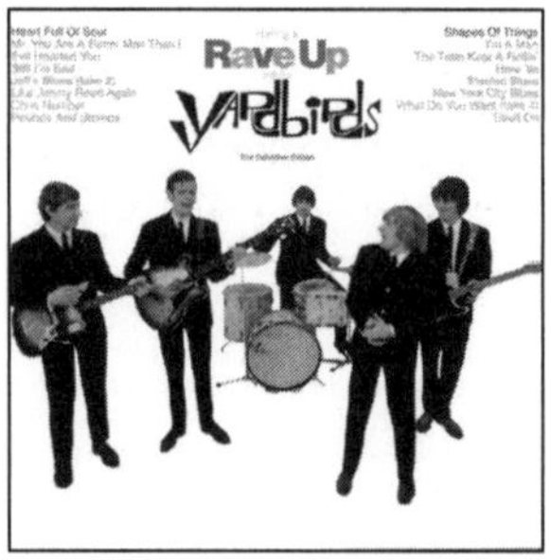

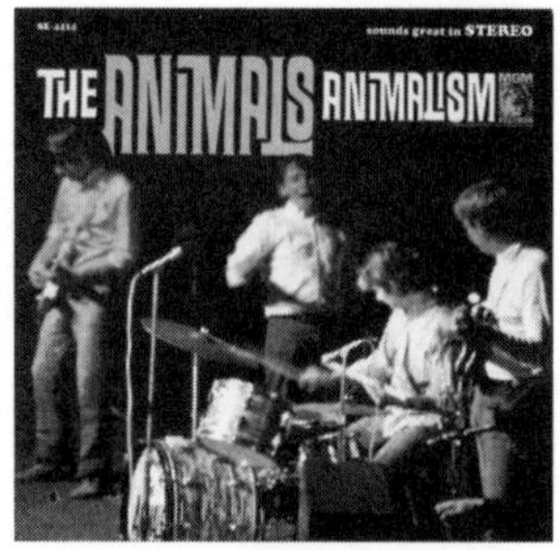

MERSEYBEAT

O estilo musical da invasão britânica precisava de um nome, e o escolhido foi merseybeat, uma junção de "Mersey" (nome de um rio de Liverpool) e "beat" (batida em inglês, que dava nome ao próprio estilo). Com o sucesso dos Beatles em Liverpool, as bandas de beat começaram a aparecer e o local mais famoso para vê-las era o Cavern Club. Enquanto isso, os executivos das gravadoras em Londres começaram a procurar bandas no estilo merseybeat em outras partes do país.

Brian Epstein, o empresário dos Beatles, assinou também com Gerry & The Pacemakers, que teve três compactos nas paradas em 1963: "How Do You Do It", "I Like It" e "You'll Never Walk Alone". Epstein também empresariava o cantor Billy J. Kramer, que estourou em 1963 com "Bad to Me". Outros no mesmo estilo eram The Searchers, The Foremost, Swinging Blue Jeans, The Big Three e The Dennisons. Houve até quem aproveitou o estilo para usá-lo como nome da própria banda: The Merseybeat.

O merseybeat chegou nas paradas de Londres em quinto lugar em julho de 1963 com a versão dos Tremeloes de "Twist and Shout" (música de Phil Medley e Bert Russell, eternizada pela versão dos Beatles), que em setembro chegou ao topo com "Do You Love Me?". Depois veio Dave Clark Five, em novembro, com "Glad All Over". De Manchester vieram Freddie and the Dreamers, que tiveram três hits naquela ano, e The Hollies, que entraram nas paradas com "Stay".

Porém o R&B americano também passou a ser cultuado na Inglaterra, influenciando muitas bandas emergentes, como os Rolling Stones, e criando, no final de 1963, uma cena crescente nos clubes e pubs.

Em Londres, surgiram grupos como Yardbyrds, Manfred Mann, The Kinks e The Pretty Things. Em Newcastle, The Animals também fazia sua interpretação especial da música negra americana e chegava ao topo das paradas em 1964 com "House of the Rising Sun". No mesmo ano, lá na Irlanda, em Belfast, um garoto de 18 anos chamado Van Morrison, com sua banda Them, fazia sucesso com "Baby Please Don't Go". De Midlands veio o Spencer Davies Group, com um vocalista chamado Stevie Winwood, que cantava no estilo Ray Charles e tocava teclados. Eles foram número um com "Keep on Running", em 1965.

A Inglaterra toda enlouquecia nessa época com a febre dos grupos beat, mas ninguém previa que, já em 1964, muitas dessas bandas — entre elas, claro, os Beatles e os Stones — iriam se tornar nomes conhecidos nos Estados Unidos.

A BEATLEMANIA CHEGA AOS ESTADOS UNIDOS

Os Beatles eram completamente desconhecidos nos Estados Unidos até o lançamento de *I Want to Hold Your Hand/I Saw Her Standig There*. Esse foi um dos compactos de venda mais rápida na história da música. A gravadora Capitol Records teve de trabalhar 24 horas por dia prensando discos para dar conta de um milhão de pedidos.

E vejam como são as coisas: em 1963, a Capitol rejeitou três compactos dos Beatles, que saíram por selos menores nos Estados Unidos. Mas, no ano seguinte, a gravadora resolveu fazer uma promoção do LP prensando 50 mil cópias somente para rádios e meios de comunicação no país inteiro. As celebridades usavam perucas que imitavam o cabelo dos Beatles e os programas de TV começaram a mostrar imagens da banda. Por toda parte havia cartazes dizendo "Os Beatles estão chegando". Quando o vôo 101 da Pan Am aterrissou em Nova York, eles foram recebidos por milhares de fãs no aeroporto, e a beatlemania teve início na América.

Fazia 77 dias que John Kennedy tinha sido assassinado, deixando o país em depressão total. Os jovens americanos, em particular, procuravam algo novo que os fizesse esquecer os problemas e os acontecimentos da época. Foi então que os quatro cabeludos de Liverpool, com suas estranhas piadinhas na primeira coletiva de imprensa, conseguiram ganhar não somente os jovens, mas o público em geral.

A mídia queria filmar cada passo do grupo. O influente DJ Murray the K fez a semana oficial dos Beatles, transmitindo seu programa diretamente do hotel onde eles estavam hospedados. Lá fora, centenas de fãs gritavam os nomes de John Lennon, Paul McCartney, George Harrison e Ringo Starr.

No dia 9 de fevereiro de 1964, os Beatles fizeram sua primeira apresentação no *Ed Sullivan Show* para todo o país, com uma audiência de 73 milhões de pessoas. Dizem que, nesse dia, o índice de criminalidade praticada por jovens caiu para zero.

No final de março, eles já haviam conquistado a cena pop americana. Os Beatles ocupavam simultaneamente as cinco primeiras colocações da parada de compactos e tinham dois álbuns entre os mais vendidos, o que representava 60% de todos os discos vendidos nos Estados Unidos naquele ano. E isso foi só o começo: no verão de 1966, eles tinham nada menos que trinta compactos entre os quarenta mais vendidos.

Todo esse sucesso abriu caminho para a invasão dos grupos britânicos que dominariam a cena americana pelos próximos anos. Bandas como The Animals e The Zombies começaram a aparecer nas paradas e no circuito de shows, mas o curioso é que os grupos ingleses que ficaram conhecidos no circuito americano não eram os mais badalados e populares até então na Inglaterra. Na carona dos Beatles vieram seus rivais The Rolling Stones, Gerry and the Pacemakers, The Kinks, The Searchers, Herman's Hermits, The Dave Clark Five e Chad & Jeremy, esses últimos totalmente desconhecidos na Inglaterra.

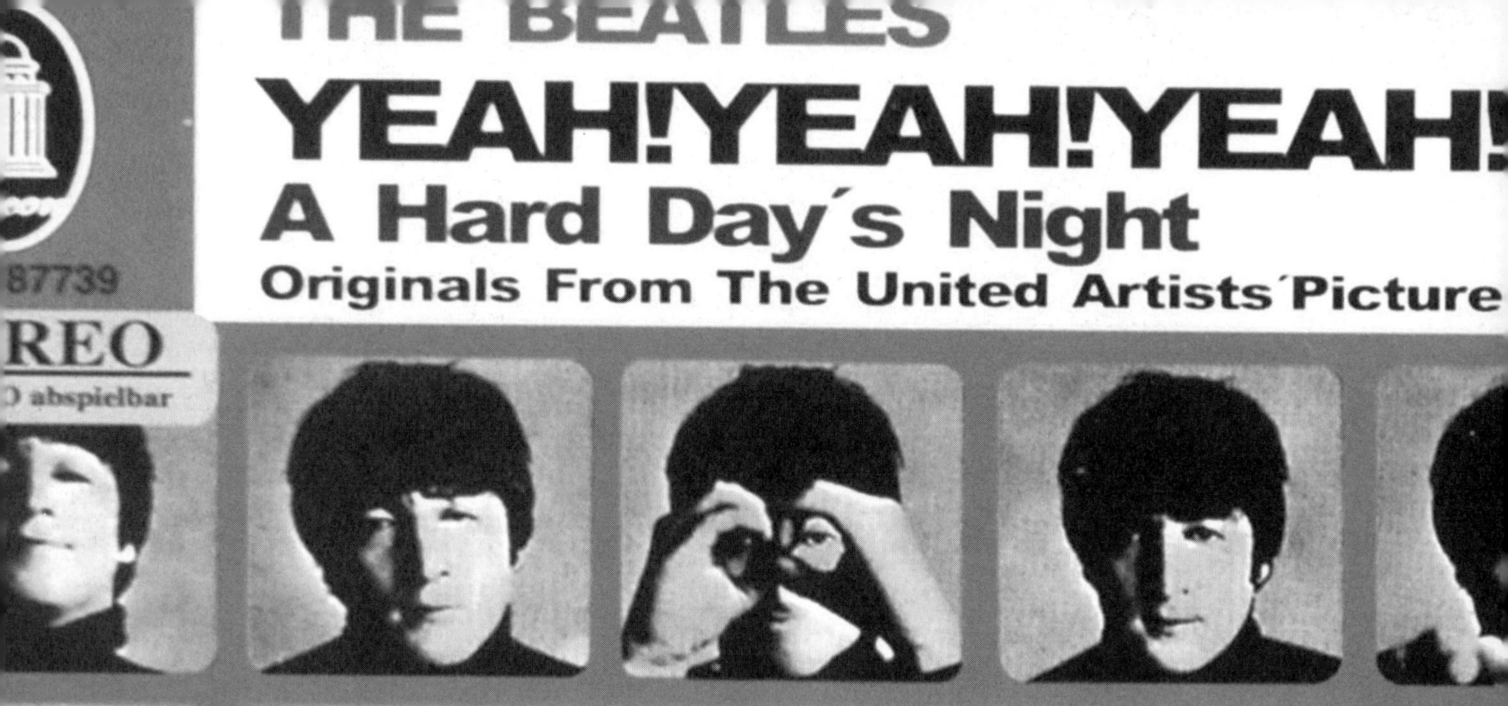

NA COLA DOS BEATLES

The Monkees foi uma banda criada para uma série de televisão em 1965. Os produtores, animados com o sucesso do filme dos Beatles, *A Hard Day's Night*, resolveram criar um programa inspirado nas palhaçadas feitas pelo quarteto de Liverpool naquela produção. Só não esperavam que isso fosse surtir um resultado comercial tão grande.

O guitarrista e letrista Michael Nesmith era o cabeça da banda, que muitos acusavam de "pré-fabricada". Apesar disso, eles tiveram grandes hits do rock and roll entre 1966 e 1968 criados pelos produtores Tommy Boyce e Bobby Hart, que assinaram a maioria das composições dos Monkees, como "Last Train to Clarksville, "Steppin' Stone" e "I'm a Believer".

Com o final do seriado em 1968, o grupo também resolveu partir para o cinema e realizou, com a ajuda de Jack Nicholson, que produziu e colaborou no roteiro, um filme chamado *Head*, que foi um fracasso. Aquele surrealismo de noventa minutos estava muito à frente de seu tempo, embora tenha sido uma tentativa de os Monkees mostrarem para o mundo que não eram apenas os rapazes engraçadinhos e "pré-fabricados" da TV. Pela primeira vez, eles fizeram seu próprio repertório, mas a trilha sonora também fracassou, assim como seus discos posteriores.

MODS INGLESES E GARAGE BANDS AMERICANAS

No início da década de 60, na Inglaterra, em oposição aos Teddy Boys dos anos 50, surgiram os "mods", ou *modernists*. Diferentemente do estilo rebelde e roqueiro de se vestir dos Teddy, os mods adotavam uma maneira mais clássica e comportada. Usando roupas em estilo italiano, eles tomavam café expresso e usavam as lambretas italianas também conhecidas como "vespas". A rivalidade entre os mods e os Teddy Boys era grande, e os confrontos entre ambos eram comuns.

Uma das bandas mais importantes da geração mod foi a The Small Faces, que nunca conseguiu estourar nos Estados Unidos como aconteceu em 1964 com a invasão britânica e o merseybeat.

Já na terra do Tio Sam começaram a surgir as primeiras bandas de garagem, assim chamadas porque eram formadas por jovens amadores que usavam a garagem de seus pais para ensaiar. Esse tipo de som, na verdade, era mais um modo de tocar cheio de energia do que propriamente uma técnica instrumental. Um dos primeiros nomes foi The Kingsmen, que estourou com "Louie Louie". O sucesso deles abriu as portas, no meio da década, para outros grupos começarem a aparecer no país, como Sam Sham & The Pharaohs, que estouraram com "Wooly Bully", Question Mark and The Mysterians, com "96 Tears", e The Seeds, com "Pushin' Too Hard", hoje considerado um clássico cult.

A CANÇÃO QUE PRECISOU DE PORNOGRAFIA PARA ESTOURAR NAS PARADAS

A versão original de "Louie Louie" foi composta por Richard Berry e lançada como compacto em 1957, em ritmo de calipso. Fez um pequeno sucesso regional e, a partir daí, aos poucos, foi sendo regravada por outros artistas e contagiando outras regiões. Em Tacoma, Washington, a banda The Wailers (que nada tem a ver com o grupo de Bob Marley) fez uma versão mais roqueira, também com sucesso regional. Em Portland, dois grupos resolveram gravá-la ao mesmo tempo, em abril de 1963: Paul Revere & The Raiders e The Kingsmen.

Seis meses depois, a música era um sucesso no país inteiro e chegava ao segundo lugar das paradas com The Kingsmen. Uma das explicações deve ter sido a polêmica em torno das mudanças na letra da música, que foi acusada de indecente. O governador do estado de Indiana proibiu a execução da canção, o que chamou a atenção do FBI. Na verdade, não havia nada demais na letra, mas o modo como o vocalista do Kingsmen Jack Ely pronunciava parte dela deixava muita margem para a imaginação dos adolescentes e, mais ainda, dos seus pais.

Álbuns fundamentais de garage rock

*96 TEARS*_**QUESTION MARK AND THE MYSTERIANS** ::: *ARE YOU A BOY OR ARE YOU A GIRL?*_**THE BARBARIANS** ::: *DIRTY WATER* _**THE STANDELS** ::: *GLORIA*_**SHADOWS OF KNIGHT** ::: *HEY JOE*_**THE LEAVES** ::: *I HAD TOO MUCH TO DREAM (LAST NIGHT)*_**THE ELECTRIC PRUNES** ::: *JUST LIKE US!*_**PAUL REVERE AND THE RAIDERS** ::: *NO WAY OUT – THE CHOCOLATE WATCH BAND* *PSYCHO SONIC*_**THE SONICS** ::: *PSYCHOTIC REACTION*_**COUNT FIVE** ::: *SURFIN' BIRD*_**THE TRASHMEN** ::: *THE KINGSMEN IN PERSON*_**THE KINGSMEN** ::: *THE SEEDS*_**THE SEEDS** ::: *(TURN ON) THE MUSIC MACHINE*_**THE MUSIC MACHINE**

FOLK ROCK

Depois do aparecimento de uma geração folk no bairro de Greenwich Village, em Nova York, no início da década de 60, alguns grupos influenciados pela geração merseybeat britânica começaram a criar um novo estilo no rock americano, chamado folk rock. Em 1965, The Turtles e The Byrds lançavam seus primeiros discos coincidentemente regravando músicas de Bob Dylan. O primeiro disco dos Byrds tinha até o título de uma música do cantor, "Mr. Tambourine Man", e o nome do primeiro disco dos Turtles, *It Ain't Me Baby*, também era o mesmo de uma canção de Dylan.

O folk rock se estendeu por outras bandas iniciantes como o Grateful Dead e o Jefferson Airplane, que mais tarde mergulharam na psicodelia.

No lado mais pop do folk, dois grupos tiveram grande importância: The Mamas & The Papas, que lançaram seu primeiro disco em 1966, e Peter Paul & Mary, que faziam parte do movimento folk *revival* do início da década de 60. Eles gravaram seu primeiro disco em 1962 e também ficaram famosos por interpretar canções de Bob Dylan, como "Blowin' in the Wind".

Outros nomes que merecem destaque na cena americana são The Lovin' Spoonfull, que em 1965 estourava com "Do You Believe in Magic?", e The Beau Brummels, que foi na verdade uma das primeiras bandas de folk rock americano, muito antes dos Byrds. Eles foram a primeira resposta americana à invasão britânica, mas não conseguiram grande sucesso comercial. Em 1967, começaram a introduzir elementos psicodélicos em seus discos e fizeram alguns clássicos que permaneceram na obscuridade. No final da década, também foram pioneiros na criação do country rock.

Outra banda festejada foi Buffalo Springfield, que trazia em sua formação o jovem guitarrista e vocalista Neil Young. Em 1967, tiveram sucesso com "Mr. Soul" e a fabulosa "For What It's Worth". Com o fim da banda no final dos anos 60, Young se uniu a David Crosby (que era dos Byrds), a Stephen Stills (que também fazia parte do Buffalo Springfield) e ao inglês Graham Nash (da famosa banda merseybeat do início da década, The Hollies). Esse time formaria um dos mais importantes grupos de folk rock da história: Crosby, Stills, Nash & Young, e este último atuava na banda como convidado, pois já tinha sua carreira solo desde 1969.

Um duo que também transitou pelo folk *revival* foi Simon & Garfunkel. Eles começaram ainda crianças e gravaram suas primeiras canções em 1957, quando ironicamente chamavam o duo de "Tom & Jerry". Na década de 60, quando assinaram com a Columbia, mudaram o nome para Simon & Garfunkel. Em 1964, lançaram seu primeiro álbum e se tornaram os artistas de folk rock de mais sucesso na história.

Do lado feminino, além de Joan Baez, o destaque é Joni Mitchell, que foi muito além de uma simples cantora de folk rock, pois seu estilo atravessou gerações e influenciou uma série de outras cantoras. Ela começou a gravar em 1968 e sempre citou como suas maiores influências Dylan e Baez.

Fora do circuito americano, podemos citar o canadense Leonard Cohen, um dos mais fascinantes e enigmáticos intérpretes e compositores da época. Apesar de até hoje ser muito bem conceituado junto à crítica e ao público, ele nunca fez o mesmo sucesso de Bob Dylan, embora apresentasse forte potencial criativo, que começou a surgir em 1968 com o álbum *The Songs of Leonard Cohen*, no qual se destaca a clássica "Suzanne".

Os ingleses também embarcaram no folk rock e tinham Donovan, uma espécie de Dylan ao contrário, pois exaltava o romantismo e a era *flower power*. O cantor estreou em disco no ano de 1965 e fez jóias raras da psicodelia e do folk rock, como os álbuns *Sunshine Superman* (1966) e *Mellow Yellow* (1967).

A FORÇA DAS FLORES

O termo *flower power* foi usado pelos hippies dos anos 60 e 70 para indicar uma ideologia da não-violência e de repúdio à Guerra do Vietnã. Um hino dessa geração foi a música "San Francisco (Be Sure to Wear Flowers in Your Hair)" cantada por Scott McKenzie em 1967, que dizia: "Quando você for a São Francisco, não deixe de usar algumas flores em seu cabelo".

Entre os grupos, um dos que melhor representaram o gênero foi o Fairport Convention, considerada a melhor banda de folk britânico do final dos anos 60. Seu primeiro disco data de 1968 e um de seus clássicos, *Liege & Lief*, foi lançado no ano seguinte. Com eles apareceram outros grupos britânicos de folk rock que merecem destaque, como o Steeleye Span. Assim como o Fairport tinha Sandy Denny como vocalista, eles também tinham Maddy Prior fazendo vocais e sabiam muito bem misturar as raízes do folk inglês com o rock. Outra banda a ser destacada é The Incredible String Band. Basicamente composta do duo Mike Heron e Robin Willianson, o som deles misturava música celta e instrumentos asiáticos, formando uma combinação bem mais exótica.

Havia ainda os *outsiders*, e os destaques ficam para o americano Tim Buckley e para o britânico Nick Drake, que hoje em dia estão entre os mais cultuados artistas de folk rock de todos os tempos. Os dois, coincidentemente, morreram jovens e da mesma causa: overdose. Drake começou a gravar em 1969 e seus três únicos discos são considerados verdadeiras obras-primas do gênero. Buckley começou a gravar em 1966 e era um músico bastante influenciado não somente pelo folk rock, mas também pelo jazz. Gravou nove álbuns, que também se tornaram pérolas. Na década de 90, seu filho, Jeff Buckley, começou a aparecer como um grande talento herdado do pai, mas faleceu tragicamente, por afogamento, em 1997. Em vida, ele lançou somente um álbum, *Grace*, de 1994, porém a gravadora ainda soltou *Sketches for My Sweetheart the Drunk*, em 1998, além de algumas gravações ao vivo.

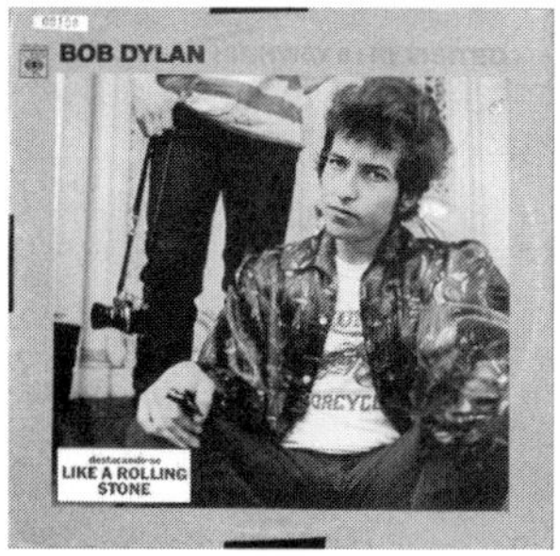

A NOVA ERA DO ROCK AMERICANO

A invasão inglesa marcou o começo de uma nova era no rock americano, incentivando o aparecimento das bandas de garagem (e outras derivadas de guitarras e melodias) e criando novos estilos. Até mesmo Bob Dylan, que no início de sua carreira parecia um cara radical e fiel às raízes do folk, cedeu aos ingleses e confessou que, ao ouvir "I Want to Hold Your Hand", dos Beatles, e "The House of the Rising Sun", dos Animals, foi encorajado a usar a guitarra elétrica a partir de 1965. E, de fato, as bandas britânicas incentivaram os grupos americanos a voltar às suas raízes musicais.

Enquanto isso, a Motown e o estilo chamado southern soul, do selo Stax, em Memphis, continuavam a definir a black music da América. O sucesso de bandas como os Stones e os Animals, e mais tarde seus sucessores mais pesados, Cream e Jimi Hendrix Experience — Hendrix era americano, mas morava na Inglaterra —, exerceu uma influência muito grande nos americanos. Mais tarde apareceram Steve Miller e o grande guitarrista Johnny Winter, apresentando um novo blues para platéias do final da década de 60.

Os anos dourados do rock and roll não deixaram somente um legado musical, mas também suas marcas na sociedade americana: a revolução sexual, a censura e o aparecimento da pílula anticoncepcional no início dos anos 60, que acelerou os movimentos de liberação feminina.

As mudanças mais radicais aconteceram em meados da década, principalmente no estilo musical. A era dos Beatles trouxe ao mundo os cabelos compridos, deixando para trás os topetes de Elvis. As mulheres passaram a usar minissaias e os anos 60 começaram a se tornar anos coloridos.

A década de 50 foi descrita na Inglaterra como "cinza", em parte pelo fato de o tempo ter sido assim, mas também como uma evocação do pós-guerra. Até na América as imagens do rock and roll eram preto-e-branco. Até quando os Beatles apareceram com o álbum *A Hard Day's Night*, a imagem deles também era em preto-e-branco.

Contudo, a partir de 1964, alguns já previam a era psicodélica e todas as suas cores. A combinação de rock no volume máximo, drogas alucinógenas, liberdade sexual e vida em comunidades caracterizava o movimento hippie como uma revolução associada não ao rock and roll da década de 1950, mas a algo que ia além. Veio o chamado "verão do amor" em 1967, e a geração rock dos anos 50 deu lugar à contracultura. Por todos os lados se viam cores, das roupas transadas ao show de luzes, passando pela arte dos pôsteres. Começava, de fato, a era da meditação "All You Need is Love", como a música de John Lennon, algo muito distante dos tempos do filme *Sementes de Violência*, com sua música "Rock Around the Clock" e as escolas do Bronx.

PSICODELISMO

O rock psicodélico apareceu em meados da década de 60 como resultado da mistura do merseybeat inglês, do folk rock e pitadas de elementos indianos. O estilo não se prendia mais à estrutura musical de verso e refrão, e explorava uma forma livre de composição, alterando sons e vozes em estúdio. Inicialmente eram os Yardbyrds, na Inglaterra, e os Byrds, nos Estados Unidos, que faziam esse tipo de som. Mais tarde, os Beatles e os Rolling Stones incorporaram a psicodelia a seus estilos, lançando álbuns clássicos como *Revolver* e *Sgt. Peppers Lonely Hearts Club Band*, dos Beatles, e *Their Satanic Majesties Request*, dos Stones. As bandas inglesas iam para o lado fantasioso e surrealista, mas grupos como Pink Floyd e Traffic tocavam instrumentais longos assim como seus contemporâneos americanos Grateful Dead, The Doors, Love e Jefferson Airplane. Em outros lugares da América, as *garage bands* começavam a introduzir a psicodelia em seu som mais cru, conseguindo resultados interessantes.

Os dois grupos mais importantes do cenário psicodélico americano vinham da Costa Leste: Grateful Dead e Jefferson Airplane. O primeiro é considerado um dos mais criativos desse gênero, com um estilo eclético que misturava elementos de rock, folk, blues, country, jazz, gospel e outros estilos. Eles começaram como The Warlocks, e o nome Grateful Dead foi tirado de um dicionário, de acordo com uma biografia do baixista Phil Lesh. A genialidade do guitarrista Jerry Garcia fazia com que ele fosse visto como o líder da banda, papel que relutava em aceitar, pois o grupo enxergava todos os seus membros como responsáveis na mesma medida pela criatividade do seu coletivo musical. A banda ficou famosa por suas improvisações, com Garcia tocando longos solos de guitarra, cuja duração tornava as apresentações ao vivo shows de até mais de quatro horas. Eles nunca estavam satisfeitos com o sistema de som dos lugares em que tocavam, e chegaram a ter um sistema especialmente projetado para eles, chamado de *The Wall of Sound* (embora o nome seja o mesmo, não tem relação com a técnica de gravação desenvolvida por Phil Spector). Um dos álbuns clássicos da época foi *Anthem of the Sun*, o segundo da banda, lançado em 1968.

Já o Jefferson Airplane foi a primeira banda psicodélica de São Francisco a ter reconhecimento e sucesso na América. Começaram a gravar em 1966 e um dos seus álbuns clássicos, *Surrealistic Pillow*, que trazia os sucessos

“Somebody to Love” e “White Rabbit”, veio no ano seguinte. É nesse álbum que a cantora Grace Slick se juntou ao vocalista Marty Balin, um dos fundadores da banda. Na seqüência, lançaram *Crown of Creation* (1968), um clássico da psicodelia, e *Volunteers* (1969), com temas mais políticos e participações importantes como Jerry Garcia (Grateful Dead) e David Crosby e Stephen Stills (Crosby Stills Nash & Young).

A banda parou em 1972 e só voltou dois anos depois, com outra formação e outro nome: Jefferson Starship. Nesse intervalo, Grace gravou seu primeiro álbum solo, *Manhole* (1973). Em 1978, ela e Marty deixaram a banda, que continuou a gravar com outro vocalista. Em 1985, voltaram com Grace em uma versão mais comercial chamada simplesmente *Starship*, que teve um grande sucesso na década de 80, “We Built This City”. Em 1989, arriscaram um retorno do Jefferson Airplane, mas a idéia caiu por terra, pois seria muito difícil superar os primeiros trabalhos da banda.

Outro grupo de São Francisco na linha psicodélica e de acid rock (uma variante mais pesada do rock psicodélico) foi a Quicksilver Messanger Service, que lançou seu primeiro álbum em 1968. Infelizmente, eles não conseguiram o sucesso comercial do Grateful Dead ou do Jefferson Airplane, mas foram importantes e bastante cultuados nesse circuito.

Outros dois nomes importantes que surgiram no meio da cena psicodélica foram Frank Zappa e Captain Beefheart.

Considerado um gênio da guitarra, Zappa foi muito além do psicodelismo, pois sua formação clássica e jazzística estendeu seu estilo por diversas tendências. Em 1966, lançou seu primeiro álbum, que também foi o primeiro álbum duplo da história do rock: *Freak Out*. Seus discos posteriores, *Absolutely Free* (1967), o “anti-flower-power” *We're Only in Lit for the Money* (1968) — uma sátira a *Sgt. Peppers* dos Beatles já na própria capa — e *Lumpy Gravy* (1968) apresentaram o humor e os experimentalismos que marcariam a carreira do artista.

Outro outsider do rock na década de 60 é Captain Beefheart, ligado em free jazz, blues, música clássica e, obviamente, rock and roll. Ele lançou um disco que é considerado uma das pérolas escondidas do blues rock e da psicodelia: *Safe as Milk* (1967). Mais tarde, com a ajuda de Frank Zappa, apresentou sua obra-prima, *Trout Mask Replica* (1969), cuja capa também é considerada uma das melhores e mais bem-humoradas ilustrações do rock.

O SELO QUE DESCOBRIU OS THE DOORS

Um dos selos mais importantes na explosão do psicodelismo foi o Elektra, criado em 1950 e que abraçou a nova geração folk que aparecia no Village. A gravadora lançou The Paul Butterfield Blues Band, grupo liberado pelo gaitista Paul Butterfield que fazia uma fusão de blues, rock and roll, jazz e psicodelia. Seus dois primeiros discos pela Elektra, em 1965 e 1966, são considerados clássicos do gênero.

O grande sucesso comercial do selo foi o grupo Bread, que em 1969 lançava seu primeiro álbum. Outro grupo importante foi o Love, um dos mais cultuados da geração psicodélica. Lançou seu primeiro álbum em 1966 e, no ano seguinte, o disco *Da Cappo*, que, segundo alguns críticos da época, inspirou os Rolling Stones na música "She's a Rainbow" (que traz o versos "She comes in colours", nome de uma das faixas de *Da Cappo*). Ainda em 1967, o Love lançou aquele que se tornaria o álbum mais cultuado da história do psicodelismo, *Forever Changes*, que até hoje aparece nas listas dos melhores álbuns de todos os tempos.

Um detalhe interessante na música do Love era que seu líder, Arthur Lee, era um amante de música flamenca, e isso acabou influenciando na mistura de folk, rock, jazz e orquestrações pop.

O grupo não fez muito sucesso nos Estados Unidos, mas na Inglaterra sempre foi aclamado pela crítica.

Entretanto, a banda mais aclamada de todos os tempos no selo Elektra foi sem dúvida os The Doors. O grupo começou em Los Angeles em 1965, com Ray Manzarek nos teclados, Jim Morrison no vocal, John Densmore na bateria e Robby Krieger na guitarra. É interessante que a banda nunca teve baixista, uma vez que todas as linhas de baixo eram feitas por Manzarek em seus teclados, o que acabou se tornando uma marca registrada.

O primeiro álbum dos The Doors foi lançado em janeiro de 1967 e pode ser considerado um clássico da psicodelia e do rock. O primeiro grande hit foi "Light My Fire", que na época sofreu censura e, para variar, o programa de Ed Sullivan tentou impedir que Morrison cantasse alguns versos da canção. A música que encerra o disco é "The End", um épico de quase 12 minutos que se tornou um dos maiores clássicos do rock, servindo de trilha sonora para o filme *Apocalypse Now*, dirigido por Francis Ford Coppola em 1979.

GRAVAÇÃO INESQUECÍVEL

O produtor do The Doors, Paul Rothchild, descreveu a gravação de "The End" como um dos melhores momentos que ele já teve em um estúdio. Estava completamente envolvido pelo clima da música e todas as luzes do estúdio estavam apagadas, havia apenas uma vela acesa na cabine onde Jim cantava. "Foi um momento mágico e ao mesmo tempo chocante. Quando a música acabou, era como se fosse o fim mesmo, não dava para prosseguir", disse.

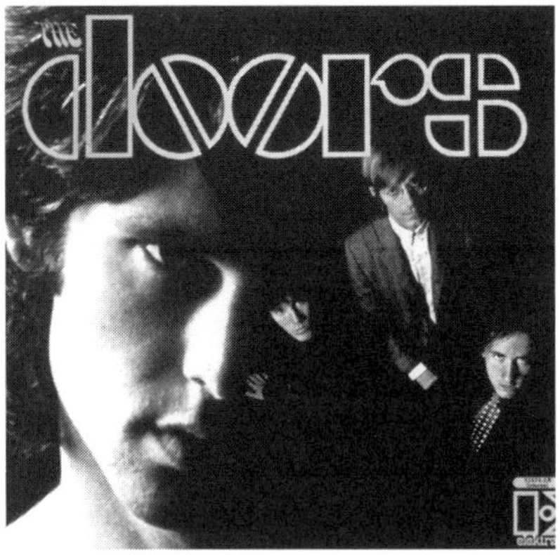

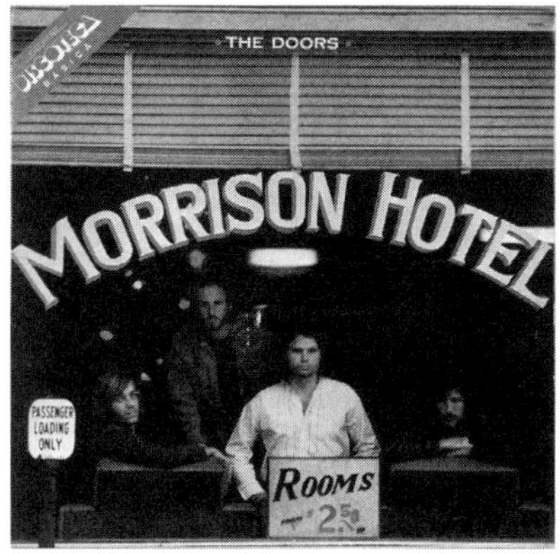

Jim Morrison, acima de tudo, era um poeta influenciado por autores como Aldous Huxley e Arthur Rimbaud. O nome The Doors, segundo a própria banda, vem do livro de Aldous Huxley, *The doors of perception*, que por sua vez veio de uma frase do livro *O matrimônio do céu e do inferno*, de William Blake. Um dos discursos do vocalista na época atirava contra os Beatles, os Stones e o Jefferson Airplane. Os três tinham músicas que falavam de revolução: os Stones com "Street Fighting Man", os Beatles com "Revolution" e o Jefferson Airplane com "Volunteers". Jim contra-atacava dizendo: "Eu não falo sobre revolução, eu não falo sobre sair às ruas, eu falo sobre diversão!". Esse seu lado poético e místico se tornou uma fonte de influências para muitas outras gerações.

A discografia dos The Doors não é tão vasta, mas os seis álbuns venderam mais nas últimas duas décadas do que na época em que foram lançados. *Strange Days*, *The Soft Parade* e *L. A. Woman* são considerados obras-primas do rock.

Jim morreu em Paris no dia 3 de julho de 1971. Os três remanescentes tentaram continuar a banda e lançaram mais dois discos pelo Elektra, mas sem Jim Morrison a banda não era mais a mesma.

Grupos menores apareceram pelo selo Elektra e gravaram discos que se tornariam cult com o passar dos tempos: Clear Light, Eclection, Ars Nova, The Holly Modal Rounders, Earth Opera, Plainsong, The Wackers e Rhinoceros.

Do lado britânico, o folk psicodélico da cultuadíssima Incredible String Band saiu pela Elektra. Outra banda do selo trazia um vocalista com a mesma ousadia de Jim Morrison: The Stooges, com Iggy Pop. Seus três primeiros discos são verdadeiros clássicos do chamado pré-punk, e são influentes até hoje. E a gravadora ainda lançou o MC5, grupo que se tornou referência para várias gerações com seu clássico primeiro álbum *Kick Out the Jams*, lançado em 1969, e se transformou em um dos grupos mais importantes que surgiram em Detroit.

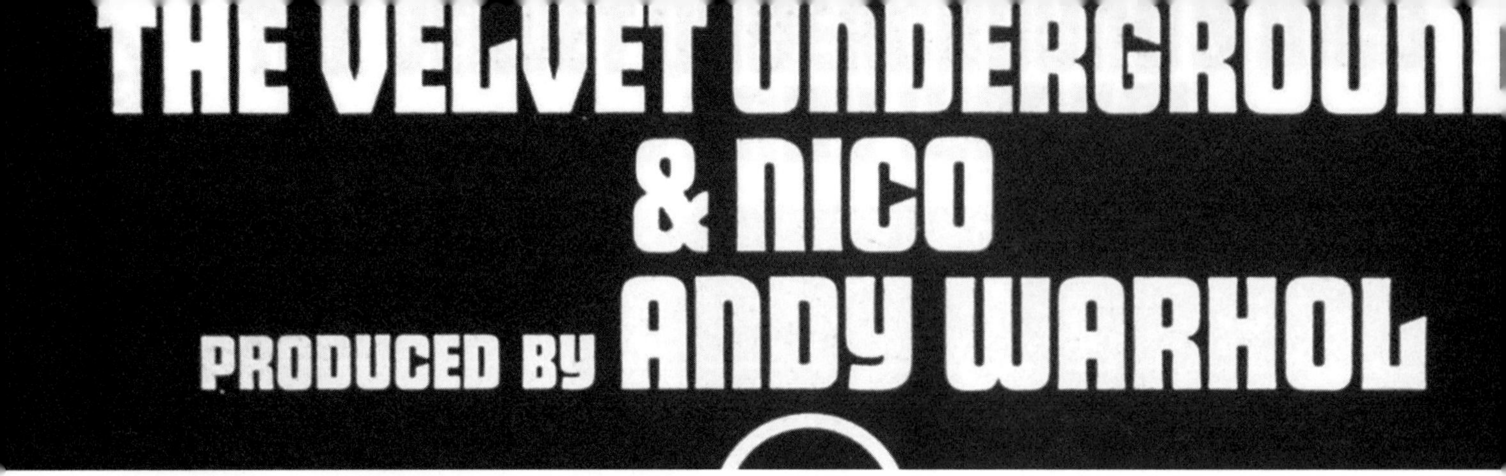

O GRUPO APADRINHADO POR ANDY WARHOL

Lou Reed era um fanático por rock and roll desde garoto, e no final dos anos 50 já tinha uma banda chamada The Shades. Nos anos 60, começou a se interessar por jazz e poesias de autores como Delmore Schwartz.

Em meados da década, Reed conheceu John Cale, um dos grandes músicos de toda a história da música pop, que veio do País de Gales e se estabeleceu em Nova York. Sua formação de multiinstrumentista incluía teclado, baixo e viola, além de um passado musical ao lado do grande jazzista John Cage. Lou Reed queria montar uma banda vanguardista e ao mesmo tempo pop, e ambos fizeram o The Velvet Underground, considerado o grupo mais influente da psicodelia.

A temática das letras falava do submundo nova-iorquino povoado por traficantes e travestis. No final de 1965, o ícone da *pop art*, Andy Warhol, assistiu à banda ao vivo e imediatamente se tornou seu empresário, sugerindo que eles agregassem a cantora alemã Nico nos vocais. O grupo fez parte do show *The Exploding Plastic Inevitable*, criado por Warhol.

À frente de seu tempo, o Velvet Underground pegou a crítica de assalto, recebendo muitos elogios. Um jornal nova-iorquino comparou a música deles ao que seria um casamento de Bob Dylan com o Marquês de Sade, chamando as letras de sadomasoquistas. Mas o primeiro álbum, *The Velvet Underground and Nico* (1967), com produção de Andy Warhol, foi um fracasso em termos comerciais. O artista plástico também fez a capa do disco, com o desenho de uma banana, que é considerada uma das melhores capas da história do rock and roll.

A importância do grupo passou a ser reconhecida com o decorrer dos anos e, com a ascensão de Lou Reed a partir da década de 70, o Velvet se tornou uma banda cult para as gerações seguintes. O álbum de estréia é considerado um dos mais importantes e influentes discos de todos os tempos.

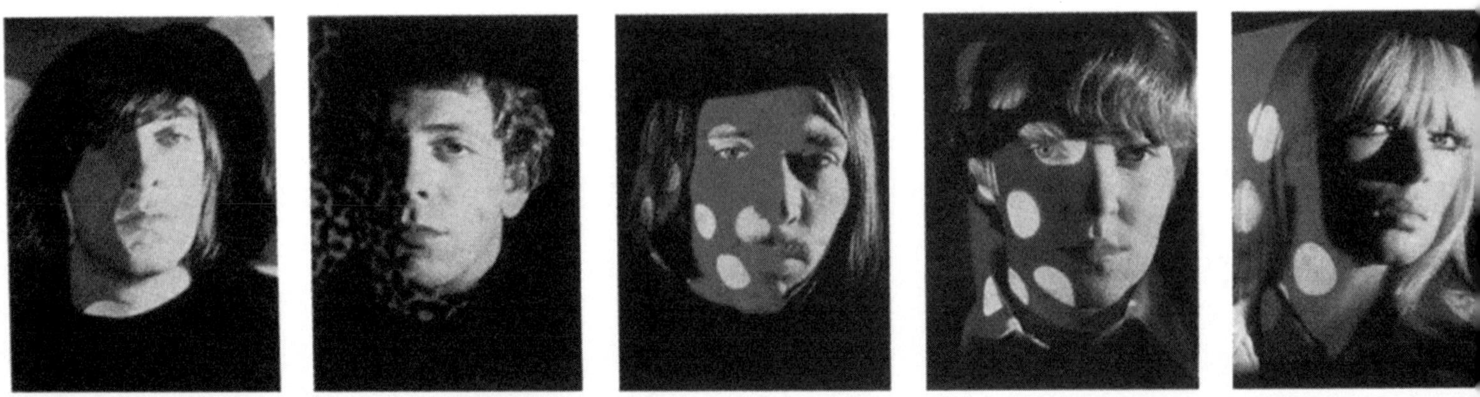

INGLESES: DO PSICODELISMO PARA O PROGRESSIVO

Diversos grupos britânicos do psicodelismo seguiriam depois a direção do rock progressivo. O mais famoso deles é o Pink Floyd. Liderado por Syd Barrett, a banda teve seu nome inspirado em dois "blueseiros": Pink Anderson e Floyd Council. Em 1967, eles lançaram o primeiro compacto, *Arnold Layne* — que contava a história de um travesti —, e o primeiro álbum, *The Piper at the Gates of Dawn*, considerado o disco mais importante da psicodelia britânica depois de *Sgt. Peppers*, dos Beatles. Nessa época, Syd Barrett liderava a banda, fazia os vocais e tocava guitarra e outros instrumentos mais exóticos, que compunham a atmosfera psicodélica do grupo. Ele teve uma passagem meteórica pela banda, pois, depois desse primeiro disco, começou a sofrer convulsões e apresentar sinais de instabilidade mental por causa do uso constante de LSD e outras drogas alucinógenas.

O grupo acabou recrutando um amigo deles, David Gilmour, para substituir Barret nos shows ao vivo, mas queriam que esse último continuasse compondo e participando das gravaçoes. No entanto Barrett teve de abandonar a banda já no segundo álbum (ele participou de apenas algumas faixas), e Gilmour ocupou o seu lugar. Syd ainda lançou dois álbuns solo nos anos 70, hoje muito cultuados. No entanto, com sua saída, o Pink Floyd começou a tomar uma outra direção musical muito mais experimental e, na década de 70, passaria a ser uma banda de rock progressivo.

Assim como o Pink Floyd, o The Moody Blues também começou como uma banda psicodélica antes de partir para novos rumos musicais. Prova disso é seu segundo álbum, *Days of Future Passed* (1967), que tinha até arranjos da London Festival Orchestra. Até 1969, lançaram cinco álbuns nessa tendência e, a partir de 1970, com o lançamento de *A Question of Balance*, passaram a integrar elementos de hard blues e rock progressivo, embora, segundo eles, sem perder a característica de uma banda psicodélica.

Outro exemplo é o Yes. O primeiro álbum deles, *Yes* (1969), consta em muitas listas dos melhores discos psicodélicos de todos os tempos. Versões de uma música dos Byrds, "I See You", e de outra dos Beatles, "Every Little Thing", fazem parte desse álbum. A partir do segundo disco, lançado no ano seguinte, começariam a esboçar uma sonoridade que depois os transformaria na banda mais bem-sucedida do rock progressivo.

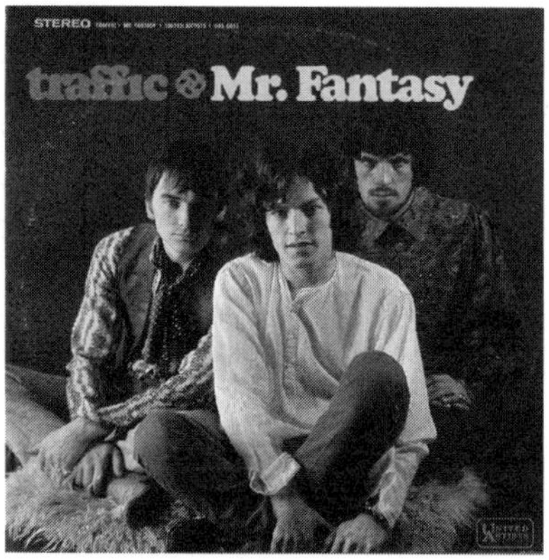

Já o vocalista, guitarrista e tecladista Steve Winwood, após participar do Spencer Davis Group, ficou famoso com o Traffic. A banda revelou ainda outros grandes músicos como o guitarrista Dave Mason, o flautista e saxofonista Chris Wood e o percussionista Jim Capaldi. Os quatro primeiros discos do grupo são verdadeiras jóias da psicodelia inglesa, principalmente o de estréia, *Mr. Fantasy* (1967).

Shine on Brightly (1968), o segundo álbum do Procol Harum — que havia alcançado seu maior sucesso com o compacto *A Whiter Shade of Pale* em 1967 —, é outra pérola do psicodelismo, antes dos experimentalismos que levaria a banda para outra fase nos anos seguintes.

Outras bandas importantes que começaram na psicodelia e viraram progressivas são Soft Machine, Hawkwind, Gong e Family.

O Deep Purple foi uma exceção, pois do psicodelismo caíram no hard blues e depois no hard rock e heavy metal. No primeiro disco, *Shades of Deep Purple* (1968), regravaram "Hey Joe", que tinha estourado com Jimi Hendrix e até "Help" dos Beatles, mas o primeiro hit foi "Hush". Sem uma direção definida, o grupo lançou em 1968 um disco considerado progressivo, pois foi gravado ao vivo e com a Royal Philarmonic Orchestra. O álbum *Concert for Group and Orchestra* se confundia com outras bandas progressivas que utilizavam elementos clássicos em seu som, como Yes e Emerson Lake & Palmer. Porém foi somente a partir de 1970, com o álbum *In Rock*, que a banda passou a trilhar seu caminho como uma das melhores bandas de hard rock de todos os tempos e influência máxima para a geração heavy metal da década de 70.

ACID ROCK

Outro estilo importante na década de 60 foi o acid rock, que na verdade é uma extensão do rock psicodélico, só que tocado de forma mais pesada.

Duas das bandas mais importantes dessa tendência foram o Blue Cheer e o Steppenwolf. A primeira, de São Francisco, teve como primeiro sucesso um cover de "Summertime Blues", de Eddie Cochran, gravado no álbum de estréia do grupo, *Vincebus Eruptum* (1968). O Blue Cheer era um power trio e sua marca registrada era tocar muito alto e pesado. O Steppenwolf, também californianos, estourou em 1968 com "The Pusher" e a clássica "Born to Be Wild", que entraram na trilha sonora do filme *Sem Destino* (*Easy Rider*).

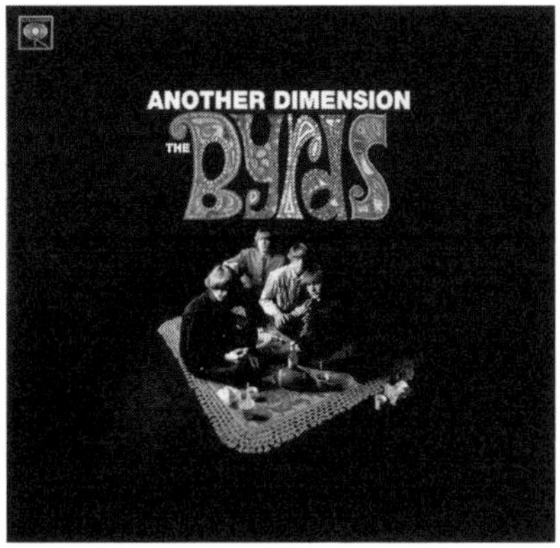

O filme *Sem Destino* (1969) foi dirigido por Dennis Hopper. Ele e Peter Fonda interpretam dois motoqueiros que viajam pela América, encontrando no caminho estilos alternativos de vida e enfrentando preconceito por seus ideais não conformistas. O filme chegou a ser indicado para dois Oscars e a trilha sonora é considerada uma das melhores trilhas de rock de todos os tempos, misturando psicodelia e acid rock, e trazendo nomes como Byrds, Steppenwolf, Jimi Hendrix, Electric Prunes, The Seeds, Eric Burdon e The Who.

Outros exemplos são o Count Five, que se encaixa em três estilos (garage, acid e psicodélico); o SRC, uma banda de Michigan que fez três álbuns importantes no gênero; o Ultimate Spinach, que vinha de Boston e é considerado um dos grupos mais obscuros e importantes do gênero acid/hard/psicodélico, com apenas três álbuns lançados; e o Iron Butterfly, de San Diego, que estourou nas rádios com o sucesso "In-A-Gadda-Da-Vida" em 1968. A versão original da música tinha 17 minutos e ocupava um lado inteiro de seu LP homônimo.

Álbuns fundamentais da psicodelia

*ABRAXAS*_**SANTANA** ::: *ANTHEN OF THE SUN* **GRATEFUL DEAD** ::: *ARE YOU EXPERIENCED?*_**JIMI HENDRIX** ::: *A WHITER SHADE OF PALE*_**PROCOL HARUM** ::: *DAYS OF FUTURE PASSED*_**THE MOODY BLUES** ::: *FOREVER CHANGES*_**LOVE** ::: *IN-A-GADDA-DA-VIDA*_**IRON BUTTERFLY** ::: *MR. FANTASY*_**TRAFFIC** ::: *PET SOUNDS*_**THE BEACH BOYS** ::: *ROGER THE ENGINEER*_**YARDBYRDS** ::: *SGT. PEPPERS LONELY HEARTS CLUB BAND*_**BEATLES** ::: *STRANGE DAYS*_**THE DOORS** ::: *SUNSHINE SUPERMAN*_**DONOVAN** ::: *THE NOTORIOUS BYRD BROTHERS*_**THE BYRDS** ::: *THE PIPER AT THE GATES OF DAWN*_**PINK FLOYD** ::: *THEIR SATANIC MAJESTIES REQUESTS*_**THE ROLLING STONES** ::: *YES*_**YES**

JIMI E JANIS: OS MÁRTIRES DO ROCK AND ROLL

JIMI

Dois grandes cantores a serem destacados na década de 60 são Janis Joplin e Jimi Hendrix.

Hendrix era americano da cidade de Seattle, mas o auge da sua carreira aconteceu na Inglaterra, quando o ex-baixista do Animals, Chas Chandler, resolveu agenciá-lo e o convenceu a se mudar para Londres, em meados da década. Antes disso, o cantor atuou como guitarrista de Little Richard, de King Curtis e no The Isley Brothers, entre outros.

Em 1967, lançou seu primeiro álbum, considerado outro grande clássico da era psicodélica: *Are You Experienced?* trazia músicas como "Hey Joe" e "Purple Haze". A Jimi Hendrix Experience era formada por mais dois grandes músicos: Noel Redding no baixo e Mitch Mitchell na bateria. O disco foi um estouro na época e levou Jimi ao estrelato graças à sua comentada apresentação no *Monterey Pop Festival* em 1967.

Na época, alguns guitarristas se destacavam por sua técnica, como Pete Townshend, do The Who, Jeff Beck, dos Yardbyrds e, depois, do Jeff Beck Group, John Mayall, do John Mayall and The Bluesbreakers, e Eric Clapton, dos Yardbyrds, Bluesbreakers e Cream. Mas Jimi passou a ser considerado o guitarrista mais ousado e criativo do rock, usando e criando os primeiros pedais de efeitos e tirando sons de sua guitarra que poucos conseguiram. O mais interessante é que ele sempre dizia que uma de suas maiores influências era Bob Dylan, de quem regravou várias músicas.

Com o Experience, Hendrix gravou mais dois grandes álbuns: *Axis: Bold as Love* (1967) e o cultuadíssimo *Electric Ladyland* (1968). Depois montou o grupo Band of Gypsys, em 1969, dessa vez com dois músicos negros que tinham uma direção mais funk: Buddy Miles na bateria e Billy Cox no baixo. Isso resultou, em 1970, em *The Band of Gypsys*, considerado um dos maiores álbuns de todos os tempos gravados ao vivo.

Um momento marcante na carreira de Hendrix foi sua apresentação no *Festival de Woodstock* em 1969, quando ele fez a interpretação mais enlouquecida que se conhece do hino americano, tirando ruídos industriais de sua guitarra e imitando metralhadoras em protesto à Guerra do Vietnã.

As mudanças de formação e a inconstância foram fatores importantes no controverso e trágico final da carreira de Hendrix, que morreu em 1970 por overdose. Ele deixou muito material gravado, o qual até hoje é relançado e aproveitado por sua família, que conseguiu que as gravações voltassem ao poder de seu pai, Al Hendrix, em 1995.

JANIS

Assim como Jimi Hendrix, Janis Joplin também experimentou uma carreira meteórica.

Janis considerava sua cidadezinha natal, Port Arthur, no Texas, muito conservadora, uma das razões que a fez mudar para São Francisco na década de 60 e começar sua carreira. Inicialmente, ela fez parte da banda Big Brother & The Holding Company, aparecendo no álbum de estréia do grupo em 1967. Seu estilo de cantar blues trazia a marca registrada de seus ídolos Bessie Smith, Aretha Franklin e Otis Redding.

Em 1967, a cantora se destacou quando cantou "Ball and Chain" no *Monterey Pop Festival*. A energia que Janis passava nesse momento foi filmada e ficou registrada para a posteridade. Na platéia, a cantora do The Mamas & The Papas, Mama Cass, ficou boquiaberta com a performance de Janis.

No ano seguinte, o Big Brother & The Holding Company lançou seu segundo disco, *Cheap Thrills*, que marcaria a consagração de Joplin, sendo um dos discos mais vendidos daquele ano e também considerado uma obra-prima da psicodelia. Nele apareciam os sucessos "Piece of My Heart", "Summertime" e "Ball and Chain". Um detalhe curioso é que a capa do álbum foi desenhada pelo famoso cartunista Robert Crumb, considerado o pai dos quadrinhos *underground*.

A cantora resolveu deixar o Big Brother e montar uma banda com músicos de estúdio, a Kozmic Blues Band. Lançaram em 1969 o álbum *I Got Dem Ol'Kozmic Blues Again Mama!*, que na época desapontou os fãs, acostumados com o lado mais improvisado e criativo da sua ex-banda. Na tentativa de formar um grupo com músicos mais profissionais, ela fez uma tentativa em direção ao rock soul nesse trabalho, que é considerado, por muitos, o mais fraco de sua carreira.

Então, Janis mudou novamente de banda. Gravou com a Full Tilt Boogie Band aquele que seria seu último álbum de estúdio, *Pearl*, lançado em 1971, com clássicos como "Mercedes Benz" e "Me and Bob McGee", primeiro lugar na parada de compactos. No entanto Janis não pôde ver o lançamento. Ela faleceu em 4 de outubro de 1970, em decorrência de uma overdose de heroína.

O TOPLESS DE JANIS JOPLIN EM COPACABANA

A cantora esteve no Rio de Janeiro em 1970, aparentemente para tentar se livrar do vício da heroína, que não existia no país naquela época. Em plena ditadura militar, Janis aprontou todas: fez um famoso *topless* na praia de Copacabana, foi expulsa do Copacabana Palace por ficar nua na piscina, desfilou na Sapucaí e, dizem, teve um caso rápido com o cantor Serguei.

PSICODELISMO NO BRASIL

Na psicodelia brasileira existem alguns casos de discos e projetos que se tornaram grandes raridades do rock, reconhecidos no exterior pelos estudiosos do assunto. Uma dessas raridades é a banda Spectrum, que gravou um único disco, o *Geração Bendita*, trilha sonora do filme homônimo laçando em 1971, em que a banda interpreta a si mesma. Descoberto por colecionadores na Europa, o disco foi lançado somente na Alemanha e se tornou um dos mais raros da psicodelia brasileira.

Outra preciosidade foi o disco *Paêbirú* (1975), da dupla Lula Côrtes e Zé Ramalho, que pode ser considerado um dos mais ousados experimentos da psicodelia brasileira. Era um álbum duplo que chegou a valer mais de mil dólares no exterior, até que, por volta de 2002, uma edição em vinil foi lançada na Alemanha, seguida posteriormente por uma edição em CD.

Não fale com paredes (1972) é o único álbum do Módulo 1000, banda que surgiu no final da década de 1960 e misturava hard rock, psicodelia e música progressiva. O disco foi lançado na Alemanha em 2000, com sua capa original em três partes.

Quem também apareceu em meio à psicodelia e até hoje é considerado um *outsider* do rock nacional é o carioca Serguei. Na década de 60, quando ele conheceu Janis Joplin, gravou apenas alguns compactos: *Eu Sou Psicodélico* (1967), *As Alucinações de Serguei* (1967) e *Alfa Centauro* (1969), com a banda The Cougars.

Surgiram ainda alguns grupos no Brasil que, apesar de não terem alcançado grande projeção comercial, com o tempo acabaram sendo reconhecidos até no exterior. O selo alemão QDK Media lançou uma série de CDs chamada *Love Peace & Poetry*, dedicada ao rock psicodélico do mundo inteiro. O volume 6, lançado em 2003, teve como tema o Brasil e reuniu músicas de artistas como O Bando, Os Brazões, Liverpool, A Bolha, Bango, O Terço, Spectrum, Módulo 1000, Lula Côrtes e Zé Ramalho, Marcos Valle, entre outros. Conheça alguns desses nomes, e outros também vinculados à música brasileira.

OS BAOBÁS

Na década de 60 era muito comum bandas brasileiras regravarem clássicos da época. Nessa onda, Os Baobás fizeram uma versão de "Light My Fire", dos The Doors, antes que a original chegasse ao Brasil. O único LP da banda, *Os Baobás* (1968), trazia somente regravações. Depois eles lançaram alguns compactos, um deles uma versão de "Paint It Black", dos Rolling Stones, batizada de "Pintada de preto". Chegaram a acompanhar Ronnie Von e Caetano Veloso em shows. A banda teve diversas formações e em uma delas tocou o baixista Tico Terpins, que mais tarde integraria o Joelho de Porco.

BEAT BOYS

A banda que acompanhou Caetano Veloso em "Alegria, alegria" trazia brasileiros e argentinos em sua formação. Gravou um único disco, *Beat Boys* (1968), no qual, além de músicas de autoria própria, incluíram "Canção que ninguém mais cantou", versão interessante para "Your Mother Should Know", dos Beatles.

A BOLHA

Formada em 1965, no Rio de Janeiro, o grupo gravou um compacto em 1966 com o nome The Bubbles. No final dos 60, mudou o nome para A Bolha e fazia um som influenciado por hard rock e psicodelia. Somente nos anos 70 é que lançaram dois discos, que se tornaram clássicos do rock brasileiro: *Um Passo à Frente* (1973) e *É Proibido Fumar* (1977).

BRAZILIAN OCTOPUS

Apesar do estilo jazzístico e bossa-novista, o grupo era fortemente influenciado pela psicodelia e tinha grandes músicos em sua formação, como Lanny Gordin, um dos mais importantes guitarristas brasileiros dos anos 60. O Brazilian Octopus trazia ainda o gênio Hermeto Pascoal. A banda gravou um LP homônimo em 1969, que durante muito tempo foi uma das grandes raridades daquele período, até ser reeditado em CD.

OS BRAZÕES

Banda que chegou a acompanhar Gal Costa ao vivo e fez sucesso com "Gothan City", em 1969, música de Jards Macalé que Os Brazões defenderam no *IV Festival Internacional da Canção Popular*, produzido pela TV Record em 1968, e que foi regravada nos anos 80 pelo Camisa de Vênus. A banda lançou apenas um álbum, *Os Brazões* (1970), e, recentemente reconhecida como um dos mais importantes grupos da psicodelia brasileira, teve o álbum lançado na Europa, além de uma edição nacional em CD.

LIVERPOOL

Grupo gaúcho que tinha como principal influência Jefferson Airplane. Gravou apenas um LP intitulado *Por Favor, Sucesso* (1969), influenciado pelos Mutantes. Na década de 70, alguns remanescentes formaram uma banda de hard rock chamada Bixo da Seda.

SOM IMAGINÁRIO

Grandes músicos passaram por essa banda, que começou no final da década de 60 e lançou seu primeiro álbum homônimo em 1970. Entre eles, Zé Rodrix, Tavito, Naná Vasconcelos, Wagner Tiso e Toninho Horta. O Som Imaginário fazia uma fusão perfeita de rock, psicodelia, música progressiva, jazz e MPB. Lançaram mais dois álbuns cultuados: *Som Imaginário* (1971) e *Matança do Porco* (1973).

O TERÇO

Liderado pelo guitarrista Sérgio Hinds, O Terço misturava elementos de rock progressivo, hard rock e psicodelia. Os dois primeiros discos — *Terço* (1969) e *Terço* (1972) — refletem bem essa tendência. A partir de 1975, com o álbum *Criaturas da Noite*, produzido por Rogério Duprat, a banda começou a integrar ao seu som mais elementos da música brasileira e se tornou mais pop graças aos vocais de Flávio Venturini (que na década de 80 formaria o 14 Bis).

Cinco álbuns importantes da psicodelia brasileira
*GILBERTO GIL*_**GILBERTO GIL** (1968) ::: *OS MUTANTES*_**OS MUTANTES** (1968) ::: *RONNIE VON*_**RONNIE VON** (1968) ::: *GAL COSTA*_**GAL COSTA** (1969) ::: *POR FAVOR, SUCESSO*_**LIVERPOOL** (1969)

OS GRANDES GUITARRISTAS DO HARD BLUES BRITÂNICO

Um grande nome do hard blues inglês foi o *power trio* Cream, que tinha Eric Clapton na guitarra, Jack Bruce no contrabaixo e vocal e Ginger Baker na bateria. Foi com o segundo álbum, *Disraeli Gears* (1967), considerado um dos mais importantes discos da era psicodélica, que Clapton passou a ser chamado de "Deus da guitarra". Na época, os fãs pichavam nos muros de Londres "Eric Clapton is God" (Eric Clapton é Deus). O último disco de estúdio foi *Goodbye* (1969), seguido por três álbuns ao vivo.

Outro destaque dessa geração é Jeff Beck, que tocou nos Yardbyrds, substituindo Eric Clapton, e depois montou o Jeff Beck Group, que teve Rod Stewart como vocalista nos dois primeiros álbuns: *Truth* (1968) e *Beck Ola* (1969). Em 1973, lançou o *power trio* Beck, Boggert & Appice, que gravou apenas dois discos, e então seguiu em carreira solo.

Um grande guitarrista e pioneiro do hard blues britânico foi John Mayall. Por sua banda, The Bluesbreakers, passaram grandes guitarristas como Eric Clapton, Peter Green e Mick Taylor. Mayall possui uma das discografias mais ricas do blues inglês.

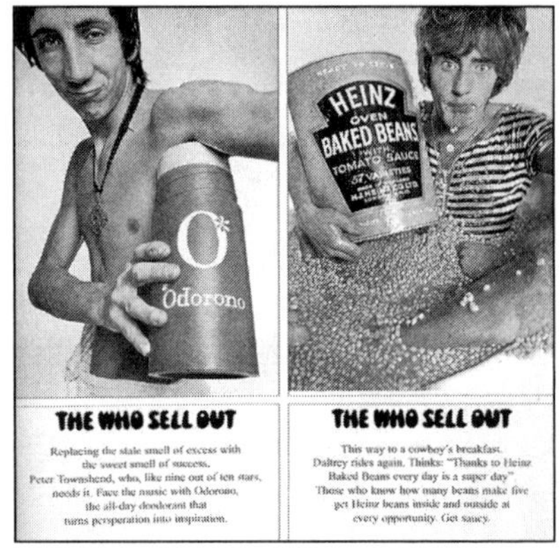

O PRIMEIRO GRANDE FESTIVAL DE ROCK DO MUNDO

O *Monterey Pop Festival* ocorreu em Monterey, na Califórnia, entre 16 e 18 de junho de 1967, e é considerado um precursor do movimento hippie. Mais de 200 mil pessoas estiveram presentes no evento, que se tornou modelo para futuros grandes festivais, como o de Woodstock. Monterey também ficou lendário por sediar os primeiros shows de Jimi Hendrix e The Who para o grande público na América, e o primeiro show de Janes Joplin para uma grande platéia. Entre os artistas que se apresentaram — e doaram seus cachês para caridade — estavam nomes como Eric Burdon & The Animals, Canned Heat, Paul Butterfield Blues Band, Steve Miller, The Byrds, The Mamas & The Papas, Jefferson Airplane, Blues Project, Booker T & The MG's, Electric Flag, Otis Redding, Scott Mckenzie, The Association e Lou Rawls.

Uma das apresentações mais psicodélicas foi a do Jefferson Airplane, graças à voz e à presença de palco da cantora Grace Slick. Eles abriram o show com "Volunteers" em protesto contra a Guerra do Vietnã.

Do lado inglês, quem surpreendeu a América com sua performance foi o The Who. O guitarrista Pete Towshend, o vocalista Roger Daltrey e o inquieto baterista Keith Moon representaram a energia e a urgência da geração merseybeat inglesa. O final da apresentação deles marcou a primeira destruição de instrumentos no palco. Keith chutou e despedaçou a bateria, enquanto Pete estatelou sua guitarra no chão, mandando os pedaços para a platéia. E um enlouquecido Daltrey girava seu microfone como se estivesse usando um chicote, o que acabou se tornando uma marca registrada do grupo.

Entretanto Jimi Hendrix conseguiu superar o *gran finale* da quebradeira do The Who: fez "sexo" com a guitarra, colocando-se entre ela e o amplificador; depois, ateou fogo em sua própria guitarra, imitando um ritual de bruxaria e, para terminar, despedaçou-a contra o chão.

AS ÓPERAS ROCK

Em 1969, o The Who lançou *Tommy*, uma ópera rock considerada um dos melhores momentos de sua carreira. Eles lançaram mais um musical rock em 1973, *Quadrophenia*. Ambas viraram filme e *Tommy* ainda teve outra releitura em disco com a London Symphony Orchestra em 1972.

Outras óperas rock surgiram nessa época. As mais famosas foram *Hair*, que estreou na Broadway em 1968, e *Jesus Cristo Superstar*, que primeiro apareceu com um álbum conceitual em 1970 e foi levada para os palcos um ano depois. As duas também foram adaptadas para o cinema.

Mas a primeira ópera rock é *S.F. Sorrow*, álbum lançado em 1968 pelo The Pretty Things e que serviu de inspiração para *Tommy*. A banda ainda teve papel relevante na geração merseybeat inglesa dos anos 60. No final da década eles fizeram suas incursões psicodélicas e no início dos anos 70 lançaram discos mais orientados para o rock progressivo e o hard rock, porém nunca conseguiram muito sucesso nos Estados Unidos.

Quem também colecionou algumas óperas rock em seu repertório foi o britânico Ray Davies e seu grupo The Kinks. Eles apareceram em 1964 durante o *boom* da chamada "invasão britânica" e são donos de uma das discografias mais espetaculares do pop inglês, permanecendo até hoje como referência para muitas bandas e um dos grupos mais influentes da Inglaterra. Em 1969, o The Kinks lançou sua primeira ópera rock, *Arthur* (*Or the Decline and Fall of the British Empire*), e, antes disso, já tinham lançado uma obra-prima conceitual chamada *The Kinks Are the Village Green Preservation Society*. No entanto não conseguiram o sucesso de *Tommy*, talvez porque *Arthur* fosse muito mais dirigida para o público inglês, com sua crítica à monarquia. Ainda assim, o álbum trouxe um dos grandes sucessos da banda, "Victoria". Talvez por frustração ou vingança, Ray Davies a partir daí passou a escrever uma ópera atrás da outra. Vieram então *Lola versus the Powerman and the Moneyground, Parte One* (1970), *Percy* (1971), *Preservation: Act 1* (1973), *Preservation: Act 2* (1974) e *Soap Opera* (1975).

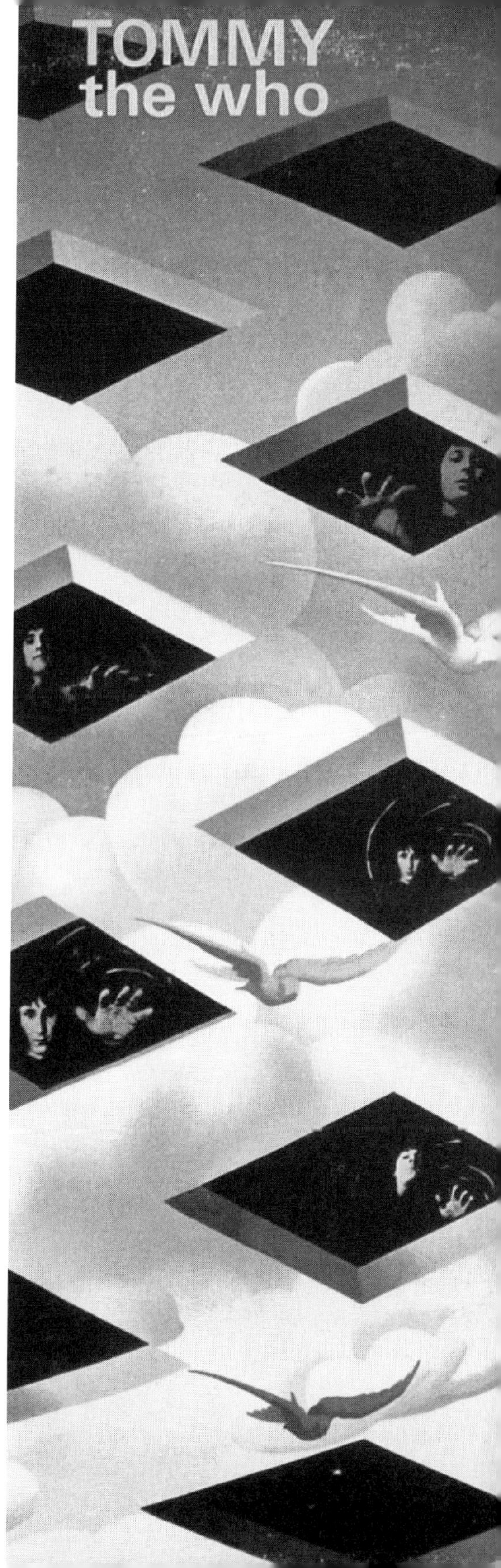

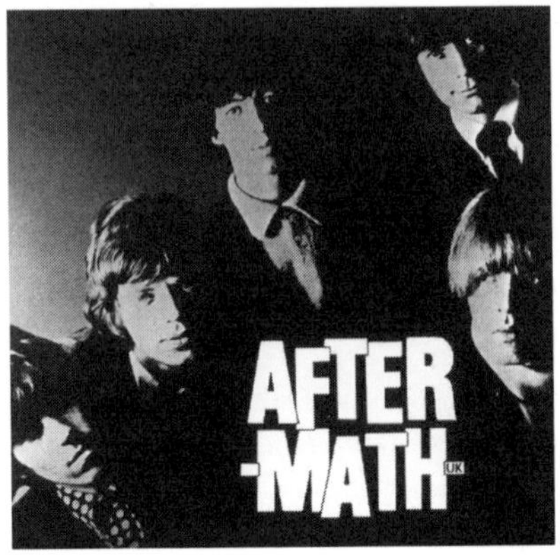

O TALENTOSO BRIAN JONES

O guitarrista dos Stones, Brian Jones, era um músico muito talentoso, e dizem que ele conseguia tirar sons interessantes até com um tijolo. Suas idéias musicais e contribuição como multiinstrumentista ficam claras nos arranjos dos álbuns *December's Children* (1965), *Aftermath* (1966), *Between the Buttons* (1967) e culminam com *Their Satanic Majesties Request* (1967). E também na inclusão da cítara em "Paint It Black", do dulcimer (um instrumento exótico de cordas) em "Lady Jane", das marimbas em "Under My Thumb", do piano em "Let's Spend the Night Together" e do teclado eletromecânico polifônico mellotron em "2000 Light Years from Home".

Jones não tinha crédito em nenhuma das músicas nem cantava nos discos, mas tinha a mesma visibilidade no grupo que Mick Jagger e Keith Richards. Em algumas ocasiões, na década de 60, chegou a disputar popularidade com Jagger por conta de seu carisma e pelo fato de ser considerado o mais bonito da banda. Contudo sua vida rebelde e desregrada acabou interferindo na carreira com o grupo. A partir dos álbuns *Beggars Banquet* (1968) e *Let It Bleed* (1969), Brian se distanciou da banda, e dizem que ele quase não tocou nesses dois discos.

O músico também se mostrou inovador quando fez trabalhos em carreira solo. Em 1967, fez a trilha sonora do filme *A Degree of Murder*, no qual sua então namorada Anita Pallenberg era a estrela. Brian tocava cítara, teclados, dulcimer, autoharp (mesmo com esse nome, o instrumento é uma variação da cítara) e harmônica. Outro disco importante em sua carreira foi resultado de uma pesquisa com músicos do Marrocos: *Brian Jones Presents the Pipes of Pan at Joujouka* (1971). Pode-se dizer que ele foi um dos primeiros músicos a se interessar pela hoje chamada world music, que ficaria popular no mundo a partir da década de 80.

Mergulhado em drogas e em problemas pessoais, Brian Jones morreu no dia 3 de julho de 1969 afogado na piscina de sua casa durante uma festa. As causas de sua morte são controversas e geram polêmica até hoje. Suicídio ou assassinato? Ninguém sabe responder. Logo após sua morte, os Stones fizeram um concerto no Hyde Park, em Londres, em sua homenagem, com seu substituto Mick Taylor, ex-guitarrista de John Mayall & The Bluesbreakers.

O MAIS LENDÁRIO DOS FESTIVAIS DE MÚSICA

O movimento hippie nasceu nas ruas de São Francisco, Califórnia, mais precisamente na esquina das ruas Haight e Ashbury. Mas a maior celebração desse movimento de contracultura ocorreu em uma fazenda a alguns quilômetros de Nova York, perto da cidade de Woodstock (na verdade, o festival de música aconteceu numa cidadezinha vizinha, Bethel, mas Woodstock levou a fama).

Nos dias 15, 16 e 17 de agosto de 1969, 450 mil jovens se reuniram para uma celebração de paz, amor e música: o *Woodstock Festival*. Todas as estradas de acesso à fazenda Woodstock ficaram congestionadas, no maior engarrafamento registrado na história de Nova York.

A importância desse evento não é simplesmente musical, pois marcou também o encerramento de uma década em que o jovem americano convivia com a Guerra do Vietnã e quebrava valores da sociedade. O protesto era feito com flores, música e drogas, e a influência de Woodstock passou a ser sentida na década seguinte, em que uma série de tabus e preconceitos da conservadora sociedade americana foram quebrados.

Musicalmente, o festival foi o trampolim de muita gente como Joe Cocker, Ten Years After, Richie Havens, Sly & The Family Stone, Johnny Winter, Crosby, Stills & Nash, Mountain, Sha-Na-Na, Butterfield Blues Band, Canned Heat, The Who e Jimi Hendrix. Alguns desses nomes já faziam sucesso, mas o fato de terem tocado em Woodstock e de suas performances terem sido depois assistidas pelo mundo todo, através do documentário de Michael Wadleigh, os transformaram em astros. Carlos Santana, por exemplo, havia lançado seu primeiro álbum, *Santana*, naquele ano e estourou durante o festival. No ano seguinte, lançaria o álbum que se tornaria um clássico do fim da era psicodélica: *Abraxas*.

No entanto alguns artistas já consagrados na época também estiveram presentes, como Janis Joplin, Jimi Hendrix, Jefferson Airplane e Creedence Clearwater Revival. Grandes nomes da geração folk também passaram por lá, como Joan Baez, Arlo Guthrie, Tim Hardin, Melanie, John B. Sebastian, Country Joe McDonald e a famosa banda que acompanhava Bob Dylan, The Band.

Pouco depois de Woodstock, vieram dois outros grandes festivais que merecem destaque. O *Festival de Altamont* foi em 6 de dezembro de 1969, no autódromo de Altamont, na Califórnia, e reuniu cerca de 300 mil pessoas. Nele se apresentaram Santana, The Flying Burrito Brothers, Crosby, Stills, Nash & Young, Jefferson Airplane e The Rolling Stones. O festival reuniu um número memorável de fãs, mas também entrou para a história por uma série de incidentes violentos, muitos envolvendo a gangue de motoqueiros Hell Angel's, que seria responsável pela segurança do evento. No show dos Stones, um homem negro foi assassinado durante a apresentação da banda, fato documentado no filme *Gimme Shelter* (1970), que acompanhou a turnê americana da banda naquele ano.

O segundo destaque foi o *Festival da Ilha de Wight*, no Reino Unido, que teve três edições entre 1968 e 1970. Contudo foi esta última, ocorrida de 26 a 30 de agosto, que se tornou a mais famosa. Segundo o *Guinness*, o livro dos recordes, o público chegou a 600 mil pessoas. Por volta de cinqüenta atrações se apresentaram, entre elas The Doors, Emerson Lake & Palmer, Jethro Trull, Joni Mitchell, Supertramp, Moody Blues, Miles Davis, Procol Harum, Joan Baez, Jimi Hendrix, Leonard Cohen e Chicago. Um brasileiro também se apresentou no festival no dia 27 de agosto: Gilberto Gil, que estava em Londres com Caetano Veloso, na época em que os dois foram exilados.

A MELANCIA QUE CONQUISTOU A PLATÉIA AMERICANA

Uma das bandas reveladas pelo *Festival de Woodstock* foi o quarteto de blues rock/hard rock inglês Ten Years After, liderado pelo guitarrista e vocalista Alvin Lee.

A banda foi formada e lançou seu primeiro álbum em 1967, mas chegou às paradas no ano seguinte com seu segundo disco, *Undead*, gravado ao vivo e que continha a música "I'm Going Home", a mesma que os consagrou em Woodstock, onde tocaram uma versão enlouquecida de nove minutos.

O carismático Alvin Lee conseguiu conquistar o público americano logo de cara. Detalhe: ele entrou no palco carregando uma melancia que havia colhido na fazenda de Woodstock! Isso rendeu ao grupo muitas turnês nos Estados Unidos a partir dali.

O disco mais famoso e mais vendido da carreira do Ten Years After, *A Space in Time* (1970), trouxe o hit "I'd Love to Change The World". A banda se desfez em 1974, voltou em 1988 e se separou mais uma vez, para retornarem em 2004.

OS CASAIS QUE MARCARAM A DÉCADA

Duas duplas (e casais) marcaram a década de 60 e o início de 70: Ike & Tina Turner e Sonny & Cher.

Ike Turner começou como pianista nos anos 50, e sua banda, The Kings of Rhythm, tem o mérito de ter gravado o primeiro rock and roll da história: "Rocket 88", em 1951. Mais tarde, Ike trocou o piano pela guitarra e, em 1956, conheceu Tina e a colocou para cantar com sua banda. Eles se casaram três anos depois e começaram a gravar alguns compactos, chamando a atenção de Phil Spector, que investiu 22 mil dólares para produzir uma única música: "River Deep Mountain High" (1966), que tinha a marca registrada do produtor, o famoso *wall of sound*. O alto investimento foi considerado um absurdo, mas a gravação é tida como uma das melhores da dupla. O sucesso comercial veio a partir de 1969, quando começaram a abrir os shows dos Rolling Stones e gravaram o álbum *Come Together*, que continha uma série de regravações que marcaram a carreira da dupla. O disco seguinte, *Workin' Together* (1971), se tornou o mais popular da carreira deles e emplacou seu maior sucesso, a regravação de "Proud Mary", de John Fogerty, do Creedence Clearwater Revival. Porém, nessa época, a relação entre os dois estava chegando ao fim, pois Ike, viciado em drogas e alcoólatra, começou a se tornar violento, levando Tina a sofrer várias agressões.

Sonny Bono já era considerado um grande compositor no final da década de 50, pois fez músicas como "She Said Yeah" para Larry Williams, que foi regravada pelos Rolling Stones, e "Needles & Pins", grande sucesso do The Searchers. Em 1964, trabalhando com Phil Spector, conheceu uma garota de 18 anos chamada Cherylin Lapierre. Mais tarde, os dois acabaram se casando e formando a dupla Sonny & Cher. De 1965 a 1967, eles se tornaram um dos casais mais badalados do rock and roll, e o grande sucesso da dupla foi "I Got You Babe". O casamento terminou nos anos 70, e Cher, assim como Tina Turner, partiu para a carreira solo.

O ROCK INVADIU O MUNDO

O rock nos anos 60 não se resumia mais ao eixo Reino Unido/Estados Unidos. Com a explosão na década anterior, o ritmo já era uma mania mundial.

Na Austrália, os irmãos Gibb, Barry, Robin e Maurice lançaram seus primeiros álbuns, mas com pouco sucesso. Foi quando sentiram que o futuro deles estava na Inglaterra e, em 1967, rumaram mais uma vez para lá (onde já haviam morado antes). O disco *Bee Gees' 1st* saiu no mesmo ano e foi o primeiro sucesso do trio. Entretanto muitos críticos os comparavam aos Beatles, pois o disco era fortemente influenciado pelos rapazes de Liverpool. O álbum seguinte, *Horizontal* (1968), deixava claro o talento vocal dos rapazes em sucessos como "Massachusetts", "Words" e "I've Gotta Get a Message to You". *Idea* (1968) foi o maior sucesso deles na década e, como os anteriores, estava repleto de variadas canções melódicas de primeira linha. Uma delas, "I Started a Joke", estourou no mundo todo. A rápida ascensão acabou atrapalhando o relacionamento entre os irmãos e, em 1969, Robin saiu da banda e partiu para uma carreira solo mal-sucedida. Em 1970, eles entraram em um acordo sobre seus problemas familiares, retomaram o trio e continuaram gravando bons discos de rock até 1974. A partir daí, entraram na disco music, e o estrondoso sucesso de *Saturday Night Fever* (1977), trilha do filme *Os Embalos de Sábado à Noite*, ofuscou a carreira construída durante a década anterior. A fase dos anos 60 acabou esquecida pelo grande público, mas foi a melhor época dos Bee Gees.

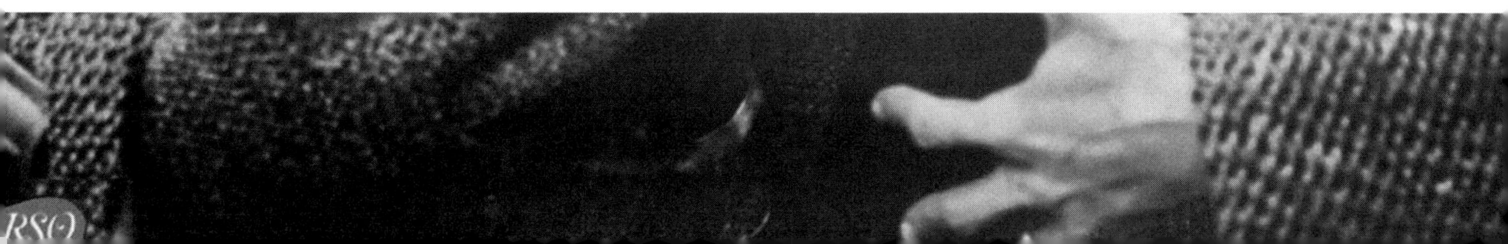

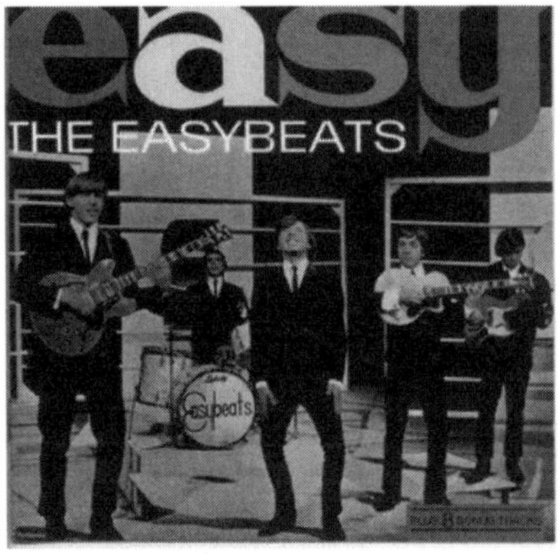

Outra banda australiana que teve um papel importante na história do rock foi o The Easybeats, que, na verdade, era formada por dois escoceses, um holandês e um inglês. Eles eram filhos de imigrantes australianos. Os compositores eram os guitarristas Harry Vanda e George Young. O primeiro álbum, *Easy* (1965), saiu na Austrália e depois na Inglaterra, e pode ser considerado um dos grandes discos de rock australiano, influenciado pela invasão britânica. No final de 1966, depois de mais dois álbuns, a banda viu que era hora de fixar residência na Inglaterra. Foi então que lançou um dos maiores sucessos da geração merseybeat em quase todo o mundo, a música "Friday on My Mind" (regravada posteriormente por David Bowie). O Easybeats gravou mais alguns álbuns até sua dissolução em 1970. Os guitarristas Wanda e Young voltaram para a Austrália, tornaram-se produtores e compositores e acabaram trabalhando com o AC/DC, banda formada pelos irmãos de George, Malcolm e Angus Young.

Em vários países da Europa também surgiam bandas da geração merseybeat, e uma bem interessante foi a holandesa Shocking Blue, que trazia no vocal a carismática Mariska Veres. O primeiro e grande sucesso deles foi a música "Vênus", em 1969, mas nos anos seguintes tiveram outros hits como "Never Marry a Railroad Man" e "Mighty Joe". Outros grupos holandeses importantes foram The Outsiders e Q65, com forte pegada rhythm and blues. No lado mais psicodélico, outras duas se destacaram: Zen e Group 1850, e o álbum *Agemo's Trip to Mother Earth* (1968), do Group 1850, é considerado o melhor disco de música psicodélica da Holanda.

Um dos mais importantes grupos de merseybeat e psicodelia do continente europeu nos anos 60, por incrível que pareça, vinha da Grécia: o Aphrodite's Child, que tinha como vocalista Demis Roussos e como tecladista o genial Vangelis. Entre 1969 e 1970, eles estouraram mundialmente com as músicas "Rain and Tears" e "It's Five O'Clock". Em 1972, gravaram um dos mais importantes discos conceituais de todos os tempos, o álbum *666*, baseado no Apocalipse de São João e considerado por muitos críticos o melhor e mais original álbum do rock europeu na década de 70. Depois desse disco, Roussos e Vangelis partiram ambos para a carreira solo.

A Itália também trouxe sua contribuição por intermédio de Rita Pavone, The Rokes e uma série de intérpretes que ficaram muito famosos aqui no Brasil e acabaram influenciando bastante a geração da Jovem Guarda.

ONDE ESTÁ O TESOURO?

Algumas bandas internacionais dos anos 60 que são verdadeiros tesouros enterrados.

IT'S A BEAUTIFUL DAY Lançaram o grande clássico *It's a Beautiful Day* (1969). Contrastavam com a cena psicodélica californiana por fazer um som folk rock progressivo. A banda gravou seis discos e acabou em 1974.

SPIRIT Californianos, apareceram em 1968 e duraram até 1977, gravando 11 álbuns. Destaque para três de seus melhores discos: *The Family That Plays Together* (1968), *Clear* (1969) e *Twelve Dreams of Doctor Sardonicus* (1970). A mistura musical do Spirit ia muito além da psicodelia, pois tinha em suas raízes folk, jazz, pop, blues e até eruditas.

THE ASSOCIATION Mais Califórnia ensolarada! The Association apareceu em 1965 e teve vários sucessos, como "Cherish" e "Never My Love". Um clássico do sunshine pop (mistura melodiosa e ensolarada de pop e folk rock) psicodélico é o disco *Birthday* (1968).

THE BEAU BRUMMELS Grande banda injustiçada de São Francisco na década de 60, foi a primeira resposta americana à invasão britânica, além de ser considerada uma das primeiras bandas de folk rock muito antes dos Byrds. Também foi pioneira em criar sons psicodélicos e, no final da década de 60, foi uma das primeiras bandas a gravar country rock. O primeiro disco, *Introducing the Beau Brummels*, de 1965, é considerado um clássico do grupo, assim como o álbum *Triangle*, de 1967.

THE CRYAN' SHAMES Também na linha sunshine pop, o grupo surgiu em Chicago e gravou apenas três discos entre 1966 e 1969. Foi o suficiente para que a banda fosse cultuada até os dias de hoje. O maior sucesso deles foi uma versão da música "Sugar and Spice", gravada por The Searchers e The Drifters.

THE GRASS ROOTS O grande sucesso deles foi "Let's Live for Today", de 1967. Também faziam parte da corrente sunshine pop.

THE LOVIN' SPOONFULL O grupo de Nova York teve uma série de sucessos entre 1965 e 1967, como "Do You Believe in Magic?", "Summer in the City" e "Daydream". Alguns definiam a banda como folk rock, porém com uma tendência muito forte para o pop, mais até que Byrds e The Mamas & The Papas.

THE RASCALS O som desse grupo de Nova York foi batizado de *blue eyed soul* (soul de olhos azuis), que seria uma espécie de soul music feita por brancos. Influenciados pela invasão britânica, incorporavam à sua sonoridade elementos da psicodelia, do gospel, do jazz e da música latina. Tiveram sucessos como "Good Lovin'" e "Groovin'", e entre seus melhores discos estão o álbum de estréia, *The Young Rascals* (1966), *Groovin'* (1967) e *Once Upon a Dream* (1968).

THE TURTLES Foi um dos mais celebrados grupos de Los Angeles nos anos 60 e estourou com a música "Happy Together", em 1967. No ano seguinte, lançaram um de seus melhores álbuns, *The Turtles Present the Battle of the Bands.*

JOVEM GUARDA

A Jovem Guarda foi um movimento surgido em 1965, que teve como principais expoentes Roberto Carlos, Erasmo Carlos e Wanderléa. O nome foi inspirado no programa de auditório apresentado pelo trio na TV Record de São Paulo.

O gênero musical Jovem Guarda, também conhecido na época como iê-iê-iê — nome emprestado e adaptado do inglês "Yeah, yeah, yeah", do refrão de "She loves you", dos Beatles —, era a concretização da tendência rock and roll que já seduzira as massas no exterior e trazia canções que reproduziam o ritmo com versões em português ou mesmo cantadas no original.

Roberto, Erasmo e Wanderléa entraram no cenário quando começava a diminuir a popularidade dos brasileiros precursores do estilo rock and roll. Celly Campelo, por exemplo, afastou-se dos palcos em 1961, e a bossa nova ganhava maior destaque nos meios de comunicação. Nessa época, havia poucos sucessos roqueiros nas paradas, como "Diana" (versão da original composta por Paul Anka) e "Marcianita", com Sérgio Murilo. No Rio de Janeiro, alguns artistas esperavam uma oportunidade para aparecer em cena, como Ed Wilson, Cleide Alves e Renato e seus Blue Caps.

Ronnie Cord, em 1963, conseguiu boas vendas e popularidade com "Rua Augusta", e acabou atraindo o público para as figuras de Roberto e Erasmo, que eram os autores de "Parei na contramão". Não tardou muito e eles apareceram com "É proibido fumar" e "Festa de arromba", solidificando sua presença no cenário e no mercado. Com essa última faixa, surgiu também a idéia do programa de TV (inicialmente ele iria se chamar *Festa de Arromba*), que foi apresentado por, além do famoso trio, cantores como Agnaldo Rayol, Reynaldo Rayol, Martinha, Cleide Alves, Eduardo Araújo, Sérgio Murilo, Meyre Pavão e Rosemary, além dos grupos The Jet Blacks, The Jordans, Renato e seus Blue Caps, Os Incríveis e Golden Boys.

Da noite para o dia, a Jovem Guarda se transformou na grande atração da emissora, e, a partir de 1966, com o grande sucesso de Roberto e Erasmo, "Quero que vá tudo pro inferno", o programa ficou conhecido nacionalmente e virou sinônimo de movimento musical. E é claro que, como toda tendência, o estilo influenciou a moda e criou as marcas Calhambeque, Tremendão e Ternurinha para produtos como bonecas, calças e blusas, entre outros.

A nova onda passou a interessar compositores de outras praias, como Jorge Ben e os baianos Gilberto Gil e Caetano, fundadores da Tropicália, que, mais tarde, faria a Jovem Guarda perder um pouco de seu destaque. Palavras de Erasmo Carlos: "A Tropicália é uma Jovem Guarda com consciência das coisas, e nos deixou num branco total".

Em 1969, os tempos de glória da Jovem Guarda já começavam a fazer parte do passado, mas o movimento influenciou toda a geração seguinte e teve sua grande parcela de responsabilidade pela mistura e assimilação de instrumentos eletrônicos, além das fusões da música estrangeira com a nacional, garantindo uma produção mais elaborada na década seguinte.

No início dos 80, apareceram cantores e grupos de rock que retomaram a simplicidade da música da Jovem Guarda, como Titãs, Blitz e Léo Jaime.

Cinco discos fundamentais da Jovem Guarda

*JOVEM GUARDA*_**ROBERTO CARLOS** (1965) ::: *LENO E LILIAN*_**LENO E LILIAN** (1966) ::: *DEVO TUDO A VOCÊ*_**JERRY ADRIANI COM RENATO E SEUS BLUE CAPS** (1966) ::: *O TREMENDÃO*_**ERASMO CARLOS** (1967) ::: *A TERNURA DE WANDERLÉA*_**WANDERLÉA** (1968)

TROPICÁLIA

A Tropicália foi um movimento musical e cultural que aconteceu na música brasileira a partir de 1967. O nome foi extraído por Caetano Veloso de uma instalação do artista plástico Hélio Oiticica, participante ativo da consolidação do movimento, que incorporava elementos da contracultura dos hippies americanos e foi inspirada na tese antropofágica da Semana de Arte Moderna de 1922. O movimento foi chamado de Tropicalista (e também seria conhecido como Tropicalismo) a partir de fevereiro de 1968, quando o jornalista e escritor Nelson Motta publicou um artigo no jornal *Última Hora* chamado "A Cruzada Tropicalista". Nesse artigo, ele dizia que um grupo de músicos e intelectuais brasileiros começava um movimento cultural com a intenção de tornar a música brasileira internacional.

Inconformados com o que acontecia na música brasileira naquela época, Caetano e Gilberto Gil se uniram a Tom Zé, Maria Bethânia, Gal Costa, Nara Leão, os letristas Torquato Neto e Capinan, o grupo Os Mutantes e o maestro e arranjador Rogério Duprat, e resolveram começar um movimento musical que fosse o avesso da bossa nova. Não que eles não gostassem do gênero, João Gilberto era uma das maiores influências do grupo, principalmente para Caetano. O que eles queriam era criar um som que fugisse da mesmice e ingenuidade da Jovem Guarda, algo que mesclasse a música pop da época, nacional e estrangeira, com ritmos mais tradicionais do Brasil, como baião e samba.

O movimento desagradou algumas correntes da MPB, que preferiram se manter fiéis às raízes e à música de protesto da época, como a de Geraldo Vandré, Chico Buarque, Sérgio Ricardo e Edu Lobo. O Tropicalismo também teve dificuldade em ser aceito pelas forças estudantis, que preferiam o lado de raiz ou de protesto da música brasileira e achavam que as guitarras influenciadas pela música dos Beatles deveriam ser eliminadas da face da Terra. Esse radicalismo ficou evidente durante o *III Festival de Música Popular Brasileira* da TV Record em outubro de 1967, em que a banda argentina The Beat Boys acompanhou Caetano em "Alegria, alegria" e Os Mutantes acompanharam Gilberto Gil em "Domingo no parque". Eles foram recebidos com vaias pela platéia, mas, mesmo assim, Gil ficou em segundo lugar, Caetano em quarto e "Alegria" se tornou um grande sucesso nas rádios, vendendo mais de cem mil cópias.

O sucesso do festival acabou incentivando a gravadora Philips a lançar discos solo de Caetano e Gil; porém, antes disso, eles tinham feito um álbum que definiu o movimento tropicalista: *Tropicália* (1968), projeto coordenado por Caetano, sob a batuta do maestro Rogério Duprat, que reuniu Gil, Caetano, Tom Zé, Gal Costa, Os Mutantes e Nara Leão. Um dos grandes clássicos incluído nesse disco é a música "Baby", interpretada por Gal Costa. No final da canção, Caetano canta um trecho de "Diana", sucesso de Paul Anka na década de 50.

No entanto a Tropicália continuava sendo rejeitada e censurada. Talvez o episódio mais marcante tenha ocorrido durante o *III Festival da Canção* (*FIC*), da TV Globo, em 1968. Caetano e Os Mutantes, vestidos com roupas plásticas, tentavam cantar "É proibido proibir" e foram vaiados pela platéia repleta de estudantes que defendiam a "verdadeira música brasileira", atirando tomates e ovos no palco. Caetano fez um discurso irado que ficou na história. O cantor foi desclassificado do festival e as perseguições e proibições continuaram.

O DISCURSO HISTÓRICO DE CAETANO VELOSO

"Mas é isso que é a juventude que diz que quer tomar o poder? Vocês têm coragem de aplaudir, este ano, uma música, um tipo de música que vocês não teriam coragem de aplaudir no ano passado. São a mesma juventude que vão sempre, sempre, matar amanhã o velhote inimigo que morreu ontem. Vocês não estão entendendo nada. Nada! Nada! Absolutamente nada! Eu hoje vim dizer aqui que quem teve coragem de assumir a estrutura do Festival — não com o medo que o senhor Chico de Assis pediu, mas com a coragem —, quem teve essa coragem de assumir essa estrutura e fazê-la explodir foi Gilberto Gil e fui eu. Não foi ninguém! Foi Gilberto Gil e fui eu! Vocês estão por fora! Vocês não dão pra entender. Mas que juventude é essa? Que juventude é essa?"

Um ano depois, apesar das proibições, o sucesso da Tropicália se refletia na quarta edição do *Festival da Música Popular Brasileira*, da Record, em que Tom Zé ganhou o primeiro lugar com "São, São Paulo", Gal Costa o terceiro com "Divino maravilhoso" e Os Mutantes ficaram em quarto com "2001".

Por volta de outubro de 1968, Caetano e Gil estrearam na extinta TV Tupi com um dos programas mais ousados que a música brasileira já viu, *Divino Maravilhoso*, que contava com todos os membros da Tropicália e ainda convidados como Jorge Ben, Paulinho da Viola e Jards Macalé. Teve poucas edições em decorrência das cenas provocativas e, infelizmente, esses documentos em vídeo foram confiscados pelo Departamento de Censura Federal. Dizem que as fitas foram destruídas.

O decreto do Ato Institucional n. 5, de 13 de dezembro de 1968, oficializou de vez a repressão política a ativistas e intelectuais. Gil e Caetano foram detidos em 27 de dezembro do mesmo ano. Caetano era acusado de ter cantado o hino nacional durante um show e colocado versos que ofendiam a bandeira e as forças armadas. Os dois foram presos e levados para o Rio de Janeiro, onde tiveram suas cabeças raspadas. Em fevereiro de 1969, voltaram para Salvador, onde fizeram um show de despedida e se exilaram em Londres. De lá, Caetano continuava compondo, escrevendo e mandando suas canções para Gal e Bethânia gravarem.

Durante o exílio, tanto Caetano como Gil gravaram um disco individual. No de Caetano está o sucesso "London, London". Ambos ficaram em Londres até 1971, quando voltaram e deram seqüência às suas carreiras solo. O Tropicalismo já se tornava uma coisa do passado, mas ficou marcado definitivamente na história da música popular brasileira e influencia gerações desde então, além de ter sido reconhecido no exterior como o movimento musical mais importante da nossa música depois da bossa nova.

Cinco discos fundamentais da Tropicália

*A BANDA TROPICALISTA DO DUPRAT*_**ROGÉRIO DUPRAT** (1968) ::: *CAETANO VELOSO*_**CAETANO VELOSO** (1968) ::: *GILBERTO GIL*_**GILBERTO GIL** (1968) ::: *TOM ZÉ*_**TOM ZÉ** (1968) ::: *TROPICÁLIA*_**VÁRIOS ARTISTAS** (1968)

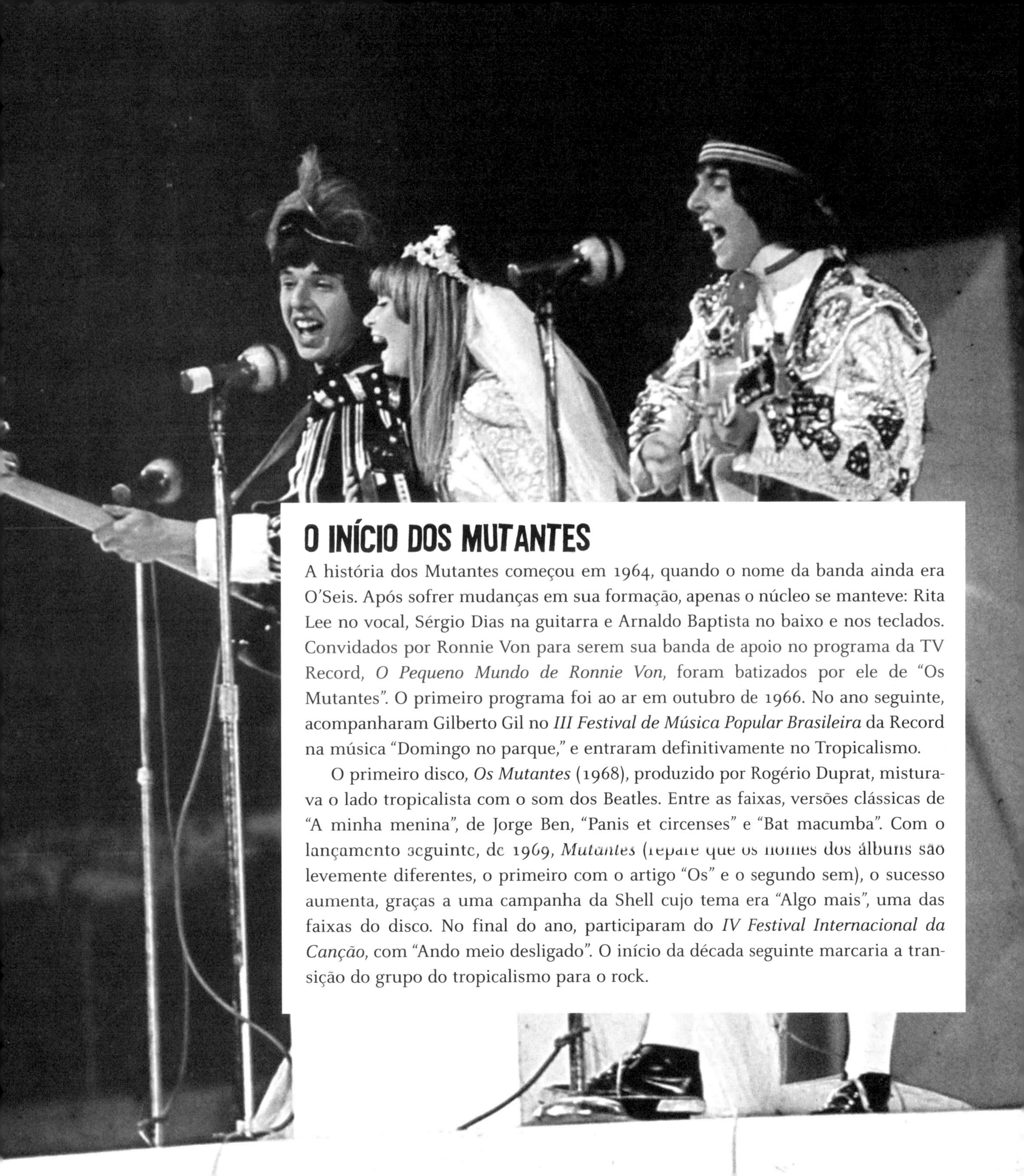

O INÍCIO DOS MUTANTES

A história dos Mutantes começou em 1964, quando o nome da banda ainda era O'Seis. Após sofrer mudanças em sua formação, apenas o núcleo se manteve: Rita Lee no vocal, Sérgio Dias na guitarra e Arnaldo Baptista no baixo e nos teclados. Convidados por Ronnie Von para serem sua banda de apoio no programa da TV Record, *O Pequeno Mundo de Ronnie Von*, foram batizados por ele de "Os Mutantes". O primeiro programa foi ao ar em outubro de 1966. No ano seguinte, acompanharam Gilberto Gil no *III Festival de Música Popular Brasileira* da Record na música "Domingo no parque," e entraram definitivamente no Tropicalismo.

O primeiro disco, *Os Mutantes* (1968), produzido por Rogério Duprat, misturava o lado tropicalista com o som dos Beatles. Entre as faixas, versões clássicas de "A minha menina", de Jorge Ben, "Panis et circenses" e "Bat macumba". Com o lançamento seguinte, de 1969, *Mutantes* (repare que os nomes dos álbuns são levemente diferentes, o primeiro com o artigo "Os" e o segundo sem), o sucesso aumenta, graças a uma campanha da Shell cujo tema era "Algo mais", uma das faixas do disco. No final do ano, participaram do *IV Festival Internacional da Canção*, com "Ando meio desligado". O início da década seguinte marcaria a transição do grupo do tropicalismo para o rock.

O FIM DOS BEATLES

Na segunda metade da década, os Beatles continuaram dando provas de sua importância. Eles tiveram como um de seus muitos méritos introduzir a cítara no rock, o que se tornou uma marca registrada do psicodelismo, com muitas bandas do gênero usando o instrumento em seus arranjos. Um dos primeiros discos dos Beatles em que a cítara aparece é *Revolver* (1966), um dos grandes marcos da psicodelia, que foi seguido pela obra máxima do gênero, *Sgt. Peppers Lonely Hearts Club Band* (1967).

Em 1968, os Beatles chegaram ao ponto máximo de ousadia e criatividade com *The White Album* (ou *Álbum Branco*, assim chamado porque a capa branca tinha apenas "Beatles" escrito), um disco duplo que atirava em todas as direções e trazia a faixa que seria chamada de o primeiro heavy metal da história: "Helter Skelter".

Mas o potencial criativo não parou por aí: vieram ainda *Abbey Road* (1969) e *Let It Be* (1970), que marcou a separação da banda. Mesmo em trilhas sonoras, como a do desenho animado *Yellow Submarine* (1969), eles conseguiam ser brilhantes.

Dificilmente haverá uma banda como os Beatles, embora muitos tenham tentado substituí-los. O próprio grupo criou o selo Apple em 1968 e assinou com uma banda que anunciaram como seus substitutos, chamada Badfinger. Paul produziu o primeiro disco deles e foi autor de um de seus primeiros sucessos, "Come and Get It". George também apostou neles, chegou a usá-los como banda de apoio no *Concerto de Bangladesh* e também em algumas músicas de seu álbum solo, *All Things Must Pass* (1970). O Badfinger ainda chegou a participar do álbum *Imagine* (1971), de John Lennon. Mesmo sendo tão querida pelos Beatles, a banda não conseguiu se mostrar à altura. Teve vários sucessos como "No Matter What", "Day After Day" e "Without You", que depois estouraria mundialmente interpretada pelo cantor norte-americano Harry Nilsson. A banda foi marcada por dois momentos extremamente trágicos: dois integrantes acabaram se suicidando, Peter Ham, em 1975, e Tom Evans, em 1983, ambos guitarristas. O grupo continuou gravando mais alguns álbuns, sem grande êxito.

Os membros dos Beatles, por sua vez, conseguiram grandes resultados em suas carreiras solo. Mesmo Ringo Starr, considerado o mais fraco musicalmente dos quatro, fez grandes álbuns e provou que o fato de se esconder atrás de uma bateria não limitava sua criatividade. Seus quatro primeiros discos — *Sentimental Journey* (1970), *Beaucoups of Blues* (1970), *Ringo* (1973) e *Goodnight Vienna* (1974) — são uma prova do talento desse grande baterista, que continua gravando.

George Harrison começou gravando discos solo com a trilha do filme *Wonderwall* (1968), seguido por *Electronic Sound* (1969). Mas a consagração solo veio em 1970 com o compacto *My Sweet Lord*, do triplo *All Things Must Pass* (1970). Em 1973, ele lançou *Living in the Material World*, que trazia a clássica "Give Me Love (Give Me Peace on Earth)". *Cloud Nine* (1987) foi muito bem recebido pela crítica e o compacto *Got My Mind Set on You* (regravação de uma música de 1962) chegou ao topo da *Billboard*. O músico teve câncer no cérebro e faleceu no dia 29 de novembro de 2001.

John Lennon, por sua vez, adorava causar escândalos depois da dissolução dos Beatles, principalmente com os álbuns conceituais realizados em parceria com Yoko Ono. Primeiro foi *Unfinished Music n. 1: Two Virgins* (1968), que já chocava pela capa, na qual os dois apareciam nus de frente e de costas. Logo após vieram *Unfinished Music n. 2: Life with the Lions* (1969), e *Wedding Album* (1969). Sua consagração maior viria nos anos seguintes, com os *John Lennon/Plastic Ono Band* (1970) — que tinha o sucesso "Mother" — e *Imagine* (1971), o maior sucesso do cantor em sua carreira solo.

AS LOUCURAS DE JOHN E YOKO

Os três álbuns experimentais que John Lennon e Yoko Ono lançaram juntos no final dos anos 60 traziam muito pouco de música: *Two Virgins* era composto de material como efeitos sonoros e conversas do casal. *Life with the Lions* foi quase todo gravado em uma fita cassete no quarto de um hospital onde Yoko sofreu o primeiro de seus três abortos. Uma das faixas, "Baby's Heartbeat", trazia a gravação real das palpitações do coração da criança perdida. *Wedding Album* (disco de casamento), como o título indica, refere-se ao casamento dos dois e reunia coisas como os sons do casal na cama durante sua lua-de-mel. O álbum vinha acompanhado de uma caixa que incluía material de imprensa sobre o casal, fotos (até do pedaço do bolo da festa) e a reprodução do certificado de casamento.

Sempre atuando como ativista político, Lennon, ao lado de Yoko, mudou a cara de Nova York depois que estabeleceu residência na cidade na década de 70. Um de seus álbuns mais polêmicos e engajados foi *Some Time in New York City* (1972).

No mesmo ano de sua morte, Lennon se tornou um romântico apaixonado e celebrou o amor por Yoko em seu último álbum, *Double Fantasy*. Ele foi assassinado a tiros por um fã psicopata no dia 8 de dezembro de 1980, em frente ao prédio Dakota, em Nova York, onde morava com Yoko e seu filho Sean.

A carreira mais estável dos quatro é a de Paul McCartney, que começou timidamente com discos caseiros que exaltavam seu amor pela esposa Linda McCartney, pela família e pela vida no campo: *McCartney* (1970), *Ram* (1971) e *Wild Life* (1971). Foi a partir de 1973, com a faixa "Band on the Run", do seu grupo The Wings, que Paul começou a experimentar um sucesso mais comercial e, dali por diante, houve uma sucessão de hits que marcaram sua carreira solo, que prossegue até hoje.

70

UM POUCO MAIS DE BRILHO PARA O ROCK

O início da década foi conturbado. Em 1970, Jimi Hendrix faleceu no dia 18 de setembro e Janis Joplin no dia 4 de outubro. E os Beatles anunciaram o fim da banda em 11 de outubro. No ano seguinte mais uma baixa no rock: morre Jim Morrison no dia 3 de julho.

O mundo da música precisava dar uma sacudida na poeira e se levantar com muito brilho, e foi o que aconteceu por intermédio de um novo estilo musical: o glam rock, sendo a palavra "glam" derivada de "glamour". Outro nome usado foi glitter rock, em função do uso de muito brilho nos figurinos.

O glam rock apareceu na Inglaterra no início da década e tinha uma dose de exagero nas roupas e na maquiagem. Era o começo de uma geração que originou o fenômeno "androginia", uma espécie de bissexualidade exaltada na forma de se vestir e no comportamento. Um dos primeiros ícones dessa tendência foi o britânico Marc Bolan e sua banda T. Rex, que, em 1971, lançava o álbum *Electric Warrior*, uma obra-prima do gênero.

Musicalmente, o estilo agregava elementos de blues e hard rock ao rock dos anos 50 e ao pop "bubble gum" (o pop "chiclete", de melodia simples e refrão pegajoso). As canções tinham sempre uma característica pop e um de seus mais controversos intérpretes foi Gary Glitter.

Duas bandas que marcaram o estilo foram Slade e The Sweet. A primeira recuperava em seu trabalho a tendência do hard rock e até do folk. Regravaram "Hear Me Calling", do Ten Years After, e "Darling Be Home Soon", de John Sebastian, vocalista do The Lovin' Spoonful, em um dos melhores álbuns ao vivo da década de 70, *Slade Alive!* (1972). E seu disco *Slayed* (1972) é considerado um dos clássicos do glam rock. As botas e os sapatos de salto plataforma usados pelo grupo marcaram a tendência da época. Já o The Sweet fazia uma música mais próxima do pop "bubble gum". O visual deles acabou influenciando mais tarde as bandas de heavy metal, mas só na indumentária, pois as músicas eram extremamente pop. O álbum mais importante da carreira deles foi *Desolation Boulevard* (1974), que tinha o grande hit "Ballroom Blitz".

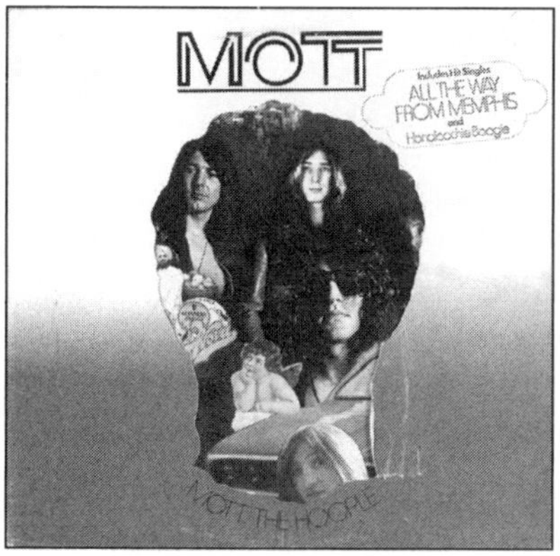

Havia ainda o Mott The Hoople, banda formada em Londres em 1969 e que trazia dois grandes músicos: o tecladista e vocalista Ian Hunter e o guitarrista Mick Ralphs. No início da década, depois de quatro álbuns lançados, eles quase desistiram da carreira. Incentivados por David Bowie, acabaram lançando aquele que seria o hino da geração glam, a música "All the Young Dudes", composta por Bowie e lançada no álbum homônimo de 1972. Depois desse estouro, a banda ainda lançou mais três discos com Ian Hunter, sendo o último deles ao vivo. Eles são hoje considerados uma das maiores influências da geração punk do final dos anos 70, principalmente para bandas como The Clash. Ian seguiu em carreira solo e lançou bons discos, mostrando seu valor como compositor.

Contudo a principal banda do glam rock foi o Roxy Music. Eles encaravam a música como arte e fez os discos mais influentes daquela era. O grupo tinha músicos geniais como o tecladista Brian Eno, que acabou se tornando um dos maiores produtores da história do rock (David Bowie, U2, Talking Heads), o talentoso e performático vocalista Brian Ferry e o guitarrista Phil Manzanera. O primeiro álbum, *Roxy Music* (1972), trazia um grande clássico, "Virginia Plain". Até 1975, o Roxy Music lançou cinco álbuns que definem muito bem o glam rock no sentido de arte, com capas que ficaram famosas porque sempre traziam mulheres fatais em poses ousadas, sensuais, mas nunca vulgares.

Na década de 80, a banda se adaptou ao estilo new wave e fez muito sucesso com o álbum *Avalon* (1982).

NASCE ZIGGY STARDUST

Considerado o camaleão do rock, David Bowie começou na década de 60 com um estilo mod, mas veio a fazer sucesso somente nos anos 70, quando adotou um visual mais glitter. Em 1972, lançou o grande clássico da era glam, o álbum *The Rise and Fall of Ziggy Stardust and The Spiders from Mars*, no qual criava o personagem Ziggy Stardust, um *rockstar* andrógino e bissexual vindo de outro planeta. Nessa época, Bowie chegou a declarar à imprensa inglesa que era gay somente para promover seu novo disco. Ele pintava o cabelo de laranja, se vestia e se maquiava como uma mulher e fazia apresentações teatrais. O álbum foi um sucesso em 1973 não só na Europa como também nos Estados Unidos, o que incentivou a venda dos anteriores, *The Man Who Sold The World* (1970), *Hunky Dory* (1971) e *Space Oddity* (1972, que na verdade era o relançamento do seu segundo álbum, *David Bowie* (1969), mas com outro título).

Depois de muitos shows, Bowie reapareceu com *Alladin Sane* (1973). No ano anterior, foi produtor de Lou Reed em *Transformer*, além de promover a volta do Mott the Hoople com o clássico *All the Young Dudes*, e, em 1973, trabalhou na produção de Iggy Pop & The Stooges em *Raw Power*. Com sua banda, The Spiders from Mars, que trazia o grande guitarrista Mick Ronson, Bowie ainda gravou *Pin Ups* (1973), um disco repleto de covers das gerações merseybeat e psicodélica dos anos 70 que tanto influenciaram sua carreira. Na capa, o cantor aparece exageradamente maquiado ao lado de sua então esposa Angie Bowie. Após esse álbum, fez um de seus últimos shows com o Spiders from Mars e anunciou o fim da banda e do personagem Ziggy Stardust.

O camaleão se transformou novamente e lançou o álbum *Diamond Dogs* (1974), que em algumas lojas nos Estados Unidos teve a capa censurada porque ele aparecia com o corpo nu, metade homem, metade cachorro. Esse disco trazia um grande hit: “Rebel Rebel”.

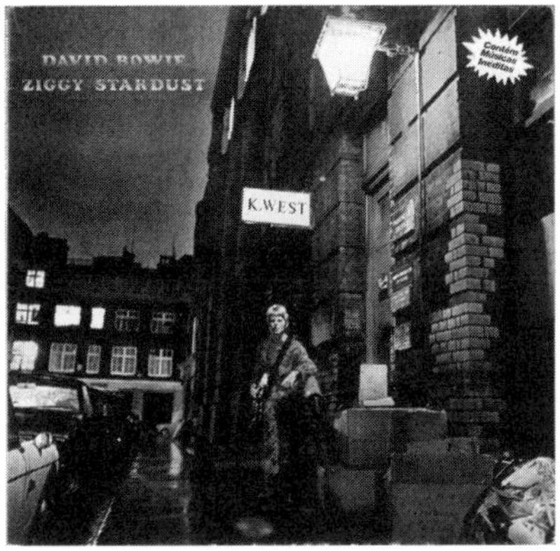

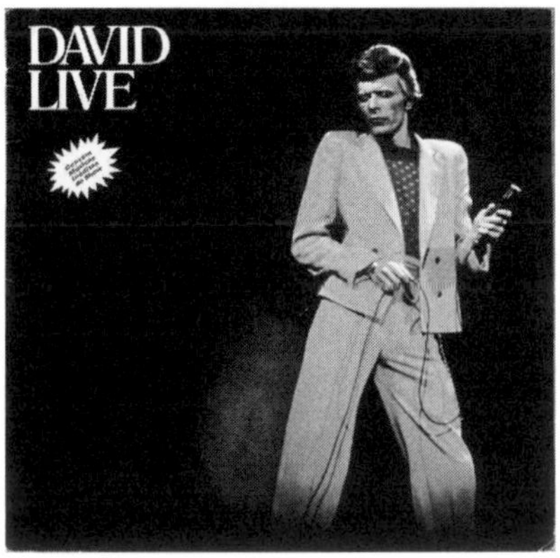

Bowie começou a excursionar com um novo visual de ternos elegantes, bem mais comportado que o de sua fase anterior. Os fãs levaram um susto, e o álbum *David Live* (1974) confirmou essa nova fase. Sua música passou por uma transformação, agregando elementos da soul music que ficaram mais evidentes com o lançamento de *Young Americans* (1975). Um dos grandes hits dessa época foi a música “Fame”, que ele fez em parceria com John Lennon e Carlos Alomar. Depois disso, mudou para Los Angeles e começou sua carreira como ator, estrelando o filme *O homem que caiu na Terra* (1976). Nessa época, Bowie se envolveu com drogas e acabou voltando para a Inglaterra.

A mudança para Berlim trouxe um novo momento para sua carreira. Influenciado pela música eletrônica e auxiliado pelo ex-Roxy Music Brian Eno, Bowie produziu mais uma obra-prima: o álbum *Low* (1977), que se tornou uma forte influência para as próximas gerações. Em seguida, veio outro grande sucesso, “Heroes” — música do álbum homônimo (1977) que se tornou um clássico regravado muitas vezes. Paralelamente, ainda produziu mais dois álbuns de Iggy Pop — *The Idiot* e *Lust for Life* — e continuou sua carreira de ator, aparecendo em vários filmes. Essa fase na Alemanha se encerra com o álbum *Lodger* (1979).

Em 1980, reapareceria com o álbum *Scary Monsters*, prenúncio de uma nova fase que marcaria a carreira de Bowie na década de 80.

OUTRAS BANDAS QUE MARCARAM O GLAM ROCK

O Queen é o tipo de banda que pode aparecer em diversas tendências, pois, assim como Bowie, foi mudando de estilo e se adaptando às gerações vindouras, embora sem perder sua identidade. O estilo do vocalista Freddie Mercury se encaixou perfeitamente à era glam, especialmente por causa da energia sexual que a banda transmitia, não somente pela performance do cantor, mas também pelas letras às vezes assumidamente homossexuais, como "We Are the Champions". Misturando elementos de hard rock, rock and roll e música clássica, o Queen marcou a história do rock com os álbuns *Sheer Heart Attack* (1974), *A Night in the Opera* (1975) e *A Day at the Races* (1976). Neles estavam incluídos sucessos como "Bohemian Raphsody", "Somebody to Love" e "Love of My Life". Em 1977, com o álbum *News of the World*, o Queen lançou dois hinos para várias gerações: "We Will Rock You" e "We Are the Champions". Na década de 80, o grupo continuou seu sucesso, até que em 1991 a banda se desfez com a morte de Mercury (eles se reuniriam novamente em 2005 para shows e gravação de um álbum ao vivo, com Paul Rodgers, ex-vocalista do Free e Bad Company, como vocalista).

Outra importante banda britânica de glam rock, apesar de ter se tornado um fenômeno mais local do que mundial, foi o Wizzard, que surgiu em 1971. Liderados por Roy Wood, que na década de 60 fizera parte do Move e do Electric Light Orchestra, faziam um som que misturava rock progressivo, glam rock e hard rock. Dizem que Wood, com seu estilo de pintar o rosto, foi uma das grandes influências na maquiagem do Kiss. Quando o Wizzard terminou, em 1975, deixou um álbum chamado *Main Street*, que a gravadora não lançou por tê-lo achado pouco comercial. O disco só veria a luz do dia em 2000.

Interessante que, do lado americano, poucas bandas de glam rock surgiram, embora mais tarde a influência desse gênero chegasse a atingir grupos de heavy metal como Kiss e Alice Cooper. Uma exceção foi o New York Dolls, que na verdade divergia um pouco do glamour inglês, exceto por seu som bastante influenciado pelos Rolling Stones. Visualmente, eles eram os mais escrachados de todos, parecendo verdadeiras *drag queens* em sua maneira debochada de se vestir e se apresentar ao vivo. A capa do primeiro álbum, *The New York Dolls* (1973), é um exemplo bem claro desse visual. Na formação do grupo estava o guitarrista Johnny Thunders, um dos mais importantes músicos da geração punk, que influenciou fortemente os Sex Pistols. A banda gravou apenas dois álbuns de estúdio e até hoje saem edições em CD de seus amplamente pirateados shows ao vivo. Thunders ainda formou a banda punk The Heartbreakers, em 1975, e depois seguiu em carreira solo, morrendo em 1991 de uma overdose de heroína. Os dois discos do New York Dolls tornaram-se clássicos do glam rock americano e influenciaram a geração punk. Três dos membros originais se reuniram em 2004 para shows ao vivo, e dois deles gravaram um novo álbum em 2006.

ROCK PROGRESSIVO

O estilo progressivo começou a se desenvolver na Inglaterra a partir de 1967, quando bandas consideradas psicodélicas como Moody Blues, Procol Harum e The Nice incorporaram elementos de música clássica, folk e jazz, abusando dos teclados e, em 1970, do recém-criado sintetizador moog. Um dos discos que estabeleceu o gênero foi *In the Court of the Crimson King* (1969), do King Crimson, banda que trazia em sua formação Robert Fripp, o guitarrista mais ousado e criativo da geração progressiva. No entanto, comercialmente, o estilo tomou força a partir de 1970, com as bandas Emerson, Lake & Palmer, Genesis, Jethro Tull, King Crimson, Pink Floyd (na fase pós-psicodelia) e Yes. Um pouco sobre algumas delas vem a seguir.

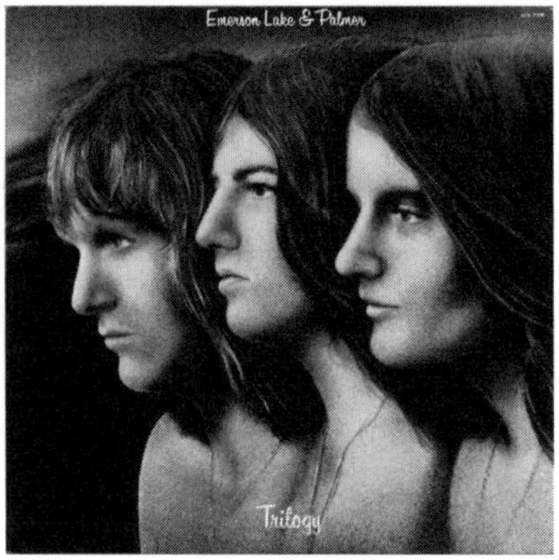

EMERSON, LAKE & PALMER

Um power trio progressivo que trazia Keith Emerson (que vinha do The Nice) nos teclados, Greg Lake no baixo e voz e Carl Palmer na bateria. Graças ao virtuosismo de Emerson nos teclados, os shows da banda se tornaram um espetáculo à parte. Ao vivo, ele usava uma parafernália de teclados e sintetizadores moog em um palco móvel no qual ele girava com um dos teclados, e, no auge de seus solos, esfaqueava as caixas de retorno. Todo esse circo era completado com a gigantesca bateria de Palmer, que ao fundo tinha um gongo enorme para acompanhar seus solos intermináveis.

A banda praticamente estreou no *Festival da Ilha de Wight*, em 1970. No mesmo ano, lançava seu primeiro álbum homônimo, com o sucesso "Lucky Man". Em seguida veio *Tarkus* (1971), mas a consagração aconteceu com *Trilogy* (1972). Antes disso, lançaram um disco ao vivo com uma adaptação de uma peça do compositor clássico Mussorgsky, *Pictures at an Exhibition* (1971).

A inserção de peças clássicas passou a ser uma constante em seus shows e discos. Após um grande disco, *Brain Salad Surgery* (1973), gravaram um álbum triplo ao vivo, *Welcome Back My Friends to the Show That Never Ends... Ladies and Gentlemen, Emerson, Lake & Palmer* (1974). A banda terminou em 1979, mas se reagrupou na década de 80 com Cozy Powell na bateria. Nos anos 90, voltaram com a formação inicial e lançaram mais alguns discos.

GENESIS

Assim como os Rolling Stones, o Genesis é um grupo que atravessou várias décadas. A fase mais criativa foi no início dos anos 70, quando a banda contava com o vocalista performático Peter Gabriel. Eles produziram grandes clássicos da era progressiva: *Nursery Crime* (1971), *Foxtrot* (1972), *Selling England by the Pound* (1973) — que tinha o hit "I Know What I Like" — e o mais ousado da carreira deles, o duplo *The Lamb Lies Down on Broadway* (1974).

Em 1975, Gabriel deixou a banda para seguir em carreira solo, que só decolou definitivamente na década de 80 com hits como "Sledgehammer". Phil Collins, o baterista, assumiu definitivamente os vocais do Genesis e eles continuaram produzindo grandes álbuns, apesar de o cantor ter direcionado a banda para uma postura muito mais comercial e pop na década de 80. Assim como o grupo, Collins também desenvolveu uma carreira solo repleta de hits.

JETHRO TULL

O nome do grupo veio de um fazendeiro e inventor do século XVIII. Em termos de estilo, o Jethro Tull se diferenciava do Yes e do Genesis e fazia uma mistura de folk, hard rock e música clássica regida pela "batuta", ou melhor, pela flauta transversal do vocalista Ian Anderson, cuja performance com o instrumento era um verdadeiro balé. O primeiro álbum, *This Was* (1968), ainda trazia muito das raízes blues e hard rock. *Stand Up* (1969) já explorava peças clássicas como o arranjo para flauta da música "Bouree", de Johann Sebastian Bach. Com *Benefit* (1970), a banda conseguiu maior projeção nos Estados Unidos e participou de grandes concertos ao lado de Jimi Hendrix, B. B. King e Johnny Winter.

Finalmente, o Jethro Tull lançou sua obra-prima, *Aqualung* (1971), em que encontrou sua identidade nas letras de Ian Anderson (às vezes surreais) e uma sonoridade que virou a marca registrada do grupo. *Thick as a Brick* (1972) discute o surrealismo e as relações sociais. A capa era um jornal encartado que contava diversas histórias, muitas delas completamente absurdas. E o álbum se dividia em duas músicas de quase 15 minutos cada uma, uma em cada um dos lados do LP. Mesmo com toda essa ousadia, ficou entre os primeiros lugares nos Estados Unidos. Aproveitando esse sucesso, lançaram outro disco conceitual, *A Passion Play* (1973), dessa vez abordando um tema mais fantasioso que discutia até religião. Mesmo tendo sido mal recebido pela crítica, o álbum também fez sucesso nos Estados Unidos.

A fama do Jethro Tull continuava a todo vapor, muito disso graças ao carisma de Ian Anderson, a imagem de um verdadeiro mago com sua flauta, que acabou virando marca registrada da banda. Continuaram produzindo grandes discos, como *Minstrel in the Gallery* (1975) e *Songs from the Wood* (1977), e continuam na ativa até os dias de hoje, incluindo várias passagens pelo Brasil.

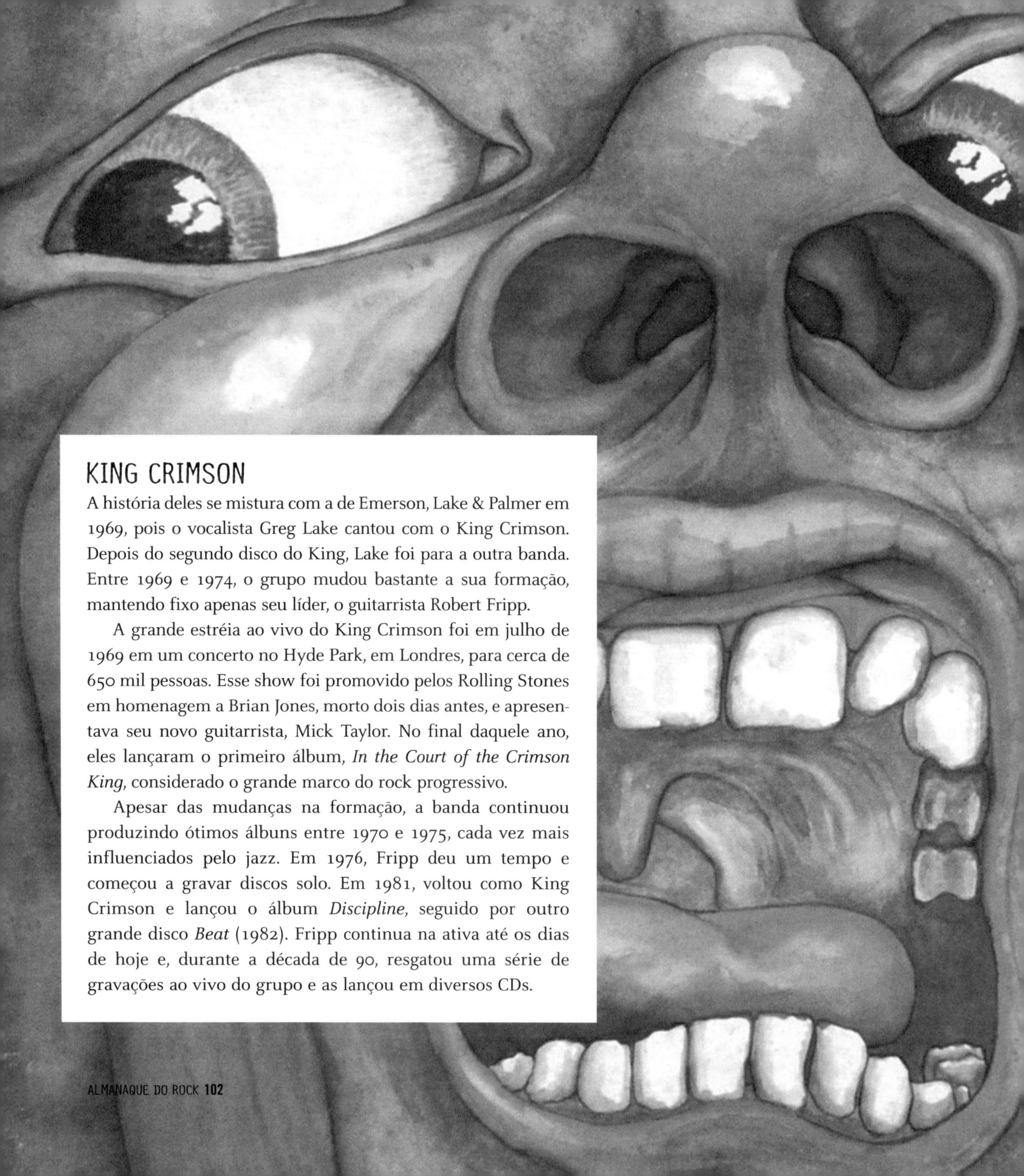

KING CRIMSON

A história deles se mistura com a de Emerson, Lake & Palmer em 1969, pois o vocalista Greg Lake cantou com o King Crimson. Depois do segundo disco do King, Lake foi para a outra banda. Entre 1969 e 1974, o grupo mudou bastante a sua formação, mantendo fixo apenas seu líder, o guitarrista Robert Fripp.

A grande estréia ao vivo do King Crimson foi em julho de 1969 em um concerto no Hyde Park, em Londres, para cerca de 650 mil pessoas. Esse show foi promovido pelos Rolling Stones em homenagem a Brian Jones, morto dois dias antes, e apresentava seu novo guitarrista, Mick Taylor. No final daquele ano, eles lançaram o primeiro álbum, *In the Court of the Crimson King*, considerado o grande marco do rock progressivo.

Apesar das mudanças na formação, a banda continuou produzindo ótimos álbuns entre 1970 e 1975, cada vez mais influenciados pelo jazz. Em 1976, Fripp deu um tempo e começou a gravar discos solo. Em 1981, voltou como King Crimson e lançou o álbum *Discipline*, seguido por outro grande disco *Beat* (1982). Fripp continua na ativa até os dias de hoje e, durante a década de 90, resgatou uma série de gravações ao vivo do grupo e as lançou em diversos CDs.

YES

Sem dúvida a mais bem-sucedida de todas as bandas progressivas. O Yes começou em 1968, influenciado pelos Beatles, pelo folk, pela música clássica e pelo psicodelismo. Mas foi a partir do terceiro álbum, *The Yes Album* (1971), que o Yes começou a se definir como uma banda progressiva. Essa obra já trazia o virtuosismo da guitarra de Steve Howe e sua formação erudita. Nos teclados, a banda ainda contava com Tony Kaye, que saiu em 1971 para formar, ao lado do guitarrista Peter Banks, a banda Flash. No lugar dele, entrou um tecladista virtuoso de formação clássica, Rick Wakeman. Foi nesse período que o Yes teve sua formação mais conhecida: Jon Anderson no vocal, Chris Squire no baixo, Bill Bruford na bateria, Howe na guitarra e Wakeman nos teclados. A partir de então, o som deles cresceria ainda mais.

O álbum *Fragile* (1971) os colocou no topo das paradas na Inglaterra e nos Estados Unidos, e traz um de seus grandes hits, "Roundabout", além de uma das capas mais bem ilustradas do rock, graças ao desenhista Roger Dean, que então passou a ser famoso por desenhar as capas do Yes. *Close to the Edge* (1972) foi mais uma obra-prima da carreira do Yes. Depois de várias excursões pela Europa e pelos Estados Unidos, lançaram o triplo *Yessongs* (1973) gravado ao vivo. No mesmo ano, começaram lançando um álbum duplo cheio de experimentações e considerado por alguns críticos como uma das melhores peças do rock progressivo, *Tales from Topographic Oceans. Relayer* (1974). Naquele momento, eles já traziam outra formação, com Patrick Moraz nos teclados e Alan White na bateria, encerrando uma etapa na carreira do grupo (e também as clássicas capas de Roger Dean).

Steve Howe, Chris Squire, John Anderson e Rick Wakeman gravaram discos em carreira solo. Em 1977, a banda retornou e Wakeman reassumiu os teclados. Ele já tinha lançado um disco que se tornou uma das peças clássicas mais importantes do rock progressivo, *The Six Wives of Henry VIII* (1973), e, depois, criou uma das primeiras óperas rock progressivas: *Journey to the Centre of the Earth* (1974), inspirada na obra de Júlio Verne. Nessa onda de musicais, ainda fez *Lisztomania* (1975) e *The Myths and Legends of King Arthur and the Knights of the Round Table* (1975). Com o álbum *Tormato* (1978), o Yes começou um direcionamento mais pop rumo aos anos 80, e, a partir daí, sofreu várias mudanças em sua formação clássica.

MAIS ROCK PROGRESSIVO

Outros nomes que integraram a geração progressiva e que merecem ser citados são Soft Machine, Electric Light Orchestra, Tangerine Dream, Caravan, Curved Air, Gentle Giant, Focus, Hawkwind, Renaissance, Supertramp, The Strawbs, Van Der Graaf Generator, Guru Guru, Nektar, Magna Carta e Gravy Train, entre muitos outros.

O rock progressivo acabou se espalhando pelo mundo, e na Itália, principalmente, apareceram várias bandas na década de 70, sendo a mais famosa o Premiata Forneria Marconi (PFM). Até no Brasil o estilo teve seus seguidores. Os Mutantes, por exemplo, gravaram *Tudo foi feito pelo sol* (1974), inspirados em Yes e Emerson, Lake & Palmer. A banda Som Nosso de Cada Dia foi outro exemplo do estilo progressivo no país, assim como O Terço e Moto Perpétuo, esta última foi a primeira banda de Guilherme Arantes na década de 70.

Na Alemanha surgia o estilo krautrock, uma expressão musical mais vanguardista e muito mais ousada, que abusava do uso dos recém-inventados sintetizadores e de colagens musicais por meio de muitos experimentos, criando o chamado som *avant-garde*. Bandas como Faust, Kraftwerk, Amon Duul, Popol Vuh, Cluster, Can e Neu definem bem essa tendência, que nos anos 80 e 90 também foi absorvida por outras bandas.

SOFT ROCK

Chicago, América, Bread e Little River Band tornaram-se grandes nomes do chamado soft rock, um estilo que apareceu no início da década de 70, inspirado nas baladas dos anos 50 e 60. Era um tipo de rock mais romântico e "inofensivo", que dominou as paradas durante os 70 com nomes como Harry Nilson, Steely Dan — que misturava soft rock e jazz, num lado mais sofisticado do estilo —, Seals & Crofts e Fleetwood Mac, cujo álbum *Rumours* (1977) foi um dos mais vendidos da década. Ainda nessa onda, os Doobie Brothers foram grandes vendedores de discos e uma das bandas mais populares da Califórnia nos anos 70, com uma série de sucessos, entre eles a clássica "Listen to The Music".

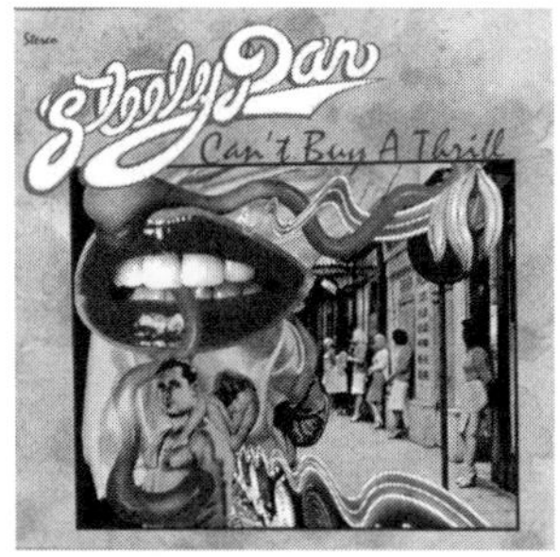

ÍCONES DO ROCK NA DÉCADA DE 70

ELTON JOHN

Apesar de não ser exatamente um músico da tendência glam rock, Elton John teve uma fase glitter em sua carreira. Entretanto o cantor, pianista e compositor sempre se encaixou em várias tendências do rock durante sua trajetória. Seu primeiro disco é *Empty Sky* (1969), mas foi com *Elton John* (1970) que foi estabelecida definitivamente a parceria com o letrista Bernie Taupin. A partir daí, uma série de álbuns se tornaram clássicos: *Madman Across the Water* (1971), *Tumbleweed Connection* (1971), *Honky Chateau* (1972), *Don't Shoot Me I'm Only a Piano Player* (1973), *Goodbye Yellow Brick Road* (1973), *Caribou* (1974), *Captain Fantastic and the Brown Dirty Cowboy* (1975), *Rock of the Westies* (1975) e *Blue Moves* (1976). Durante um bom tempo da década de 70, Elton ficou marcado por seu visual extravagante. A partir dos 80, ele começou a adotar gradualmente um visual mais discreto. O cantor continua até hoje na ativa.

SANTANA

Liderada pelo mexicano radicado na California Carlos Santana, a Santana Blues Band surgiu em 1966, reduzindo algum tempo depois o nome para simplesmente Santana. Eles tinham uma mistura de rock com música latina, com ênfase na percussão e nos longos solos de guitarra. Essa fórmula acabou dando grande visibilidade para o grupo nos Estados Unidos. A explosão aconteceu no *Festival de Woodstock* em 1969. Depois veio seu disco de estréia, *Santana* (1960), que trazia os sucessos "Evil Ways" e "Soul Sacrifice". Na esteira vieram mais dois grandes álbuns: *Abraxas* (1970) e *Santana III* (1970).

Em 1971, Santana muda a formação de sua banda e passa a gravar álbuns em parceria com grandes nomes como o baterista Buddy Miles e o guitarrista John McLaughlin. Nessa época, converte-se à religião hinduísta e produz discos mais intimistas e reflexivos. Não durou muito tempo essa fase, voltando para um som mais swingado nas décadas de 80 e 90.

Outro grande estouro na carreira de Santana aconteceu em 1999 com o excelente álbum *Supernatural*, com célebres convidados como Eric Clapton, Rob Thomas (vocalista da banda Matchbox 20), Dave Mathews e Eagle Eye Cherry.

ERIC CLAPTON

Após a dissolução do Cream, no final dos anos 60, Eric Clapton participou de mais duas bandas importantes. A primeira foi a Blind Faith, que lançou um único álbum homônimo em 1969, um clássico de sua carreira. Depois veio Derek and The Dominoes, cujo primeiro disco, *Layla & Other Assorted Love Songs* (1970), é um dos mais belos da história do rock e inclui o grande sucesso "Layla". Ele então lançou seu primeiro solo, *Eric Clapton* (1970), um álbum espetacular que traz interpretações magníficas como "After Midnight, Let It Rain" e "Blues Power". Mas apesar do lançamento de seu álbum solo, ele continuou excursionando com o Derek and The Dominoes, o que gerou o álbum ao vivo *In Concert* (1973). Entre 1971 e 1972, Clapton teve sérios problemas por causa de seu vício em heroína, porém reapareceu em setembro de 1973 graças a Pete Townshend, do The Who, no concerto ao vivo *Eric Clapton's Rainbow Concert*. O álbum *461 Ocean Boulevard* (1974) impulsionou sua carreira solo com o sucesso "I Shot the Sheriff". Outro grande hit foi "Cocaine", três anos depois.

Álbuns fundamentais de Eric Clapton na década de 70
461 OCEAN BOULEVARD (1974) ::: *E. C. WAS HERE – LIVE* (1975) :::
NO REASON TO CRY (1976) ::: *SLOWHAND* (1977) ::: *BACKLESS* (1978)

LOU REED

Mais um exemplo de compositor e intérprete que atravessou décadas e movimentos. Após deixar o Velvet Undeground, ele partiu para a carreira solo e lançou seu primeiro álbum, *Lou Reed* (1972), no qual dois integrantes do Yes tocam como convidados: o guitarrista Steve Howe e o tecladista Rick Wakeman. Nesse mesmo ano, David Bowie — que sempre admitiu que o Velvet era uma de suas influências — e seu guitarrista, Mick Ronson, decidiram dar uma força em sua carreira. Reed não fazia bem o tipo glam, mas sua música acabou se adaptando ao estilo, e desse momento em diante ele aderiu a um visual mais andrógino. Sua carreira foi traçada a partir de *Transformer* (1972), que contém seus maiores clássicos: "Vicious", "Walk on the Wild Side" e "Perfect Day". Mas quando todos achavam que ele tomaria um rumo mais comercial, após o sucesso desse disco, Lou Reed surpreendeu a todos com o álbum *Berlin* (1973), considerado o mais "deprê" da história do rock, pois aborda assuntos como relacionamentos frustrados e muitas experiências com drogas. Outra surpresa vem com *Rock n Roll Animal* (1974), mais um para a lista dos melhores álbuns ao vivo de todos os tempos. Depois do fracasso comercial de *Berlin*, o disco recuperou a carreira de Lou Reed. A fase glam ainda renderia mais um álbum ao vivo, *Lou Reed Live* (1975), e dois de estúdio, *Sally Can't Dance* (1974) e *Coney Island Baby* (1976). No final da década, ele se tornou uma forte influência para as gerações punk e new wave. Suas letras, que descreviam o submundo nova-iorquino regado a drogas, prostituição e violência, encaixaram-se perfeitamente no discurso da geração punk.

A obra de Lou Reed continua impecável até hoje, tornando-o, ao lado de Bob Dylan, um dos maiores poetas do rock and roll de todos os tempos.

PINK FLOYD

Dentro do gênero experimental e progressivo, depois da fase psicodélica sob a liderança de Syd Barrett, no final dos anos 60, o Pink Floyd produziu três de seus melhores álbuns: o duplo *Ummagumma* (1969), *Atom Heart Mother* (1970) e *Meddle* (1971). O grupo ainda compôs a trilha *Obscured by Clouds* (1972) para o filme *La Vallée* e participou da famosa trilha do filme *Zabriske Point* (1970), de Michelangelo Antonioni.

A carreira do grupo tomaria um novo rumo com o lançamento do álbum *The Dark Side of The Moon* (1973). Para os fãs da banda até então, os próximos discos representam a fase mais comercial e descartável da banda. Para outros, o Pink Floyd se tornou uma banda de rock de arena. Isso ficou confirmado com o lançamento do álbum *Wish You Were Here* (1975), que traz dois dos sucessos mais comerciais e radiofônicos da banda, a faixa-título e "Shine on You Crazy Diamond", feita em homenagem a Syd Barrett. O auge do sucesso comercial do Pink Floyd aconteceu com o álbum *The Wall* (1979), que inspirou o filme *Pink Floyd The Wall* (1982), de Alan Parker.

O último álbum de estúdio foi *The Division Bell* (1994), seguido por discos ao vivo, como *Pulse* (1995). Oficialmente, pode-se dizer que a banda não acabou, pois, apesar de algumas baixas na formação original, vira e mexe o vocalista e guitarrista David Gilmour monta novamente seu circo para correr pelo mundo. O mesmo vale para Roger Waters, também vocalista e baixista, que já esteve duas vezes no Brasil trazendo como foco principal dos shows não apenas músicas de sua carreira solo, mas também as do Pink Floyd.

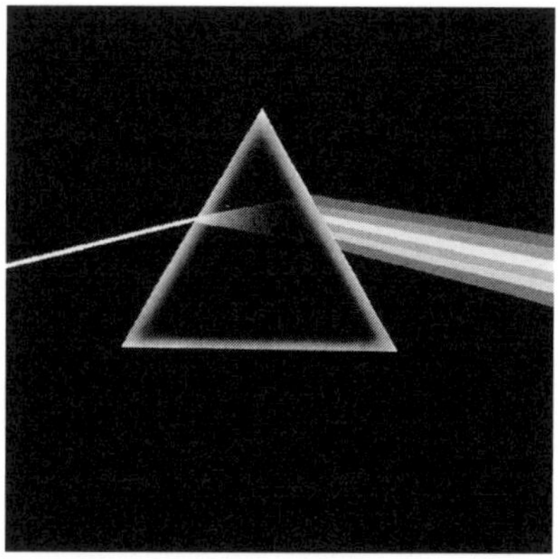

AS CAPAS DO PINK FLOYD

A maioria dos álbuns do Pink Floyd traz capas criadas por uma agência chamada Hipgnosis (grupo britânico de *designers* que se especializou em criar capas de discos para bandas de rock), que ficou famosa a partir do final da década de 60 e foi responsável pela maioria das capas que marcaram os anos 70. O trabalho gráfico sempre trazia uma referência ao título do álbum, e um dos mais interessantes foi a capa de *Atom Heart Mother*, do Pink Floyd. O título faz alusão a um dos primeiros transplantes feito com um coração de boi em uma mulher, e a capa traz simplesmente uma vaca em uma paisagem do interior da Inglaterra. Para o álbum *The Dark Side of The Moon*, eles criaram a imagem da luz atravessando o prisma e, dentro do vinil, encartaram pôsteres com imagens da Lua e da banda tocando ao vivo, além de adesivos.

A partir daí, começaram a jogar com elementos mais misteriosos e surreais nas capas do Pink Floyd: em *Wish You Were Here*, dois executivos se cumprimentam, e um deles está em chamas. Em *Animals*, porcos infláveis sobrevoam o prédio de uma usina de Battersea, em Londres. Já na era dos CDs, nos anos 90, a capa de *Pulse* vinha com uma luz (de verdade) piscando ou "pulsando", ligada numa bateria interna.

A Hipgnosis também fez capas para bandas como Led Zeppelin, Black Sabbath, Genesis, Yes e Deff Leppard, mas se dissolveu em 1983, embora um dos fundadores, Storm Thorgerson, ainda trabalhe com capas de álbuns.

TROCA DE GUITARRISTAS NOS STONES

Com o guitarrista Mick Taylor substituindo Brian Jones, os Stones gravaram mais uma série de álbuns clássicos no início da década: *Sticky Fingers* (1971), *Exile on Main Street* (1972), *Goats Head Soup* (1973) e *It's Only Rock and Roll* (1974). Após este último, Taylor abandonou a banda, mas, assim como seu antecessor, deixou uma grande contribuição à banda. Seu estilo blues adquirido na banda de John Mayall deu outra sonoridade à música dos Stones. Segundo Mick, ele sempre deu idéias de arranjos, porém nunca teve crédito nas composições. Ele declarou que a música "Time Waits for No One" foi praticamente toda composta por Taylor, embora ele não tenha levado crédito algum. A parceria entre Mick Jagger e Keith Richards sempre foi algo inabalável na carreira da banda e também a causa da saída de seus dois primeiros guitarristas.

Em *Black and Blue* (1976), quem substituiu Taylor foi Ron Wood, um velho amigo do grupo que até então tocava com Rod Stewart (na época já em carreira solo), além de ter feito parte do The Faces. Ron sempre sonhara em tocar com os Stones, e não há dúvida de que ele foi o guitarrista que melhor se adaptou à ditadura Jagger/Richards. Ele manteve uma carreira solo e lançou vários discos.

A banda ainda sofreria outra baixa em 1993, quando o baixista Bill Wyman resolveu cuidar de sua carreira solo e lançar sua autobiografia. Bill foi um dos primeiros Stones a gravar um álbum solo, *Monkey Grip* (1974). Alguns anos depois, Jagger e Richards também fariam o mesmo, no entanto nunca deixaram o grupo. Até mesmo o baterista Charlie Watts tem discos solo a partir de 1986, todos com orientação mais jazzística.

O INÍCIO DO HEAVY METAL: LED ZEPELLIN

O heavy metal tem suas raízes, para variar, na Inglaterra do final da década de 60, quando nomes como Cream, The Who, Jeff Beck Group e Jimi Hendrix começaram a tocar cada vez mais alto e pesado, usando e abusando das distorções no som das guitarras. O heavy metal acabou se tornando um dos estilos de rock mais populares entre os adolescentes, sendo muitas vezes criticado por sua teatralidade ou seus temas místicos, como bruxaria e ocultismo.

Se tivéssemos de mencionar uma banda como a pioneira desse gênero seria o Led Zeppelin, composto pelo guitarrista Jimmy Page, o vocalista Robert Plant, o baterista John Bonham e o baixista e tecladista John Paul Jones. Formado em 1969, seus dois primeiros discos podem ser considerados as sementes do heavy metal. *Led Zeppelin* (1969) era mais voltado às raízes do blues, mas já pegava pesado nos arranjos. Imediatamente eles conquistaram o público americano. No segundo álbum, *Led Zeppelin II* (1969), já eram campeões de vendas nos Estados Unidos, sendo superados apenas pelos Beatles. É nesse disco que aparece o primeiro clássico do hard rock e heavy metal, a faixa "Whole Lotta Love". *Led Zeppelin III* (1970) explorava também as raízes da música folk e trazia outra grande influência para a geração heavy: a música "Immigrant Song". O auge do grupo aconteceu a partir do quarto álbum, no qual a banda tocou ainda mais pesado. *Led Zeppelin IV* (1971) trouxe outros três grandes marcos: "Black Dog", "Rock and Roll" e a balada folk que os consagrou definitivamente na história do rock, "Stairway to Heaven". O lado místico sempre fascinou Page e Plant e, nesse mesmo disco, há uma canção chamada "The Battle of Evermore", cuja letra foi inspirada em parte da obra *O Senhor dos Anéis*.

O nome Led Zeppelin surgiu de um comentário feito pelo baterista do The Who, Keith Moon, dizendo que com aquela formação eles iriam abaixo, como um zepelim (zeppelin) de chumbo.

O lado místico foi amplificado no disco seguinte: *Houses of the Holy* (1973) veio com faixas mais longas e usou mais teclados e sintetizadores, trazendo muita polêmica por conta de sua capa. *Physical Graffiti* (1975) é um álbum duplo em que a banda incorporava várias tendências do rock, das raízes nos anos 50 ao folk, à psicodelia, ao blues e ao rock progressivo, destacando a clássica "Kashmir". Por conter uma estrutura musical muito mais elaborada e menos comercial que os anteriores, *Presence* (1976) passou despercebido por muitos anos e só mais recentemente teve seu valor musical descoberto, chegando a ser considerado, por muitos críticos, como um dos grandes álbuns da banda.

A HISTÓRIA POR TRÁS DE UMA CAPA CLÁSSICA

A famosa capa de *Houses of the Holy* foi inspirada no final do livro *Childhood's End*, de Arthur C. Clarke. A idéia era mostrar uma família escalando um lugar místico em busca de uma fonte de energia (que seria a própria banda). A agência Hipgnosis, citada anteriormente, foi chamada para a tarefa. As fotos foram tiradas na Irlanda do Norte, com três adultos e duas crianças (que eram irmãos). Mas o glorioso pôr-do-sol esperado não apareceu após várias sessões de fotos e, por fim, decidiu-se fazer uma colagem de fotos (apenas das crianças), que foram retrabalhadas. Quando o disco saiu, a capa era embalada por um papel japonês que continha apenas o nome da banda e o título do álbum, o que também era um modo de cobrir os bumbuns das crianças. Mesmo assim, por conta da nudez, o álbum foi proibido na Espanha e em alguns pontos dos Estados Unidos.

Depois de uma série de excursões bem-sucedidas pela Europa e pelos Estados Unidos, o Led Zeppelin resolveu lançar um álbum duplo gravado ao vivo no Madison Square Garden, em Nova York, *The Song Remains the Same* (1976), e ainda um filme documentando esse show. Lançado numa época em que o punk e a new wave dominavam as paradas na Europa, *In Through the Out Door* (1979) não fez concessões a nenhum modismo e continuou fiel à sonoridade da banda. O disco traz mais uma grande balada, "All My Love", e até um rock and roll na linha rockabilly dos anos 50, "Hot Dog". Esse foi o disco que marcou o brusco final do Led Zeppelin. Com a morte de John Bonham — considerado um dos melhores bateristas do rock de todos os tempos — um ano depois, a banda decidiu que não devia mais continuar. Robert Plant e Jimmy Page partiram para carreiras solo e o baixista John Paul Jones passou a produzir uma série de outras bandas.

BLACK SABBATH

Assim como o Led Zeppelin tem seus méritos pela criação de uma sonoridade heavy metal, o Black Sabbath pode ser considerado a tradução exata do estilo.

A banda começou em 1969 na cidade de Birmingham, Inglaterra, influenciada pelo som do Cream e dos americanos do Blue Cheer e do Vanilla Fudge. O nome veio de uma música inspirada em um livro de ocultismo escrita por Bill Ward, o baterista. O primeiro álbum, *Black Sabbath* (1970), já causou polêmica pela capa, que traz a foto de uma mulher sinistra em frente de uma casa ainda mais macabra. A dúvida paira até os dias de hoje: seria uma bruxa? Um fantasma? Será que ela era perigosa? Até hoje a banda não sabe nada sobre o fotógrafo, que apenas foi creditado como "Keef". Para piorar, os caras ainda foram tachados de anticristos, pois na capa interna aparece uma grande cruz invertida e um texto que evoca espíritos e bruxaria, fazendo referência à mulher da capa. Isso definiu muito bem o que seria o estilo da banda pelas décadas seguintes.

Eles não foram tão felizes na capa do segundo álbum, *Paranoid* (1970), que ironicamente trazia uma espécie de guerreiro medieval com capacete e sunga. A explicação seria que o disco, a princípio, levaria o título de *War Pigs*, e a capa tinha a ver com o guerreiro. Mas na última hora mudaram o nome e, como o álbum já estava sendo fabricado, não foi possível trocar a capa. Contudo esse lançamento trouxe o sucesso na Europa e nos Estados Unidos, e foi seguido por *Master of Reality* (1971) e *Black Sabbath, Vol. 4* (1972), um dos álbuns mais vendidos da banda, que traz a balada "Changes" (interessante que a inclusão de baladas no repertório das bandas de heavy metal acabou se tornando um ritual a partir do Led Zeppelin e do Black Sabbath). Outro campeão de vendas foi *Sabbath Bloody Sabbath* (1973). Na seqüência, tivemos *Sabotage* (1975), *Technical Ecstasy* (1976) e *Never Say Die* (1978).

Então o vocalista Ozzy Osbourne resolveu deixar a banda, e foi o final de uma das melhores formações do Black Sabbath, a qual, além de Ozzy, tinha o sensacional baterista Bill Ward, que também compunha a maioria das músicas, o guitarrista Tony Iommi e o baixista Geezer Butler. A partir de então, Ozzy partiu para sua brilhante carreira solo e o grupo começou a sofrer mudanças a cada disco. Essa formação original só foi se reencontrar em 1997, com o lançamento do álbum ao vivo *Reunion* (1998).

ALICE COOPER E KISS

Diante da consagração das bandas inglesas, os americanos decidiram arregaçar as mangas e lançar seus próprios grupos de heavy metal. Dois grandes nomes encabeçam essa lista: Alice Cooper e Kiss.

Vincent Furnier, natural de Detroit, começou usando o nome Alice Cooper para o personagem andrógino que encarnava durante seus shows. As apresentações eram regadas de violência: cenas com sangue falso, guilhotinas, decapitações e enforcamentos no palco, assim como uma performance com uma jibóia. Todo esse circo era regado por uma música fortemente influenciada pelos anos 60, psicodelia e rock progressivo. Alice começou a chamar a atenção do público com seus dois primeiros discos, *Pretties for You* (1969) e *Easy Action* (1970). Muito antes de as bandas glam surgirem com um visual andrógino, Cooper já aparecia com sua banda em trajes quase femininos, como na capa desse último álbum. A primeira música de sucesso, "I'm Eighteen", veio em *Love It to Death* (1971), seguido por aquele que é considerado por muitos como o seu álbum mais criativo, *Killer* (1971). Porém seus discos mais famosos e mais vendidos foram *Schools Out* (1972) e *Billion Dollar Babies* (1973). *Muscle of Love* (1973) foi seu último disco como banda. A partir dali, o grupo se desfez, Alice Cooper assumiu o nome e seguiu carreira solo, deixando um pouco de lado suas apresentações teatrais e fazendo um som cada vez mais heavy metal, a princípio recheado de baladas, com certo sucesso comercial. Ele se tornou uma influência para artistas como Marilyn Manson.

Formado em 1973, em Nova York, o Kiss também promovia seu teatro, mas era algo mais voltado para o glam rock e o som do New York Dolls. O visual andrógino era completado pelo exagero das maquiagens e as roupas mais exóticas do planeta. Muitas pessoas gostavam do Kiss mais pela maquiagem do que pelo som, no entanto em matéria de música eles também tinham muito a oferecer. Já no primeiro disco, *Kiss* (1974), a banda tinha clássicos como "Strutter" e "Deuce". Em *Dressed to Kill* (1975), havia o grande hit "Rock and Roll All Nite", e no mesmo ano foi lançado o álbum ao vivo que os consagraria definitivamente, *Alive!*. Depois disso, uma seqüência de discos premiados: *Destroyer* (1975), *Rock and Roll Over* (1976), *Love Gun* (1977) e *Alive II* (1977). Em 1978, cada integrante resolveu lançar seu álbum solo, chegando à década de 80 com mais uma série de álbuns bem-sucedidos. Em 1983, o Kiss resolveu tirar a maquiagem e lançou o álbum *Lick It Up*, com todos os integrantes na capa de "cara limpa".

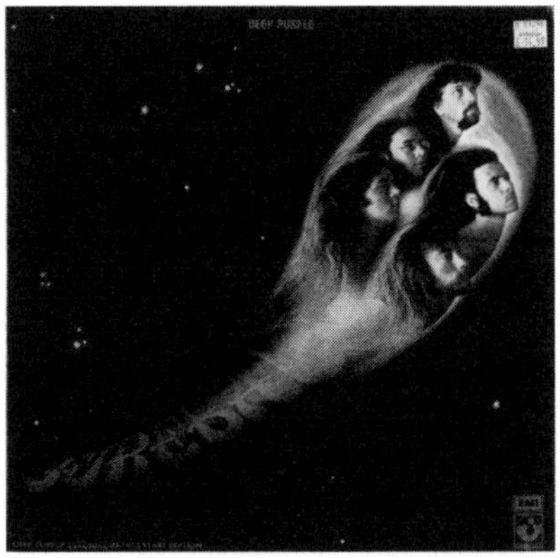

DEEP PURPLE

Mais uma banda que se enquadra em vários estilos é o Deep Purple, que pode ser classificado ao mesmo tempo como um grupo de hard rock, heavy metal e rock de arena. O primeiro álbum, *Shades of Deep Purple* (1968), ainda trazia resquícios da era psicodélica e dos anos 60 mesclados ao blues. Nesse disco, eles regravaram "Help", dos Beatles, e "Hey Joe", que já tinha sido sucesso com Jimi Hendrix. Mas a semente do som deles estava plantada na música "Hush". A formação clássica do Deep Purple aconteceria a partir de 1970, quando lançaram o álbum *Deep Purple in Rock*, que trazia Ritchie Blackmore na guitarra, Ian Gillan no vocal, Ian Pace na bateria, Roger Glover no baixo e John Lord nos teclados. *Fireball* (1972) é outro clássico da carreira deles, e o álbum favorito de Gillan. *Made in Japan* (1972) integra a lista dos melhores álbuns já gravados ao vivo. No mesmo ano, lançaram o grande clássico de toda a carreira da banda, *Machine Head*, que traz megahits como "Highway Star" e "Smoke on the Water". A partir do álbum *Burn* (1974), com Coverdale nos vocais, começaram as mudanças na formação da banda, o que acabou abalando um pouco sua produtividade. Os álbuns seguintes são bons, porém nada que se compare à fase áurea, entre 1969 e 1973.

RONNIE JAMES DIO

Ronnie James Dio, ou simplesmente Dio, é considerado a lenda e a grande voz do heavy metal. Sua primeira banda mais importante foi a ELF, na qual ele cantava e tocava contrabaixo, e que lançou três álbuns: *ELF* (1972), *Carolina County Ball* (1974) e *Trying to Burn the Sun* (1975). Dio foi então convidado por Ritchie Blackmore, ex-guitarrista do Deep Purple, para formar o Rainbow, que nessa fase fez três bons álbuns: *Ritchie Blackmore's Rainbow* (1975), *Rising* (1976) e *Long Live Rock and Roll* (1978), cuja faixa homônima virou praticamente um hino do heavy metal emergente. Após a notável passagem pelo Rainbow, preencheu a vaga de Ozzy Osbourne como vocalista do Black Sabbath, gravando três álbuns de estúdio: o clássico *Heaven and Hell* (1980), *The Mob Rules* (1981) e *Dehumanizer* (1992), além do ao vivo *Live Evil* (1982). Após essa fase, ele formou sua própria banda, Dio.

ROCK DE ARENA

A denominação rock de arena passou a ser usada a partir da década de 70, quando as bandas de hard rock e heavy metal começaram a ganhar popularidade e a lotar estádios e arenas. Uma série de nomes apareceu: Boston, Bad Company, Foreigner, Journey, Kansas, Styx, BTO, Grand Funk Railroad e Peter Frampton, entre outros.

Entretanto o fenômeno não era só americano. Da Austrália, por exemplo, vinha um dos nomes que marcariam a história do rock por várias décadas, o AC/DC. A banda foi formada em Sidney em 1973 pelos guitarristas e irmãos Malcolm e Angus Young, que nessa época tinham 20 e 18 anos, respectivamente. Sua irmã sugeriu para que Angus se apresentasse de uniforme escolar, calças curtas, camisa e gravata, e isso acabou se tornando sua marca registrada. Bon Scott trabalhava como motorista deles e certo dia o vocalista Dave Evans se recusou a subir no palco, então Scott imediatamente o substituiu e ficou na banda até sua morte, em 1980. O primeiro álbum a chamar a atenção da crítica foi *High Voltage* (1976). Em seguida veio *Let There Be Rock*, com o clássico "Whole Lotta Rosie". *If You Want Blood You've Got It* (1978), em que Angus Young aparece na capa sangrando com uma guitarra atravessada em seu peito, tem um dos melhores títulos para um álbum de rock ao vivo. O AC/DC havia se tornado uma das melhores bandas de heavy metal ao vivo graças à energia e à performance de Angus Young. O interessante é que em muitas bandas a estrela é o vocalista, mas nesse caso sempre foi Angus. Tanto que o sucesso da banda não foi abalado pela troca de vocalista quando Scott faleceu e foi substituído por Brian Johnson. A banda lançou então *Back in Black* (1980), um dos seus discos mais celebrados, que, além da faixa-título, tem hits como "You Shook Me All Night Long". O AC/DC atravessou com grandes êxitos a década de 80 e permanece até hoje como uma das grandes bandas de heavy metal graças ao estilo inconfundível de Angus Young.

Uma banda que merece ser citada no gênero hard rock/heavy metal e também na categoria de arena rock é o Grand Funk Railroad, que na verdade antecede a geração heavy metal. O hard rock apresentado pelo trio Mark, Don & Mel marcou o rock americano no início dos 70. A carreira do grupo é marcada por uma sucessão de grandes álbuns desde *Closer to Home* (1970). *Live Album* (1970) é outro exemplo de grandes álbuns de hard rock gravados ao vivo. O estilo de power trio do Grand Funk ficou mais evidente ainda com os lançamentos de *Survival* (1971) e *E Pluribus Funk* (1971). Mas o disco mais vendido foi *We're an American Band* (1973), que os consagrou como uma das melhores bandas de rock de arena da década. Eles pararam em 1983, depois do álbum *What's Funk?*, mas se reuniram novamente em 1997 para a gravação de um álbum beneficente, *Bosnia*.

Nessa lista de bandas também se encaixa o Aerosmith, que começou fazendo um som entre o hard rock e o heavy metal, repleto de nuances do blues e fortemente influenciado pelos Rolling Stones e pelo New York Dolls. A carreira do grupo começou no início dos 70 com o álbum *Aerosmith* (1973) e continuou em alta até o final da década, no entanto entrou em baixa no início dos 80, quando o vocalista Steven Tyler e outros membros da banda enfrentaram problemas com álcool e drogas.

Em 1986 promoveram uma das voltas mais celebradas do rock, primeiro com a gravação de "Walk This Way", com o Run-D.M.C., e no ano seguinte com o álbum *Permanent Vacation*, que tinha entre os hits a balada "Angel". A partir de então mantiveram uma carreira de sucessos que os consagrou definitivamente como uma das bandas mais populares do rock de arena.

A NOVA GERAÇÃO DO HEAVY METAL BRITÂNICO

No final da década, apareceu na Inglaterra uma nova geração do heavy metal chamada "New Wave of British Heavy Metal", em que se destacaram nomes como Judas Priest e Motörhead. Essas bandas faziam um estilo de heavy metal tocado com mais velocidade e de modo mais ameaçador do que antes.

A primeira banda dessa geração foi o Judas Priest, que começou em 1974 influenciado por Black Sabbath e Led Zeppelin. Após lançarem sete discos durante a década, se estabeleceram como um dos grandes nomes do heavy metal com o álbum *British Steel* (1980), que trazia o hit "Breaking the Law". A partir daí, o visual da banda ficou marcado pelas roupas de couro e tachas usadas pelas gangues de motoqueiros.

Já o Motörhead foi a banda inglesa que mais influenciou as gerações posteriores de speed metal e thrash metal. Eles apareceram na época do punk rock inglês, mas vieram antes do Sex Pistols e não faziam punk rock. Apenas agregavam elementos da banda anterior do líder Lemmy, Hawkwind, associados ao speed do punk rock. O grupo adotou um visual de motoqueiros inspirados no lado mais trash e rebelde dos Hell's Angels dos anos 60. Entre seus melhores álbuns, destacam-se *Bomber* (1979), *Overkill* (1979) e *Ace of Spades* (1980).

VAN HALEN

Vindo da Califórnia, o Van Halen trazia em sua formação duas figuras emblemáticas: o guitarrista Eddie Van Halen e o vocalista David Lee Roth. A banda estreou em disco com um álbum homônimo em 1978, e já começou bastante elogiada, com os críticos considerando esse trabalho como uma das melhores estréias de uma banda heavy metal. O sucesso se confirmou com *Van Halen II* (1979), que trouxe o hit "Dancin' the Night Away". Em *Diver Down* (1982), regravaram alguns clássicos do rock and roll, entre eles "(Oh) Pretty Woman", de Roy Orbison, que chegou ao topo das paradas. O álbum *1984* veio com mais dois grandes hits da banda: "Jump" e "Panama". No ano seguinte, David saiu do grupo e, em seu lugar, entrou Sammy Hagar. Muitos achavam que o novo vocalista não se encaixaria, mas o disco seguinte, *5150* (1986), explodiu nas paradas e o grupo prosseguiu sua carreira até 1998.

URIAH HEEP

Uma das mais importantes e populares bandas britânicas de heavy metal, misturado com rock progressivo e hard rock. O Uriah Heep começou em Londres em 1970 e seus primeiros discos com o vocalista David Byron são considerados clássicos do gênero. O álbum *Very 'Eavy...Very 'Umble* (1970) os definia como uma banda heavy metal. A capa desse disco passava um clima macabro, muitas vezes comparado ao primeiro disco do Black Sabbath, mas o som, apesar das letras místicas, explorava mais as tendências progressivas. *Look at Yourself* (1971), considerado pelos críticos como o melhor disco de sua carreira, e *Salisbury* (1971) são dois grandes álbuns. *Demons and Wizards* (1972), o álbum mais vendido da banda, teve a capa desenhada por Roger Dean, que fazia as capas do Yes. Animados com o sucesso desse disco, no mesmo ano lançaram *The Magician's Birthday*, com mais uma belíssima capa criada por Dean. Com certeza a fase mais criativa do Uriah Heep concentra-se nessa discografia inicial. Em 1977, David Byron deixou a banda, que, nos vinte anos seguintes, ainda trocaria várias vezes sua formação.

ZZ TOP

O ZZ Top é um trio texano formado em 1970 por Billy Gibbons, Dusty Hill e Frank Beard. O visual deles sempre chamou a atenção pela enorme barba de Billy e Dusty. O mais engraçado é que o baterista não tem barba, mas seu pseudônimo traz o sobrenome "Beard" (barba, em inglês). Seus quatro primeiros álbuns são os mais recomendáveis: *ZZ Top's First Album* (1970), *Rio Grande Mud* (1972), *Tres Hombres* (1973) e *Fandango* (1975). Mesmo assim, a banda continuou produzindo bons discos na década de 80 e caiu um pouco na produção durante os anos 90.

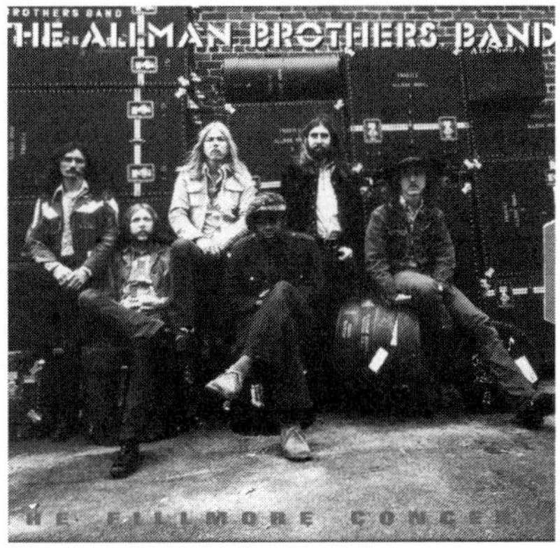

SOUTHERN ROCK

Esse estilo pode ser definido como uma mistura do hard e blues do final da década de 60 com o country e sua variante do sul dos Estados Unidos honky tonk. A primeira banda desse gênero a aparecer foi o Allman Brothers, cujo som era uma fusão de influências de bandas como Cream e Grateful Dead, mas mantendo as raízes do rock and roll, do blues e do country. O primeiro disco saiu em 1969, contudo foi com o álbum ao vivo *At Fillmore East* (1971) que eles conquistaram o status de uma das mais influentes bandas americanas dos anos 70. Entretanto, eles atravessariam as décadas seguintes com várias mudanças em sua formação. Em outubro de 1971, Duane Allman, guitarrista e fundador do grupo, morreu em um trágico acidente de moto. Seu irmão, Greg Allman, vocalista e tecladista, assumiu a liderança da banda, que até hoje é uma das mais respeitadas bandas de rock e blues dos Estados Unidos. Outros discos essenciais do Allman Brothers: *Idlewild South* (1970), *Eat a Peach* (1972), *Brothers and Sisters* (1973), *Win, Loose or Draw* (1975), *Wipe the Windows, Check the Oil, Dollar Gas, Live* (1976) e *Enlightened Rogues* (1979).

Lynyrd Skynyrd começou no final dos anos 60, na Flórida, misturando country, blues e rock, e pode ser considerado uma verdadeira banda de southern rock. O título do primeiro disco, *(pronounced 'l?h-'nérd 'skin-'nérd)*, de 1973, é uma brincadeira com a pronúncia do nome da banda, que é o nome de um professor de ginástica chamado Leonard Skinner, conhecido por punir os estudantes de cabelo comprido. Nessa estréia, está o primeiro grande hit da banda, "Free Bird", que mais tarde seria eternizado em uma versão de 13 minutos no álbum ao vivo *One More from The Road* (1976). Outros discos clássicos do grupo são *Second Helping* (1974), *Nuthin' Fancy* (1975), *Gimme Back My Bullets* (1976) e *Street Survivors* (1977). Esse último foi para as lojas alguns dias antes de eles sofrerem um trágico acidente aéreo que matou dois membros do grupo, o vocalista Ronnie van Zant e o guitarrista Steve Gaines, além de integrantes da banda de apoio e equipe técnica. Depois disso, a banda resolveu parar e só voltou em 1988.

Ainda nessa linha southern rock, vale mencionar nomes como Little Feat, The Marshal Tucker Band, The Outlaws, Atlanta Rhythm Section, Black Oak Arkansas, The Dixie Dregs e Ozark Mountain Daredevils.

COUNTRY ROCK

Esse estilo foi mais uma tendência forte da década, mas, na verdade, surgiu no final dos anos 60. O country rock era composto essencialmente de bandas de rock que tocavam country music, inspiradas em grandes nomes do estilo como Merle Haggard, Buck Owens e Hank Williams.

Historicamente, a primeira banda a fazer country rock foi o Flying Burrito Brothers. A banda era liderada por Gram Parsons — considerado o pai do country rock —, que fizera parte de uma das formações dos Byrds e gravara com eles o disco mais country da banda, *Sweetheart of the Rodeo*, além de trabalhar com a cantora Emmylou Harris. Ele ainda gravou em carreira solo até sua morte por overdose em 1973. O corpo de Parsons foi raptado por seu *road manager* (responsável por organizar as turnês), que o incinerou no deserto de Joshua Tree, pois, segundo ele, era o desejo do cantor.

Um dos discos de country rock mais vendidos na década foi *Hotel California* (1976), dos Eagles. A música se tornou um dos maiores clássicos da história do rock. Eles também são um dos grupos de maior sucesso dos anos 70, com quatro álbuns na lista dos mais vendidos. Outros discos clássicos da banda são *Eagles* (1972), *Desperado* (1973), *On the Border* (1974), *One of These Nights* (1975) e *The Long Run* (1979).

Uma das mais famosas e cultuadas bandas do final dos 60 e início dos 70 foi o Creedence Clearwater Revival. Eles não eram exatamente uma banda de country rock, porém tinham o country e o rockabilly entre suas principais influências. Liderados pelo genial guitarrista e compositor John Fogerty, vinham da Califórnia, mas não haviam sucumbido às tendências psicodélicas da época. Simplesmente faziam sua mistura de rock, blues, country e rockabilly em canções com um teor altamente pop, somente comparável às músicas dos Beatles na época. A banda fez excelentes álbuns, no entanto seus maiores hits foram em compactos. Sua discografia não é muito extensa, mas o suficiente para tornar o Creedence uma das mais cultuadas bandas da década. Depois da dissolução do grupo em 1972, John Fogerty continuou em carreira solo, mantendo o estilo da banda.

Outros expoentes desse gênero durante a década de 70 foram Poco, Pure Prairie League, The Nitty Gritty Dirty Band, Alabama, as cantoras Emmylou Harris e Linda Ronstadt, e o grande Bob Dylan e a banda que o acompanhava na época, The Band.

DISCO MUSIC

A disco music nasceu nas boates gays de Nova York no início da década, quando os DJs tocavam certas músicas que faziam sucesso nas pistas e depois se popularizavam nas rádios. O nome "disco" foi justamente inspirado por essas discotecas.

O primeiro grande marco desse gênero foi o grupo Hues Corporation, com a música "Rock the Boat", em 1974. Bee Gees, Donna Summer, Gloria Gaynor e KC & Sunshine Band se tornaram astros da disco music. Uma das músicas que fizeram muito sucesso nos clubes foi "Disco Inferno", com o The Tramps. A dupla Nile Rodger e Bernard Edwards compôs e produziu hits para o seu próprio grupo, o famoso Chic, e também para outros artistas, como Sister Sledge. Veteranos do R&B como Marvin Gaye, The Miracles e Edwin Starr entraram na onda disco. Vicki Sue Robinson, Alicia Bridges e Evelyn "Champagne" King tornaram-se divas do gênero.

Em 1977, um grupo criado para a platéia gay explodiu nas paradas disco com um estereótipo de personagens americanos do dia-a-dia: cowboy, índio, soldado, motoqueiro e construtor. Era o Village People. No ano seguinte, eles estouraram nas paradas com "Y.M.C.A." e "Macho Man".

O fenômeno disco também atingiu a Europa. Na Alemanha, um talentoso produtor e músico chamado Giorgio Moroder descobriu aquela que se tornaria a maior estrela do gênero, Donna Summer, que dominou as paradas desde 1974 com sucessos como "Love to Love You Baby", "I Feel Love" e "Hot Stuff", entre muitos outros.

Até mesmo Michael Jackson, que muita gente conhece melhor por seu sucesso na década de 80, teve muito êxito na era disco. Seu álbum *Off the Wall* (1979) foi um marco do gênero e emplacou vários hits.

O REVIVAL DO MOD

No final da década de 70, começou na Inglaterra um revival do mod, com forte influência das bandas dos anos 60 como Small Faces, The Who, Creation, Pretty Things e The Zombies. A mais importante das bandas do estilo foi sem dúvida o The Jam, um dos grupos mais populares na Inglaterra, depois do Clash e Sex Pistols. Seu primeiro disco, *In the City* (1977), agradou até as platéias punks. Em seus trabalhos posteriores, o grupo passou a ser cada vez mais influenciado pelos *sixties* e pela sonoridade da Motown, e isso se deve em grande parte ao vocalista e guitarrista Paul Weller. Além do disco de estréia, seus melhores álbuns são *This Is the Modern World* (1977), *All Mod Cons* (1978), *Setting Sons* (1979) e *Sound Affects* (1980). No final de 1982, a banda se separou e Weller montou outro grupo, o Style Council, que fez muito sucesso nos anos 80.

Outras bandas e álbuns que se destacaram nesse revival do mod foram The Merton Parkas com *Face in The Crowd* (1969), Secret Affair com *Glory Boys* (1979), The Lambrettas com *Beat Boys in the Jet Age* (1980), Purple Hearts com *Beat That!* (1980) e The Chords com *So Far Away* (1980).

PUNK ROCK

O punk rock foi uma reação dos jovens ingleses contra uma série de acontecimentos da época, e indicou uma volta às raízes do rock and roll: poucos acordes, melodia fácil e uma energia e peso nas guitarras jamais ouvidos na história do rock. A juventude inglesa da época precisava de uma nova expressão musical, pois a década ficava cada vez mais enjoativa com as bandas de rock progressivo tocando músicas de mais de dez minutos, fazendo solos intermináveis e os shows de rock se transformando em superproduções. O heavy metal se tornara um estilo fastidioso, e muitas bandas, como o Kiss, "traíam" seus fãs gravando até disco music. Tudo era cada vez mais distante da realidade da juventude.

A reação dos jovens ingleses foi voltar às raízes do rock, tanto na música como nos trajes: o bom e velho *blue jeans* surrado, as jaquetas de couro, as botas Doc Martens (no Brasil, coturnos) e, para enfeitar, alfinetes, bótons e cabelos descoloridos ou com muitas cores. A música não podia ter mais do que três minutos e tudo deveria ser muito rápido e urgente. A influência musical do punk vinha dos Stooges, do New York Dolls e das bandas de garagem dos anos 60, como The Sonics. Se falasse mal da rainha e de toda a monarquia inglesa, melhor ainda.

Margaret Thatcher era a maior vítima dos punks. O desemprego corria solto pelo Reino Unido e as bandas vinham dos subúrbios. Eram todos de classe operária, sem grana para comprar roupas de grandes grifes. Eles então invadiram a Kings Road — rua do bairro chique Chelsea, onde se instalavam as melhores butiques, no centro de Londres — e criaram suas próprias lojas para vender roupas baratas e que se enquadrassem no visual punk. Malcolm MacLaren e Vivienne Westwood abriram a primeira butique punk por lá, chamada Sex. Vivienne criou os primeiros modelitos de calças *bondage*, as famosas calças de tecido escocês, com vários zíperes.

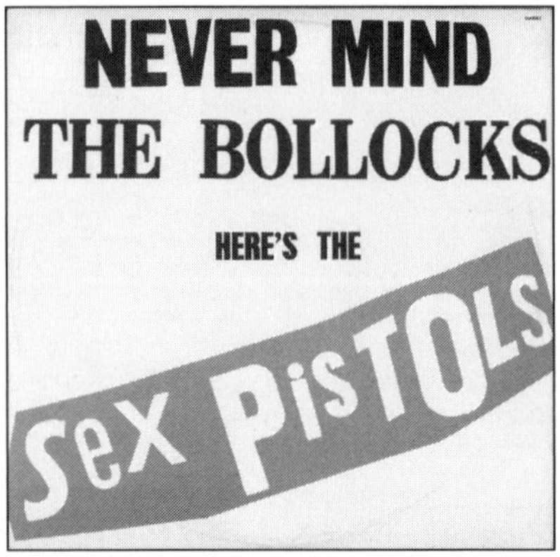

SEX PISTOLS

Malcolm McLaren tinha sido empresário do New York Dolls e foi em sua butique, na Kings Road, que o Sex Pistols começou: o baixista Glen Matlock trabalhava na loja, o baterista Paul Cook e o guitarrista Steve Jones eram fregueses. Os dois resolveram formar um grupo e apareceu Johnny Rotten para ser o vocalista. Malcolm organizou tudo e decidiu empresariar a banda. Eles assinaram um contrato com a gravadora EMI, que o cancelou assim que eles gravaram a primeira música, "Anarchy in the UK", em virtude do escândalo causado com o lançamento desse compacto. Johnny era arrogante com a mídia e cantava sobre anarquia, aborto, violência, fascismo e apatia.

Em seguida, o grupo assinou com a Virgin Records e lançou o compacto *God Save The Queen*, que foi proibido de tocar na BBC. Na época, Glen saiu da banda, e seu substituto, Sid Vicious, mal sabia tocar contrabaixo, mas tinha o visual e a rebeldia que a banda precisava. *Never Mind The Bollocks, Here's the Sex Pistols* (1977) foi o primeiro e único álbum de estúdio. Em janeiro de 1978, a banda embarcou para uma turnê pelos Estados Unidos que durou somente 14 dias e, depois disso, o grupo acabou. Johnny, usando seu verdadeiro nome, John Lydon, montou a banda PIL. Sid Vicious tentou uma carreira solo, mas, depois de ser acusado de matar a namorada, Nancy, acabou se tornando um grande causador de problemas, tanto pelo vício em heroína como pela automutilação, que praticava cortando com gilete o próprio corpo. Em um show no Texas, chamou o público de "bicha" e quebrou seu contrabaixo na cabeça de um garoto que assistia à performance. Paul Cook e Steve Jones montaram uma nova banda chamada The Professionals, que gravou apenas um álbum antes de acabar. Em 1996, celebrando os vinte anos da banda, o Sex Pistols se reuniu com o baixista original Glen Matlock e fez uma excursão pelo mundo. O cineasta Julien Temple documentou a reunião no filme *O Lixo e a Fúria* (1996).

THE CLASH

Muitos consideram o Sex Pistols a primeira banda de punk rock, mas o The Clash pode ser considerado como os verdadeiros punks britânicos. A musicalidade, as ideologias e a atitude do grupo marcaram uma carreira repleta de discos históricos, que exploravam várias tendências do rock, graças aos seus dois compositores e guitarristas, Joe Strummer e Mick Jones. Primeiro foi o pioneirismo de misturar reggae e punk e resgatar antigos hits da reggae music. Depois, as influências do rockabilly, do jazz e do R&B de Nova Orleans e da tendência dub do reggae.

O primeiro álbum, *The Clash* (1977), pode ser considerado um clássico do gênero. Em seguida vieram *Give'em Enough Rope* (1978), *London Calling* (1979), *Sandinista!* (1980), *Combat Rock* (1982) e *Cut the Crap* (1985).

A banda acabou em 1986, logo após lançar um dos discos mais fracos de sua carreira, *Cut The Crap*, que já não contava com a formação original, pois Mick Jones havia saído para montar o Big Audio Dynamite. Strummer seguiu carreira solo e, até sua morte em 2002, gravou e se apresentou com sua banda, The Mescaleros.

BANDAS FUNDAMENTAIS DO PUNK ROCK

BUZZCOCKS

Foi uma das mais famosas entre as bandas não engajadas politicamente. O Buzzcocks veio de Manchester e fez sucesso com letras mais românticas e adolescentes. O grande hit foi "Ever Fallen In Love?", do álbum *Love Bites* (1978), mais tarde regravada nos anos 80 pelo Fine Young Cannibals. Além de seus três primeiros álbuns, que são indispensáveis, o grupo lançou uma das melhores coletâneas de compactos da era punk: *Singles Going Steady* (1979).

EDDIE & THE HOT RODS

O grupo fez parte da geração pub rock (variação mais despretensiosa do rock, com referências às raízes do gênero), e seus três primeiros álbuns são clássicos desse gênero: *Teenage Depression* (1976), *Life on the Line* (1977) e *Thriller* (1977).

SIOUXSIE AND THE BANSHEES

Liderada pela vocalista Siouxsie Sioux, a banda começou em 1976 e trazia nos primeiros shows Sid Vicious tocando bateria, um ano antes de ser baixista do Sex Pistols. O primeiro álbum é um clássico do gênero: *The Scream* (1978). Siouxsie também atravessou gerações, pois seu estilo acabou sendo absorvido na década de 80 pelos góticos. É uma das poucas bandas que tem uma discografia impecável. Quase todos os seus álbuns são recomendáveis.

SHAM 69

Muitos consideravam o Sex Pistols uma banda "pré-fabricada" e o The Clash como sendo liderado por um filho de diplomata. O Sham 69 foi uma autêntica banda punk vinda da classe operária, e se tornou porta-voz dos jovens do subúrbio. Não eram tão aclamados pela imprensa como os Pistols ou o Clash, mas tiveram uma importância muito grande na primeira leva de bandas de punk rock que surgiu a partir de 1977. Liderados pelo vocalista Jimmy Pursey, seu primeiro álbum foi *Tell Us the Truth* (1978). Os dois melhores álbuns foram *That's Life* (1978) e *The Adventures of the Hersham Boys* (1979).

THE ADVERTS

No grupo dos pioneiros, o The Adverts pode ser considerado o grupo punk de sonoridade mais crua — talvez pela pouca experiência de seus músicos —, mas que ganhava na criatividade. O primeiro álbum, *Crossing the Red Sea with the Adverts* (1978), é considerado um clássico do que se pode chamar de art punk. A banda não teve longevidade, pois gravou apenas mais um álbum e se desfez.

THE BOOMTOWN RATS

The Boomtown Rats foi uma banda irlandesa liderada pelo vocalista Bob Geldof, que lançou seu primeiro álbum em 1977. No segundo disco, *A Tonic for the Troops* (1978), já misturava o punk com outras tendências que acabaram levando-a para o *time* da new wave.

THE DAMNED

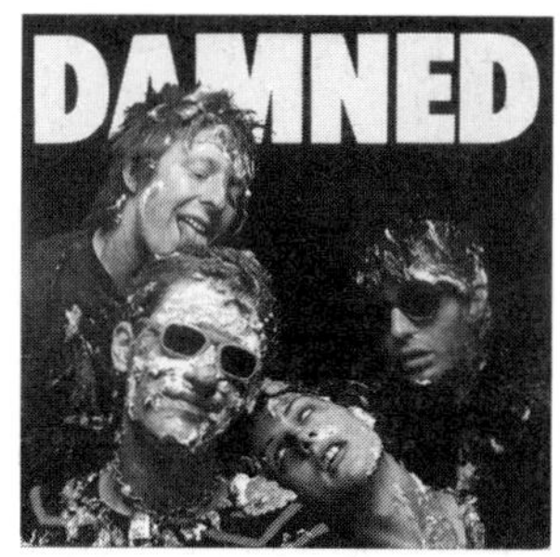

Considerada historicamente a primeira banda britânica de punk a gravar, The Damned começou na mesma época do The Clash e do Sex Pistols. O primeiro compacto saiu em 1976 com a música "New Rose", e o primeiro álbum foi *Damned, Damned, Damned* (1977). O segundo, *Music for Pleasure* (1977), foi um choque para os punks que odiavam as grandes bandas, uma vez que foi produzido por Nick Mason, baterista do Pink Floyd. A idéia original era que Syd Barrett o produzisse, mas seu estado de saúde não permitia. Descontentes com esse segundo disco, a banda partiu para um terceiro álbum elogiadíssimo pela crítica, *Machine Gun Etiquete* (1979). Apesar de não conter toda a energia punk do primeiro disco, o trabalho seguinte, *The Black Album* (1980), explora outras sonoridades com excelentes resultados.

THE REZILLOS

Proveniente de Edimburgo, na Escócia, o Rezillos tem em sua formação uma das mais carismáticas vocalistas do punk: Fay Fife. Com apenas dois álbuns lançados entre 1978 e 1979 (o segundo gravado ao vivo), a banda se tornou uma referência no punk rock. Houve outras formações da banda nos anos 80 e 90.

THE STRANGLERS

O sensacional The Stranglers tinha uma atitude punk, mas na verdade fazia um som mais elaborado, explorando os teclados. Às vezes parecia uma versão punk dos The Doors, com as devidas reservas. A banda atravessou décadas, mas suas verdadeiras obras-primas estão no final da década: *Rattus Norvegicus* (1977), *No More Heroes* (1977), *Black & White* (1978) e *The Raven* (1979).

THE UNDERTONES

Vindo do norte da Irlanda, o grupo The Undertones não tinha todo o glamour da moda punk, pois eram garotos da classe operária que pretendiam fazer um estilo que misturasse o punk do Sex Pistols com as melodias pop da década de 60. O primeiro compacto, *Teenage Kicks*, chamou a atenção de John Peel, da BBC — o mais famoso DJ inglês de todos os tempos —, que passou a tocá-lo. A música tornou-se um hino da geração punk e também a canção da vida de John Peel, tendo sido executada em seu funeral em 2004. A banda fez grandes compactos e lançou três ótimos álbuns.

THE VIBRATORS

Apareceram na mesma época que o Sex Pistols e o The Clash e dividiram o palco com eles em suas primeiras apresentações. A banda continua em atividade, apesar de mudanças na formação no decorrer dos anos. Seus melhores álbuns são *Pure Mania* (1977) e *V2* (1978).

X-RAY SPEX

O grupo teve apenas um álbum clássico, *Germ Free Adolescents* (1977), e foi responsável por um dos grandes compactos da era punk, *Oh Bondage, Up Yours*, que tinha um tom feminista dado pela vocalista Poly Styrene.

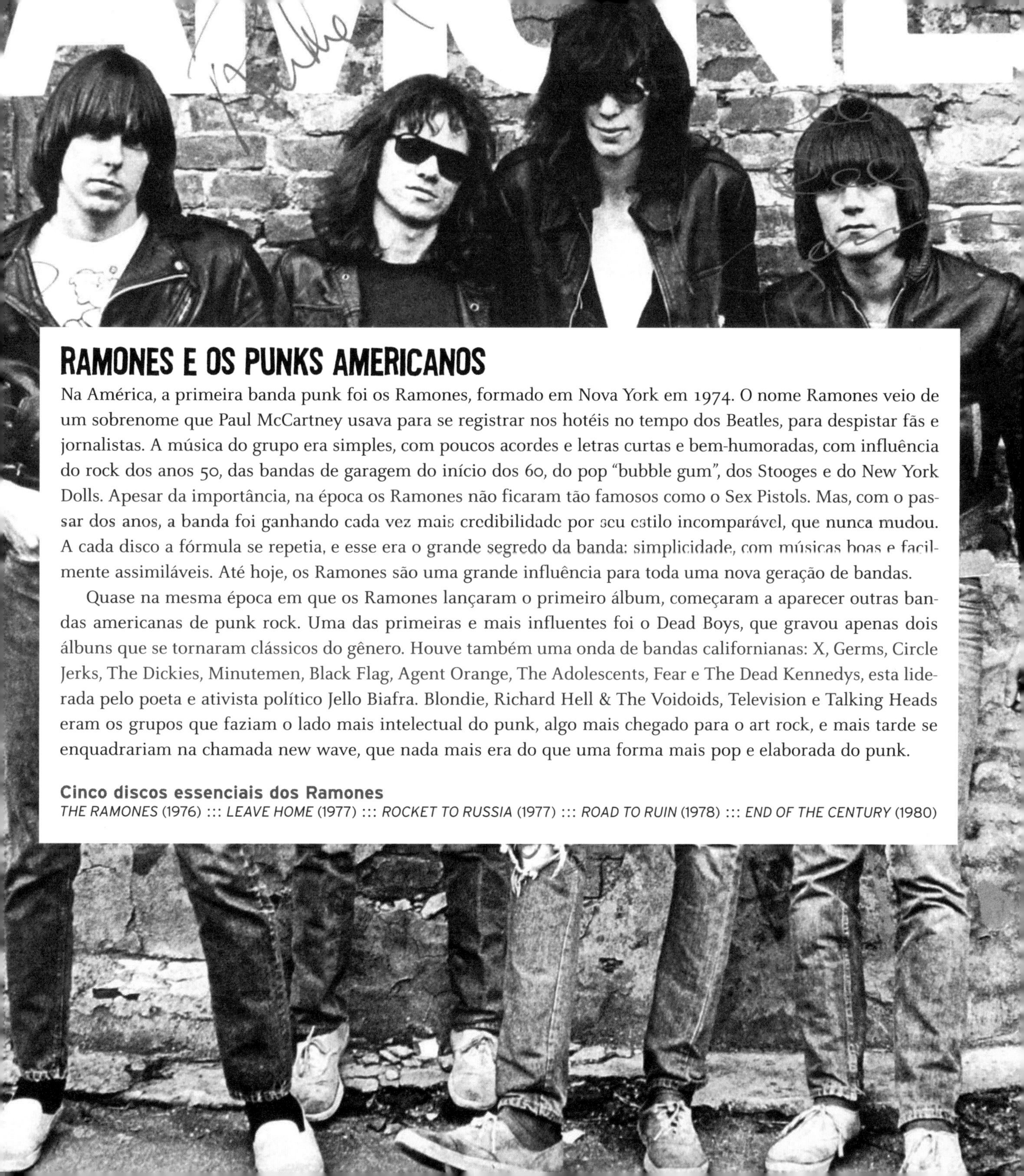

RAMONES E OS PUNKS AMERICANOS

Na América, a primeira banda punk foi os Ramones, formado em Nova York em 1974. O nome Ramones veio de um sobrenome que Paul McCartney usava para se registrar nos hotéis no tempo dos Beatles, para despistar fãs e jornalistas. A música do grupo era simples, com poucos acordes e letras curtas e bem-humoradas, com influência do rock dos anos 50, das bandas de garagem do início dos 60, do pop "bubble gum", dos Stooges e do New York Dolls. Apesar da importância, na época os Ramones não ficaram tão famosos como o Sex Pistols. Mas, com o passar dos anos, a banda foi ganhando cada vez mais credibilidade por seu estilo incomparável, que nunca mudou. A cada disco a fórmula se repetia, e esse era o grande segredo da banda: simplicidade, com músicas boas e facilmente assimiláveis. Até hoje, os Ramones são uma grande influência para toda uma nova geração de bandas.

Quase na mesma época em que os Ramones lançaram o primeiro álbum, começaram a aparecer outras bandas americanas de punk rock. Uma das primeiras e mais influentes foi o Dead Boys, que gravou apenas dois álbuns que se tornaram clássicos do gênero. Houve também uma onda de bandas californianas: X, Germs, Circle Jerks, The Dickies, Minutemen, Black Flag, Agent Orange, The Adolescents, Fear e The Dead Kennedys, esta liderada pelo poeta e ativista político Jello Biafra. Blondie, Richard Hell & The Voidoids, Television e Talking Heads eram os grupos que faziam o lado mais intelectual do punk, algo mais chegado para o art rock, e mais tarde se enquadrariam na chamada new wave, que nada mais era do que uma forma mais pop e elaborada do punk.

Cinco discos essenciais dos Ramones

THE RAMONES (1976) ::: *LEAVE HOME* (1977) ::: *ROCKET TO RUSSIA* (1977) ::: *ROAD TO RUIN* (1978) ::: *END OF THE CENTURY* (1980)

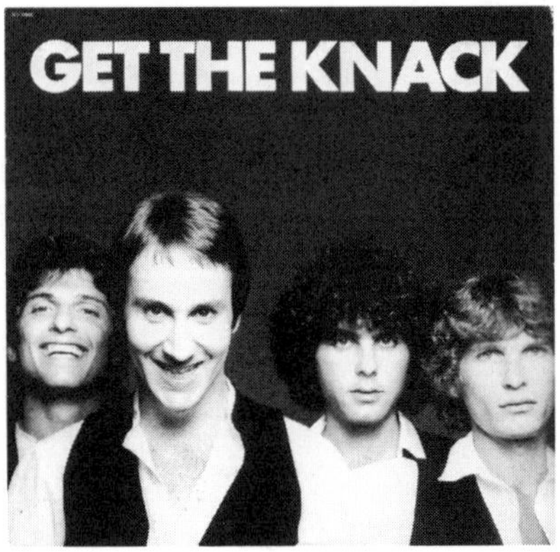

POWER POP

Mais um subgênero que apareceu no final da década de 70 e cresceu no início dos 80. A fórmula do power pop misturava a energia do rock do The Who com as melodias "assobiáveis" dos Beatles e dos Beach Boys e a textura musical dos Byrds. As influências vinham de The Raspberries (banda dos anos 70 liderada pelo cantor Eric Carmen), Badfinger (descobertos pelos Beatles) e Big Star (também da década de 70 e uma das mais cultuadas bandas americanas de todos os tempos).

Na década de 80, ficaram famosos com esse estilo os grupos Cheap Trick, The Knack, The Romantics e Dwight Twilley. Outros foram apenas cultuados: The Shoes, The Nerves e 20/20.

Na Inglaterra, um dos incentivadores do power pop foi o guitarrista, compositor e produtor Nick Lowe. Outro produtor da década de 80 que gravou bons discos do gênero foi Dave Edmunds.

Álbuns recomendados de power pop

*SHAKE SOME ACTION*_**THE FLAMIN' GROOVIES** (1976) ::: *CHEAP TRICK*_**CHEAP TRICK** (1977) ::: *THE RUBINOOS*_**THE RUBINOOS** (1977) ::: *APPROVED BY THE MOTORS*_**THE MOTORS** (1978) ::: *PURE POP FOR NOW PEOPLE*_**NICK LOWE** (1978) ::: *... BUT THE LITTLE GIRLS UNDERSTAND*_**THE KNACK** (1979) ::: *REPEAT WHEN NECESSARY*_**DAVE EDMUNDS** (1979) ::: *SHADES IN BED*_**THE RECORDS** (1979) ::: *DEFACE THE MUSIC*_**UTOPIA** (1980) ::: *IN HEAT*_**THE ROMANTICS** (1983)

Álbuns que influenciaram o power pop

*NO DICE*_**BADFINGER** (1970) ::: *RASPBERRIES*_**THE RASPBERRIES** (1972) ::: *SOMETHING/ANYTHING?*_**TODD RUNDGREN** (1972) ::: *RACIO CITY*_**BIG STAR** (1974)

NEW WAVE

Uma forma mais pop e musicalmente diversificada do punk, a new wave, também surgiu no final da década e continuou pelos anos 80, intensificada pelo aparecimento da MTV e pela maior divulgação do videoclipe. Alguns dos representantes do gênero foram Gang of Four, Pil, The Slits, Swell Maps, Wire, The Fall e The Pop Group.

Um dos primeiros músicos ingleses a usar sintetizadores e criar um som new wave e o chamado synthpop foi Gary Numan. Seus quatro primeiros álbuns tornaram-se clássicos do gênero: *Tubeway Army* (1978), *Replicas* (1979), *The Pleasure Principle* (1979) e *Telekon* (1980). Ele continua na ativa até os dias de hoje e se tornou uma figura cultuada pelos ingleses.

Álbuns fundamentais da new wave

*TALKING HEADS: 77*_**TALKING HEADS** (1977) ::: *HEAVEN TONIGHT*_**CHEAP TRICK** (1978) ::: *PARALLEL LINES*_**BLONDIE** (1978) ::: *THE CARS*_**THE CARS** (1978) ::: *ARMED FORCES*_**ELVIS COSTELLO AND THE ATTRACTIONS** (1979) ::: *DRUMS AND WIRES*_**XTC** (1979) ::: *DUTY NOW FOR THE FUTURE*_**DEVO** (1979) ::: *THE B-52'S*_**THE B-52'S** (1979) ::: *THE SPECIALS*_**THE SPECIALS** (1979) ::: *ZENIATTA MONDATA*_**THE POLICE** (1980) ::: *DARE*_**THE HUMAN LEAGUE** (1981) ::: *BUSINESS AS USUAL*_**MEN AT WORK** (1982) ::: *SHE'S SO UNUSUAL*_**CYNDI LAUPER** (1982) ::: *ALL OVER THE PLACE*_**THE BANGLES** (1984)

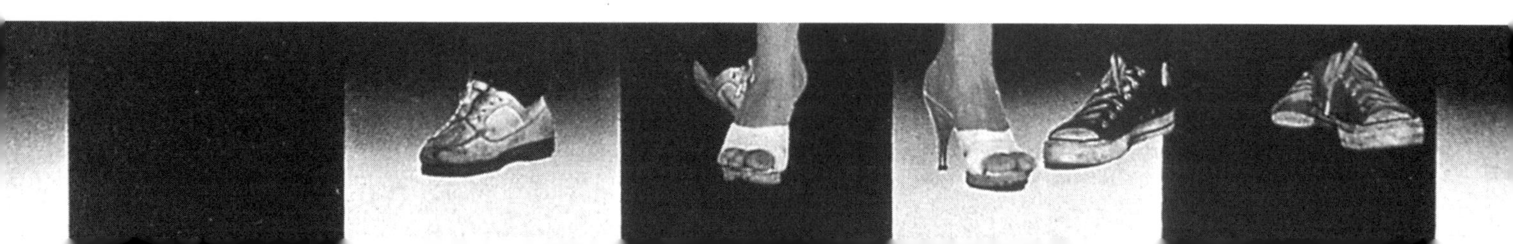

OS MUTANTES

O grupo continuou a marcar presença na década de 70. *A Divina Comédia ou ando meio desligado* (1970) é um disco clássico, que marca a transição da banda do tropicalismo para o rock. Os discos posteriores, *Jardim elétrico* (1971) e *Mutantes e seus cometas no país do Baurets* (1972) mostram melhor ainda a incursão da banda pelos sons psicodélicos e a influência do rock progressivo. Uma das razões de Rita Lee ter saído da banda em 1972 foi justamente essa mudança de estilo. A partir daí, a banda começou sua fase progressiva com o lançamento do álbum *O A e o Z* (1973), que não agradou a gravadora Phonogram. Ela decidiu então dispensá-los. Nessa época, Arnaldo Baptista, devido ao uso contínuo de drogas pesadas como o LSD, começou a ficar debilitado e deixou o grupo. Com a saída de dois pilares da banda e também do baixista Liminha, Sérgio Dias remontou a banda e assinou com a Som Livre, por onde lançaram um disco completamente progressivo, influenciado por Yes e Emerson, Lake & Palmer, chamado *Tudo foi feito pelo sol* (1974). Os Mutantes acabaram em 1978, depois de inúmeras mudanças na formação da banda.

Sem dúvida foi a banda mais importante do rock brasileiro, reconhecida e cultuada até hoje, até mesmo no exterior. Em 2005, a revista britânica *Mojo* elegeu o álbum de estréia do grupo como um dos melhores discos experimentais de todos os tempos. Os Mutantes receberam elogios de nomes como Kurt Cobain (do Nirvana) e tem fãs como David Byrne, Belle & Sebastian e Stereolab. Em 2006, o grupo se reuniu, mas sem Rita Lee no vocal, que foi substituída por Zélia Duncan. Fizeram shows por toda a Europa e Estados Unidos, e lançaram um CD e um DVD ao vivo.

RAUL SEIXAS E OS NOVOS BAIANOS

Passada a era tropicalista e suas implicações políticas enfrentadas por Gil e Caetano, as raízes do movimento continuaram gerando frutos. A Bahia continuava a produzir grandes nomes, e dois deles merecem maior destaque: Raul Seixas e os Novos Baianos.

Raul Seixas começou ainda na década anterior, influenciado principalmente por Elvis Presley, do qual era não só fã, mas de cujo fã-clube, na Bahia, era presidente. Em 1967, gravou o primeiro disco com sua banda Raulzito e Os Panteras. No início dos anos 70, atuou como produtor na gravadora CBS e participou da produção de artistas como Jerry Adriani e Leno e Lílian, antes de lançar o primeiro grande clássico de sua carreira, o álbum *Krig-Ha, Bandolo!* (1973), que trazia seu primeiro hit, "Ouro de tolo", além da genial "Mosca na sopa" e "Metamorfose ambulante", que estabeleciam sua parceria musical com o futuro escritor Paulo Coelho. Em 1974, Raul foi preso e torturado pelo Dops (Departamento de Ordem Política e Social) por divulgar em seus shows a "Sociedade Alternativa" (parte de uma filosofia baseada nos escritos do ocultista Aleister Crowley). Isso lhe valeu um exílio para os Estados Unidos, onde conheceu John Lennon. No mesmo ano, o álbum *Gita* tornou-se um grande sucesso de vendas, e ele voltou para o Brasil.

Seus álbuns seguintes foram *Novo Aeon* (1975) e *Há dez mil anos atrás* (1976). Inquieto, tanto na música quanto em seus relacionamentos, Raul se casou e se separou várias vezes. Em 1978, começou a ter sérios problemas com o alcoolismo, pois era diabético, o que acabou provocando sua morte em 21 de agosto de 1989. Um ano antes, a convite de Marcelo Nova, Raul tinha voltado a se apresentar ao vivo e gravou ao lado dele o seu último trabalho, *A panela do diabo*, que foi lançado dois dias antes de sua morte. Apesar dos altos e baixos de sua carreira, o cantor é cultuado até os dias de hoje.

Influenciados pela contracultura emergente dos anos 60 e pela Tropicália, os Novos Baianos apareceram em 1969 no *V Festival de Música Popular Brasileira*, da TV Record, cantando "De Vera". Eles traziam em sua formação grandes músicos que fizeram sucesso em carreira solo a partir dos anos 80, entre eles Moraes Moreira, a vocalista Baby Consuelo (depois adotaria o nome Baby do Brasil), Paulinho Boca de Cantor e o guitarrista Pepeu Gomes, que nessa época foi considerado o Jimi Hendrix brasileiro. Baby e Pepeu se casaram e formaram uma dupla na década seguinte. O grupo estreou em LP com *É ferro na boneca* (1970) e sua obra-prima é *Acabou chorare* (1972). Gravaram juntos até 1978, quando os integrantes partiram para suas carreiras solo.

RITA LEE

Na verdade, Rita Lee começou sua carreira solo ainda nos Mutantes, lançando dois discos geniais: *Build Up* (1970) e *Hoje é o primeiro dia do resto de sua vida* (1972). Depois desse segundo disco, Rita saiu do grupo por incompatibilidades musicais, seguiu carreira solo e, ao lado de Lúcia Turnbull, formou a dupla As Cilibrinas do Éden, que não durou muito. O terceiro disco solo foi produzido com sua nova banda, Tutti Frutti, *Atrás do porto tem uma cidade* (1974). A primeira consagração em carreira solo chegou com o sucesso "Ovelha Negra", do álbum *Fruto proibido* (1975). Na seqüência, mais um grande disco: *Entradas e Bandeiras* (1976). Foi quando ela conheceu o músico carioca Roberto de Carvalho, que tocava na banda de Ney Matogrosso. Dessa união surgiu uma das mais produtivas parcerias musicais do rock brasileiro, gerando dezenas de hits nessa década e na seguinte.

SECOS & MOLHADOS

No início da década, o trio formado por João Ricardo, Gerson Conrad e Ney Matogrosso incorporou elementos do folclore brasileiro e do rock com a poesia de Vinicius de Moraes e Fernando Pessoa. Eles ainda emprestavam a maquiagem e a androginia do glam rock para criar um visual autenticamente brasileiro. O primeiro disco foi *Secos & Molhados* (1973), com sucessos como "O Vira", "Fala" e "Rosa de Hiroshima", esta, poesia musicada de Vinicius de Moraes. O álbum foi um grande sucesso na carreira da banda, chegando a quase um milhão de cópias vendidas. No ano seguinte, fizeram um dos maiores shows da carreira no Maracanãzinho, com recorde de público. Após o segundo álbum, no auge de sua carreira, o grupo resolveu se separar. Ney partiu para sua brilhante carreira solo. João e Gerson tentaram o mesmo, mas sem tanto êxito. Em 1978, João Ricardo remontou a banda com outra formação e ainda emplacou outro sucesso, "Que fim levaram todas as flores". No início dos 80, tentou novamente uma outra formação e lançou mais dois discos, sem o impacto dos dois primeiros.

O ROCK BRASILEIRO NOS ANOS 70

Exceto por Raul Seixas, os Novos Baianos, Rita Lee e os Secos & Molhados, a década de 70 no rock brasileiro foi uma fase bem *underground* para outras bandas, que apesar de não terem feito o sucesso merecido, têm uma importância muito grande para nossa história e deixaram um legado fundamental para as gerações seguintes.

A BARCA DO SOL

Uma banda que fazia um rock mais acústico, com influências do folk britânico, e que chegou a ter na formação, tocando flauta, o cantor Ritchie, que ficou famoso na década de 80. Os dois principais álbuns do grupo fazem parte de uma discoteca básica: *A Barca do Sol* (1974) e *Durante o Verão* (1976).

BIXO DA SEDA

Banda gaúcha que no final da década de 60 se chamava Liverpool e gravou um único LP, que virou raridade entre colecionadores do rock brasileiro. Nos anos 70, com algumas mudanças na formação, trocaram o nome para Bixo da Seda e lançaram um ótimo disco em 1975. Depois disso, alguns integrantes foram acompanhar no final da década o grupo As Frenéticas. O vocalista Renato Ladeira, nos anos 80, integrou a banda carioca Herva Doce, com quem teve vários hits.

CASA DAS MÁQUINAS

A banda gravou três álbuns que misturavam música brasileira com rock, com destaque para *Lar das Maravilhas* (1975), que explorava também um pouco do rock progressivo, e *Casa do Rock* (1976).

JOELHO DE PORCO

Usando elementos do glam rock e agregando elementos da década de 50 no visual, o Joelho de Porco falava em suas letras do cotidiano paulista. Podem ser considerados nossos pré-punks pela atitude e estilo. O primeiro disco, *São Paulo 1554/Hoje* (1975), é um clássico, assim como o seguinte, *Joelho de Porco* (1978), com o vocalista argentino Billy Bond. Na década de 80 voltaram com uma nova formação (que incluía Zé Rodrix nos vocais e teclados), gravaram mais dois discos e a banda acabou.

MADE IN BRAZIL

Formado em São Paulo no final da década de 60, o Made in Brazil traz em seu núcleo os irmãos Oswaldo e Celso Vecchione, no contrabaixo e na guitarra, respectivamente. O primeiro álbum, *Made in Brazil* (1974), também é conhecido como o "disco da banana" em virtude de sua capa (que nada tem a ver com a capa da banana do Velvet Underground). Esse trabalho é considerado um dos melhores discos nacionais de rock da década. Na época, a banda tinha em sua formação um de seus melhores vocalistas, Cornelius Lúcifer. No segundo disco, *Jack o Estripador* (1975), saiu Cornelius e entrou Percy Weiss. Diante de tantas mudanças de formação ao longo dos anos, o Made in Brazil conseguiu a façanha de entrar para o *Guiness* como a banda que mais mudou de formação. Em pouco mais de trinta anos, são mais de duzentas formações diferentes. Dois outros grandes álbuns são *Paulicéia Desvairada* (1978) e *Minha Vida é Rock & Roll* (1980).

PATRULHA DO ESPAÇO

Banda formada em 1970 que acompanhava o ex-mutante Arnaldo Baptista. Lançaram uma série de álbuns com diversas formações.

SÁ, RODRIX E GUARABYRA

Tivemos também na década de 70 o aparecimento do "rock rural", a nossa versão do country rock americano, encabeçada por três grandes músicos: Luis Carlos Sá, Zé Rodrix e Gutenberg Guarabyra. Eles lançaram dois ótimos discos: *Passado, Presente e Futuro* (1972) e *Terra* (1973). Em 1973, Zé Rodrix se desligou da banda e partiu para a carreira solo. Sá e Guarabyra continuaram a dupla e lançaram grandes discos como *Nunca* (1973), *Cadernos de Viagem* (1975), *Pirão de Peixe com Pimenta* (1977) e *Quatro* (1979). Continuaram gravando até o início dos anos 90 e, em 2001, voltaram como Sá, Rodrix e Guarabyra, lançando um CD e um DVD ao vivo.

SOM NOSSO DE CADA DIA

Talvez a banda que chegou mais perto do som progressivo feito na Inglaterra. Alguns diziam que eles eram a versão tupiniquim do Emerson, Lake & Palmer, graças aos teclados de Manito, ex-saxofonista dos Incríveis. O álbum *Snegs* (1974) é considerado um dos melhores de rock progressivo já feito no Brasil. Em 1977, já sem Manito, lançaram mais um álbum.

OS TOP 5 DA DÉCADA

Compactos (singles) 1. *YOU LIGHT UP MY LIFE*_DEBBY BOONE ::: 2. *NIGHT FEVER*_THE BEE GEES ::: 3. *TONIGHT'S THE NIGHT*_ROD STEWART ::: 4. *SHADOW DANCING*_ANDY GIBB ::: 5. *LE FREAK*_CHIC **Artistas que tiveram recorde em vendas de compactos** 1. ELTON JOHN ::: 2. PAUL MCCARTNEY AND WINGS ::: 3. THE BEE GEES ::: 4. THE CARPENTERS ::: 5. CHICAGO **Cantores** 1. ELTON JOHN ::: 2. JAMES BROWN ::: 3. STEVIE WONDER ::: 4. NEIL DIAMOND ::: 5. ELVIS PRESLEY **Cantoras** 1. OLIVIA NEWTON-JOHN ::: 2. DIANA ROSS ::: 3. DONNA SUMMER ::: 4. HELEN REDDY ::: 5. LINDA RONSTADT **Álbuns** 1. *RUMOURS*_FLEETWOOD MAC ::: 2. *SATURDAY NIGHT FEVER SOUNDTRACK*_VÁRIOS ARTISTAS (TRILHA SONORA DO FILME *OS EMBALOS DE SÁBADO À NOITE*) ::: 3. *TAPESTRY*_CAROLE KING ::: 4. *SONGS IN THE KEY OF LIFE*_STEVIE WONDER ::: 5. *GREASE SOUNDTRACK*_VÁRIOS ARTISTAS

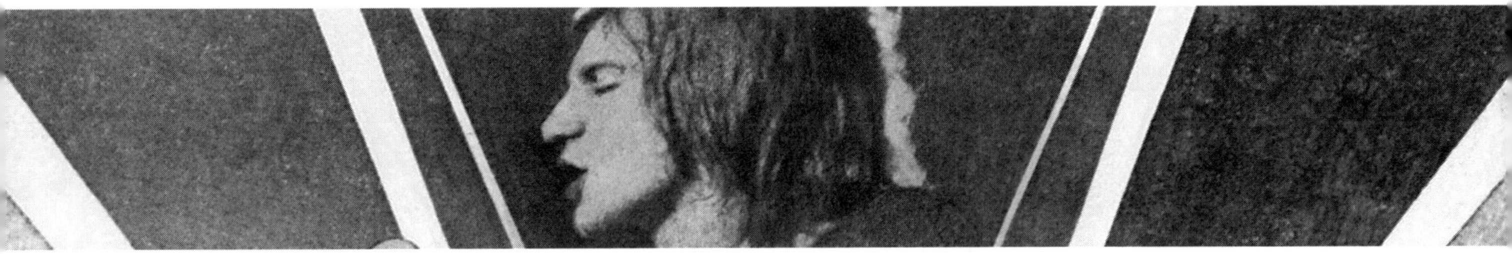

Artistas que tiveram recorde em vendas de álbuns 1. ELVIS PRESLEY ::: 2. ELTON JOHN ::: 3. BARBRA STREISAND ::: 4. NEIL DIAMOND ::: 5. CHICAGO **Trilhas sonoras** 1. *SATURDAY NIGHT FEVER* (*OS EMBALOS DE SÁBADO À NOITE*) ::: 2. *GREASE* (*NOS TEMPOS DA BRILHANTINA*) ::: 3. *A STAR IS BORN* (*NASCE UMA ESTRELA*) ::: 4. *THE STING* (*GOLPE DE MESTRE*) ::: 5. *WOODSTOCK* **Álbuns ao vivo** 1. *FRAMPTON COMES ALIVE*_PETER FRAMPTON ::: 2. *WOODSTOCK*_VÁRIOS ARTISTAS ::: 3. *GRATITUDE*_EARTH WIND & FIRE ::: 4. *4 (FOUR) WAY STREET*_CROSBY, STILLS, NASH & YOUNG ::: 5. *LIVE AND MORE*_DONNA SUMMER **Artistas do rock** 1. THE ROLLING STONES ::: 2. BOB DYLAN ::: 3. FLEETWOOD MAC ::: 4. DAVID BOWIE ::: 5. JETHRO TULL **Artistas do R&B** 1. JAMES BROWN ::: 2. ARETHA FRANKLIN ::: 3. JACKSON 5 ::: 4. GLADYS NIGHT & THE PIPS ::: 5. THE ISLEY BROTHERS

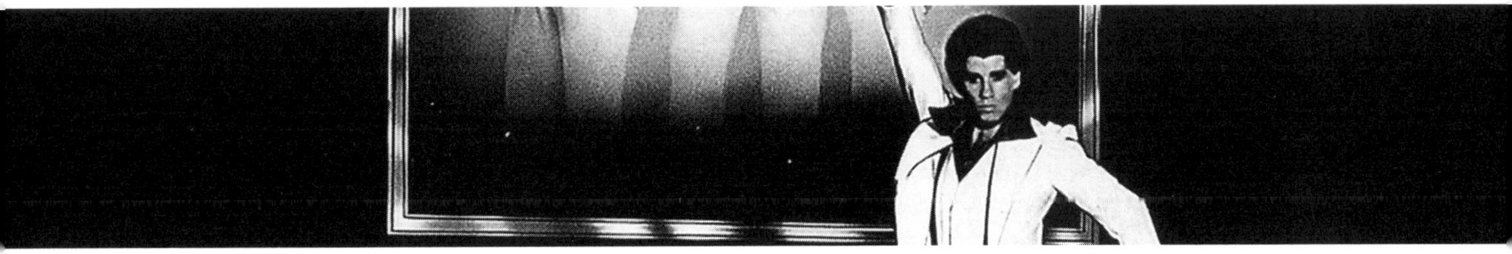

Artistas da disco 1. DONNA SUMMER ::: 2. THE TRAMPS ::: 3. GLORIA GAYNOR ::: 4. CHIC ::: 5. BEE GEES **Artistas country** 1. CONWAY TWITTY ::: 2. MERLE HAGGARD ::: 3. CHARLEY PRIDE ::: 4. DOLLY PARTON ::: 5. LORETTA LYNN **Filmes musicais** 1. *GREASE* (*NOS TEMPOS DA BRILHANTINA*) ::: 2. *SATURDAY NIGHT FEVER* (*OS EMBALOS DE SÁBADO À NOITE*) ::: 3. *THE ROCKY HORROR PICTURE SHOW* ::: 4. *FIDDLER ON THE ROOF* (*UM VIOLINISTA NO TELHADO*) ::: 5. *A STAR IS BORN* (*NASCE UMA ESTRELA*)

80

A DÉCADA DO CD E DOS VÁRIOS ESTILOS MUSICAIS

Alguns duvidam que os anos 80 realmente tenham existido, pois, afinal de contas, como uma década pode produzir tantos estilos musicais? New romantic, hardcore, rock gótico, rap, hip-hop e alternative rock foram só alguns deles.

Foi uma era de gigantes do pop e dos *one hit wonders* (aqueles que têm apenas um sucesso e depois desaparecem). Prince, Michael Jackson, Madonna, U2 e R.E.M. fizeram seus melhores trabalhos nessa década, enquanto David Bowie e Bruce Springsteen conseguiram todo o sucesso que mereciam. Enquanto isso, outros nomes, como Nena, Kajagoogoo e Dexys Midnight Runners estouraram nas paradas e sumiram.

A new wave e a disco music, duas tendências musicais que davam a impressão de estar desaparecendo, ressurgiram inesperadamente na Inglaterra por meio do new romantic. Alguns dizem que a década de 80 não foi definida apenas pela música, mas também pelos acessórios que a indústria colocou à disposição das pessoas para ouvirem música mais confortavelmente e com certa praticidade. No início da década se disseminaram os *walkmans* ainda com fita cassete e aqueles estéreos portáteis, maiores que uma caixa de sapato, usados principalmente pelos *rappers*. Em 1985, a indústria deu sua grande volta por cima e colocou os CDs e CD *players* no mercado, o que foi uma revolução, pois o ouvinte não precisava mais levantar para trocar o lado do disco, sem contar o aprimoramento da qualidade sonora.

Toda essa mudança foi aos poucos sendo absorvida pelo grande público. No começo, o CD encontrou rejeição pelo preço alto, que até o final da década caiu em relação ao LP, o que fez que muitas gravadoras deixassem de fabricar o vinil. Mas nenhum desses novos formatos foi mais importante do que o vídeo. Apesar de os ingleses já fazerem vídeos promocionais desde a década de 60, a verdadeira era do videoclipe aconteceu a partir de 1981, quando a MTV entrou no ar nos Estados Unidos com a transmissão de seu primeiro clipe, "Video Killed The Radio Star", da banda The Buggles.

SYNTHPOP

O começo da década foi marcado por bandas que abusavam dos sintetizadores. A indústria de instrumentos musicais começou a produzir diferentes tipos de teclados que acabaram se tornando a coqueluche dos novos artistas para expressar seu senso de alienação nessa era futurista.

O primeiro grande hit dessa tendência foi a música "Cars", do inglês Gary Numan, que abriu caminho para uma nova geração, como The Human League, Depeche Mode, Heaven 17, OMD, Taco, Falco, Thomas Dolby, China Crisis, Soft Cell, Talk Talk, entre outros. Até os artistas de outras décadas aderiram aos sintetizadores, como Alice Cooper em seu álbum *Clones* (1980), Neil Young com *Trans* (1983) e Robin Gibb em *Boys do Fall in Love* (1984).

Na verdade, toda essa onda synthpop não existiria se não fossem os alemães do Kraftwerk, que foram os verdadeiros pioneiros do estilo nos anos 70. A banda desapareceu após o álbum *Computer World* (1981) e ressurgiu somente na década de 90. Na segunda metade dos 80, quase todos os astros do rock usavam sintetizadores em seus discos, até Tom Petty e Bruce Springsteen.

AS PRINCIPAIS BANDAS DO SYNTHPOP

A-HA

De origem norueguesa, o A-Ha conquistou seu espaço fazendo o synthpop mais meloso de toda a década. Estouraram logo no primeiro disco *Hunting High and Low* (1985), que tinha o sucesso "Take on Me". Os dois trabalhos seguintes também foram campeões de vendas: *Scoundrel Days* (1986) e *Stay on These Roads* (1988).

ALPHAVILLE

A banda fez grande sucesso na Europa com seu disco de estréia, *Forever Young*, que, além da faixa-título, emplacou "Big in Japan". Depois disso, o grupo tentou enveredar por outros caminhos, sem o êxito inicial.

JAPAN

Talvez esta tenha sido a menos bem-sucedida das bandas de synthpop, mas sem dúvida foi a mais influente. Eles precederam todas as outras, tendo sido os primeiros new romantics no estilo de se vestir e de se pentear. O vocalista David Sylvian já cultivava esse *look* no final da década de 70. Uma das razões pela qual o Japan não estourou comercialmente é que sua música flertava com muito experimentalismo. Apesar das influências serem Bowie, Roxy Music e o glam rock, a banda sempre foi ousada para a época. Alguns anos depois, com uma fórmula parecida e mais comercial, o Duran Duran estourava. A discografia do Japan permanece até hoje como pérolas escondidas: *Adolescent Sex* (1978), *Obscure Alternatives* (1978), *Quiet Life* (1979), *Gentlemen Take Polaroids* (1980), *Tin Drum* (1981) e *Oil in Canvas* (1983).

TALK TALK

O grande hit desse grupo britânico — de importância similar a Duran Duran, Soft Cell e Ultravox — foi "It's My Life", em 1984, regravada posteriormente pelo No Doubt.

THE HUMAN LEAGUE, ULTRAVOX E SOFT CELL

Essas três bandas inglesas tinham em comum a sonoridade do synthpop e uma batida mais dançante. O Human League fez muito sucesso com o álbum *Dare* (1981), que trazia o hit "Don't You Want Me". O Ultravox teve duas fases diferentes: a primeira, no final da década de 70, flertava com o punk e a new wave graças ao vocalista John Foxx. Ele saiu em 1979 e, em seu lugar, entrou o guitarrista e vocalista Midge Ure. A partir daí, a banda teve um direcionamento synthpop e new romantic. O álbum *Vienna* (1980) representa bem essa fase. E o Soft Cell era um duo formado pelo vocalista Marc Almond e o tecladista David Ball, responsáveis por um dos maiores clássicos do synthpop, a música "Tainted Love" (gravada originalmente em 1954 por Gloria Jones). O álbum *Non-Stop Erotic Cabaret* (1981) é o melhor da dupla.

Álbuns fundamentais do synthpop

*THE PLEASURE PRINCIPLE*_**GARY NUMAN** (1979) ::: *FREEDOM OF CHOICE*_**DEVO** (1980) ::: *OMD*_**OMD** (1980) ::: *THE AGE OF PLASTIC*_**THE BUGGLES** (1980) ::: *VIENNA*_**ULTRAVOX** (1980) ::: *NON STOPEROTIC CABARET*_**SOFT CELL** (1981) ::: *PENTHOUSE AND PAVEMENT*_**HEAVEN 17** (1981) ::: *THE PARTY IS OVER*_**TALK TALK** (1982) ::: *SWEET DREAMS (ARE MADE OF THIS)*_**EURYTHMICS** (1983) ::: *FOREVER YOUNG*_**ALPHAVILLE** (1984) ::: *HUNTING HIGH AND LOW*_**A-HA** (1985) ::: *LOW LIFE*_**NEW ORDER** (1985) ::: *BLACK CELEBRATION*_**DEPECHE MODE** (1986)

NEW ROMANTIC

O new romantic era um subgênero da new wave e muita gente do synthpop se encaixou nesse estilo, cuja música era bem dançante e a extravagância da moda imperava. A inspiração maior vinha de David Bowie (em sua fase alemã dos álbuns *Station to Station, Low* e *Lodger*) e Roxy Music. O Duran Duran foi a banda mais famosa desse gênero, do qual também fizeram parte ABC, A Flock of Seagulls, Japan, OMD, Soft Cell, Spandau Ballet, Visage, Marc Almond, Associates, Classix Noveaux, Heaven 17 e Ultravox, entre outras.

O REVIVAL DO SKA E DO ROCKABILLY

No final dos 70 e início dos 80, começavam a aparecer na Inglaterra bandas revivendo o estilo jamaicano criado na década de 60, agora aliado à energia do punk rock. Surgiram bandas como The Specials e um selo chamado 2-Tone, que gravou a maioria dos grupos que apareceram, como The Beat, The Selecter e Madness. Comercialmente falando, esse *revival* do ska vingou somente na Inglaterra, mas acabou se tornando um movimento influente para bandas futuras do rock americano na década de 90 como Rancid, Mighty Mighty Bosstones e No Doubt, e também para alguns grupos do britpop, como o Blur.

Uma nova onda de rockabilly também começou a aparecer nos Estados Unidos e no Reino Unido no início da década, inspirada pelo glamour da new wave e do punk. O The Cramps, por exemplo, fazia uma leitura mais garageira e sônica do gênero rockabilly. Além deles, em Nova York havia uma banda chamada Tuff Darts, cujo vocalista era Robert Gordon. Apesar de logo ter partido para carreira solo, ele podia ser definido como um misto de Elvis Presley, Gene Vincent e Eddie Cochram, e fez grandes álbuns no final da década de 70 e início dos anos 80.

O mais importante e famoso grupo desse *revival* do rockabilly foi o trio Stray Cats, que estreou em disco em 1981, pegando a Inglaterra de assalto com sua energia que remetia às raízes do rock and roll. A banda se desfez no final da década, no entanto o líder Brian Setzer ainda fez sucesso com sua Brian Setzer Orchestra no final dos 90. Em 2004, o Stray Cats se reuniu novamente e lançou um álbum ao vivo. Outros nomes menos famosos desse *revival* são The Polecats, Whirlwind, Matchbox e Shakin' Pyramids.

Vale ressaltar outro subgênero da década de 80 derivado do rockabilly, o psychobilly, uma versão mais punk e garageira, na qual se destacam nomes como The Meteors, Guana Batz, King Kurt, Demented Are Go e Mojo Nixon.

Álbuns recomendados de ska

*ONE STEP BEYOND*_**MADNESS** (1979) ::: *THE SPECIALS*_**THE SPECIALS** (1979) ::: *I JUST CAN'T STOP IT*_**THE BEAT** (1980) ::: *KLASS*_**BAD MANNERS** (1983) ::: *2-TONE STORY*_**VÁRIOS ARTISTAS** (1988)

Álbuns recomendados de rockabilly

*ROCK BILLY BOOGIE*_**ROBERT GORDON** (1979) ::: *MIDNITE DYNAMOS*_**MATCHBOX** (1980) ::: *SONGS THE LORD TAUGHT US*_**THE CRAMPS** (1980) ::: *POLECATS ARE GO*_**THE POLECATS** (1981) ::: *STRAY CATS*_**STRAY CATS** (1981) ::: *OOH WALLAH WALLAH*_**KING KURT** (1983) ::: *WRECKIN' CREW*_**METEORS** (1983) ::: *BO-DAY-SHUS!!!*_**MOJO NIXON & SKID ROPER** (1987) ::: *ROUGH EDGES*_**GUANA BATZ** (1988) ::: *SMOKE'EM IF YOU GOT'EM*_**REVEREND HORTON HEAT** (1991)

HARDCORE PUNK

O gênero surgiu no início da década, com uma forma acelerada de tocar punk, vocais roucos e grunhidos, e uma sonoridade crua, que parecia ter sido gravada em um porão qualquer. Na Inglaterra, as primeiras bandas foram Discharge, GBH e The Exploited. Na América, o gênero se misturou ao punk local e gerou bandas como Bad Brains, Black Flag, Minor Threat, The Misfits e até mesmo o Dead Kennedys, que usava muita referência do punk californiano.

Álbuns recomendados de hardcore punk
*FRESH FRUIT FOR ROTTING VEGETABLES*_**DEAD KENNEDYS** (1980) ::: *WHY* _**DISCHARGE** (1981) ::: *BAD BRAINS*_**BAD BRAINS** (1982) ::: *TROOPS OF TOMORROW*_**THE EXPLOITED** (1982) ::: *OUT OF STEP*_**MINOR THREAT** (1984)

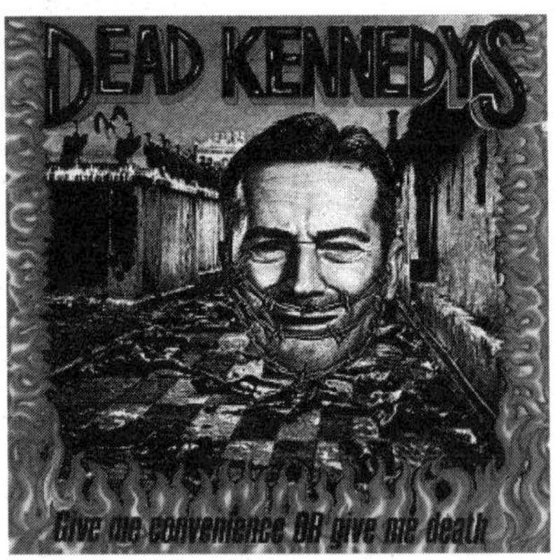

DEAD KENNEDYS

Em 1979, o californiano Jello Biafra, líder dos Dead Kennedys, inaugurou seu próprio selo, o Alternative Tentacles, para lançar discos de sua banda. O grupo de Jello foi um dos mais afiados politicamente falando e o seu som hardcore é até hoje um dos mais influentes no punk dos anos 80.

Discografia recomendada do Dead Kennedys
FRESH FRUIT FOR ROTTING VEGETABLES (1980) ::: *PLASTIC SURGERY DISASTERS* (1982) ::: *FRANKENCHRIST* (1985) ::: *BEDTIME FOR DEMOCRACY* (1986) ::: *GIVE ME CONVENIENCE OR GIVE ME DEATH* (1987)

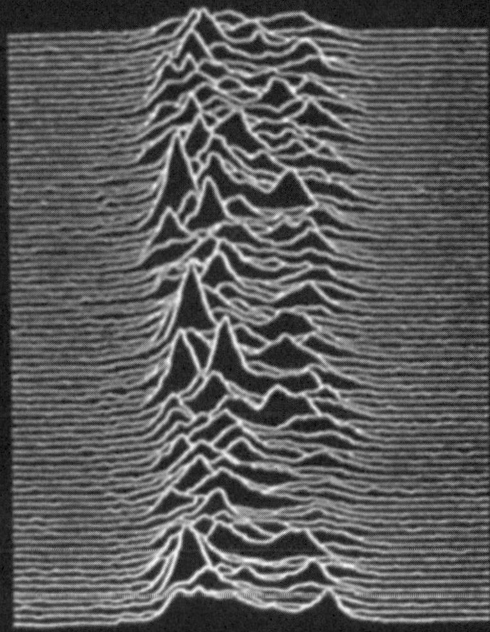

ROCK GÓTICO

Derivado de elementos do punk e da new wave, porém mais mórbido, tanto nas letras como na música, o rock gótico nunca recebeu grandes elogios da crítica especializada, mas teve um grande número de adeptos que se espalham por aí até os dias de hoje com suas roupas pretas e sua paixão por simbolismos religiosos, cemitérios, morbidez e misticismo sobrenatural.

Os pós-punk do Joy Division podem ser considerados os avós do gênero, mas a primeira gravação autenticamente gótica foi "Bela Lugosi's Dead", do Bauhaus, em 1979. Dali para a frente grupos como The Cure e Siouxsie & The Banshees tiveram suas fases góticas e viraram ídolos. Uma das mais autênticas e famosas bandas góticas foi o The Sisters of Mercy. Depois vieram Fields of the Nephilim, Alien Sex Fiend e The Mission. Uma das bandas americanas mais controversas do gênero gótico foi a Christian Death, que às vezes usava até influências do heavy metal em seu som. Esse estilo acabou influenciando uma série de bandas de metal progressivo nos anos 90.

Álbuns recomendados de rock gótico

*BURNING FROM THE INSIDE*_**BAUHAUS** (1983) ::: *ACID BATH*_**ALIEN SEX FIEND** (1984) ::: *FIRST AND LAST AND ALWAYS*_**THE SISTERS OF MERCY** (1985) ::: *GOD'S OWN MEDICINE*_**THE MISSION** (1986) ::: *DAWNRAZOR*_**FIELDS OF THE NEPHILIM** (1987)

MULHERES NO ROCK

A presença feminina no rock ganhou impulso a partir do pontapé inicial dado por Patti Smith e Debbie Harry (vocalista do Blondie) na década anterior. No início dos anos 80, elas invadiram as paradas: The Go-Go's, The Bangles, Cyndi Lauper, Chrissie Hynde (Pretenders), Siouxsie Sioux (Siouxsie & The Banshees), Annie Lennox (Eurythmics), Joan Jett (ex-Runaways), Nina Hagen, Marianne Faithfull (a musa dos Stones nos anos 60), Melissa Etheridge, Martha Davis (The Motels), Katrina Lesvanich (Katrina & The Waves), Alyson Moyet (Yaz), entre outras. Todas elas tiveram uma carreira de sucesso sem a necessidade de ostentar sua sexualidade ou de forçar estereótipos femininos. Claro que algumas se aproveitaram de artifícios, como Pat Benatar, Dale Bozzio (do Missing Persons), Litta Ford (também ex-Runaways) e Terri Run (do Berlin).

Esses nomes marcaram uma mudança no rock dominado até então pelos homens, provando que as mulheres no rock eram tão comercialmente viáveis quanto eles.

HEAVY METAL

O estilo experimentou sua maior popularidade durante esta década, apesar de ela ter começado com duas baixas: as mortes do vocalista do AC/DC, Bon Scott, e do baterista do Led Zeppelin, John Bonham. Houve ainda a saída de integrantes do Kiss e do Aerosmith.

Quem começou a reviver esse estilo nos Estados Unidos foi o Van Halen. No Reino Unido, Ozzy Osbourne, com a nova geração sendo representada por Judas Priest e Iron Maiden.

Em 1983, o metal experimentou seu auge comercial com três discos: *Pyromania*, do Def Leppard, *Metal Health*, do Quiet Riot, e *Shout at the Devil*, do Motley Crue. Todos foram impulsionados pela MTV e ganharam disco de platina em vendas, abrindo caminho para mais uma geração do metal. Daí vieram os chamados "metal cosmético", *posers*, hair metal ou, para os mais radicais, "metal farofa", como Ratt, Poison e Bon Jovi. Do lado mais *underground*, surgiu o thrash metal com Metallica, Megadeth, Anthrax e Slayer, que faziam uma fusão da fúria e da energia do punk com a tecnologia do metal moderno. No final da década, estouraram nas paradas o Metallica e o Guns N' Roses, que deram lugar a mais um estilo — o hair metal —, representado por bandas como Warrant, Extreme e Skid Row, que se extinguiram no início dos 90 com o aparecimento do grunge.

O Metallica é considerado o grupo mais influente do heavy metal da década de 80, expandindo os limites do thrash não só na velocidade e no volume, mas também na intrigante estrutura de suas músicas.

Principais álbuns do Metallica na década de 80
KILL'EM ALL (1983) ::: *RIDE THE LIGHTNING* (1984) ::: *MASTER OF PUPPETS* (1986) ::: *... AND JUSTICE FOR ALL* (1988)

A TRINCA DO TRASH METAL

O guitarrista e vocalista Dave Mustaine deixou (foi expulso, na verdade) o Metallica em 1983 e formou em seguida o Megadeth, um quarteto que seguia um pouco a linha do seu grupo anterior, porém com o acréscimo de influências do rock progressivo. Os três primeiros álbuns do grupo na década de 80 são recomendados: *Killing is My Business... And Business Is Good!* (1985), *Peace Sells... But Who's Buying?* (1986) e *So Far, So Good... So What!* (1988).

O Slayer foi a banda de thrash metal mais extremista dos 80. Suas letras evocavam a morte, os horrores do inferno e a guerra. Chegaram até a ser acusados de nazistas e satanistas. Tudo isso serviu ainda mais para alimentar a mística em torno do grupo. Seus principais álbuns são: *Hell Awaits* (1985), *Reign in Blood* (1986), *South of Heaven* (1988) e *Seasons in the Abyss* (1990).

Completando a trinca, temos o Anthrax, talvez a banda mais bem-humorada das três, que combinava a velocidade e a fúria do hardcore punk com as guitarras e os vocais do heavy metal. Seus discos mais representativos na década são *Armed and Dangerous* (1985), *Spreading the Disease* (1985), *Among the Living* (1987) e *State of Euphoria* (1988).

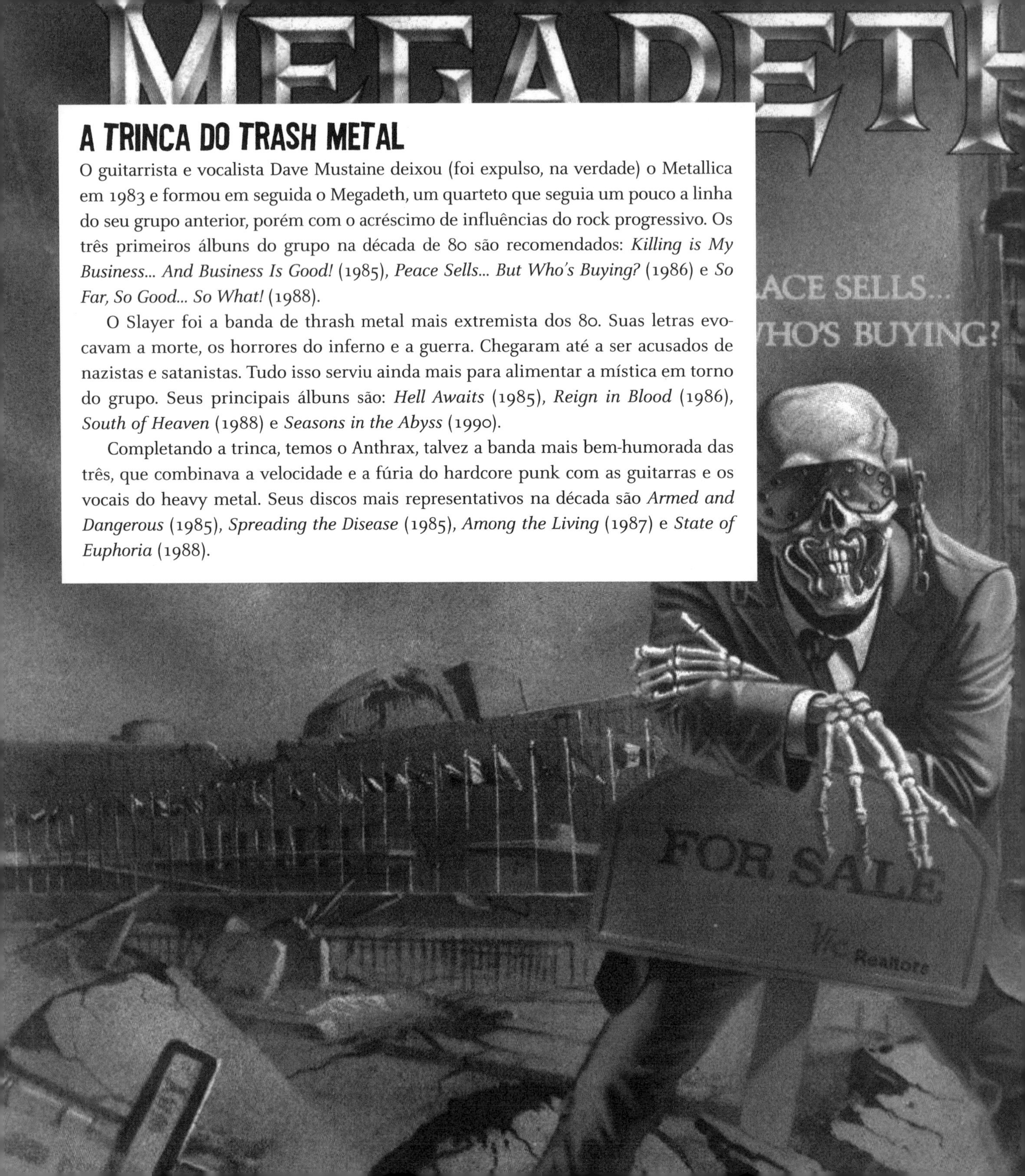

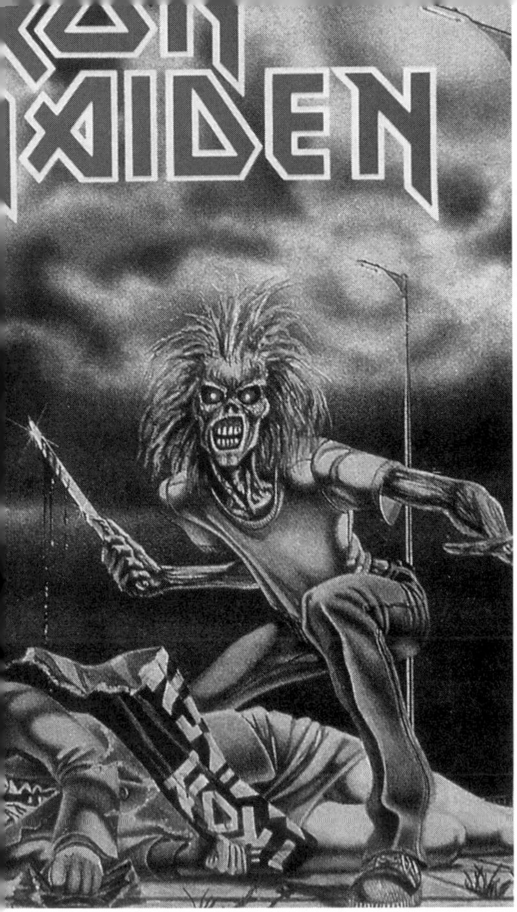

IRON MAIDEN

O Iron Maiden se formou em Londres em 1976. O primeiro álbum foi *Iron Maiden* (1980), seguido por *Killers* (1981). Após esses lançamentos, o vocalista Paul Di'Anno foi expulso da banda por causa de seu comportamento autodestrutivo, causado pelo envolvimento com drogas. Foi substituído por Bruce Dickinson. Muitos achavam que seria o fim do grupo, mas o que ocorreu foi exatamente o contrário: uma escalada para um sucesso cada vez maior. *The Number of the Beast* (1982) marcou a estréia de Dickinson e determinou uma mudança radical no som da banda, que deixava de lado certa influência do punk. O disco é considerado um dos melhores de heavy metal de todos os tempos.

A banda continuou produzindo grandes álbuns até *Fear of the Dark* (1992), quando Dickinson deixou a banda para seguir carreira solo por algum tempo. O vocalista Blaze Bailey assumiu em uma fase que não foi muito bem-sucedida, com dois álbuns de estúdio. Mas Bruce e o guitarrista Adrian Smith voltaram em 1999, para alegria dos fãs. O álbum *Rock in Rio* (2002) é uma homenagem aos fãs brasileiros.

RUSH

O rock progressivo é uma tendência que tem suas raízes no final da década de 70 e nos anos 80. Os canadenses do Rush foram, sem dúvida, uma banda muito influente desse gênero nos anos 80. O grupo começou no início dos anos 70, lançando seu primeiro álbum em 1974, influenciado por King Crismson, Pink Floyd, Genesis, Gentle Giant, Yes, Jimi Hendrix, Cream, Black Sabbath e outros. No início dos anos 80, o Rush se tornava uma das bandas mais famosas da época, agradando ao público de hard rock e ao público de metal.

Discografia recomendada do Rush

2112 (1976) ::: *A FAREWELL TO KINGS* (1977) ::: *HEMISPHERES* (1978) ::: *PERMANENT WAVES* (1980) ::: *MOVING PICTURES* (1981) ::: *SIGNALS* (1982) ::: *POWER WINDOWS* (1985) ::: *PRESTO* (1989)

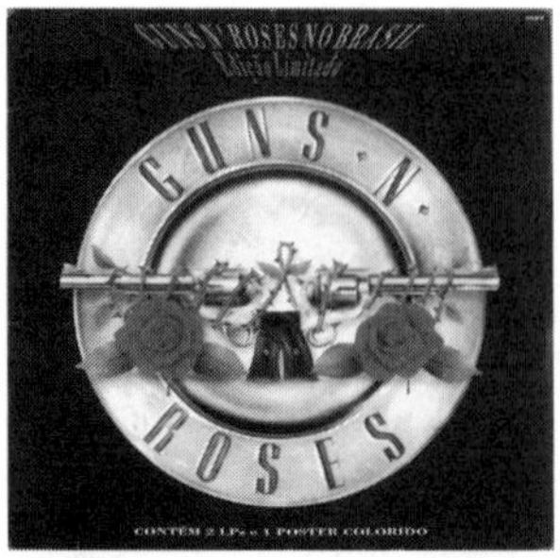

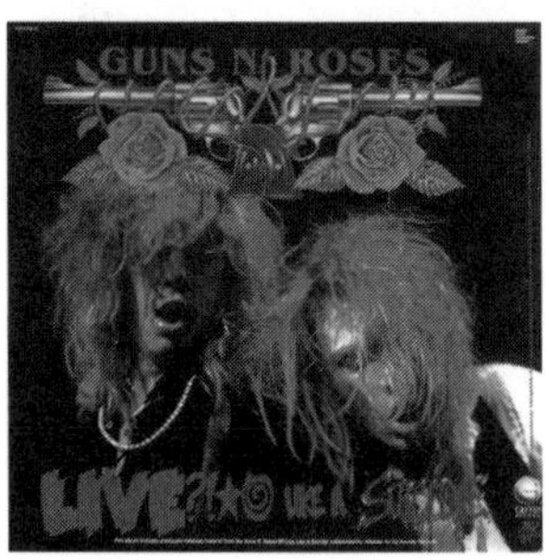

POP METAL

Três grandes nomes marcaram a fase mais pop do heavy metal na década de 80. O primeiro veio de New Jersey e atende por Bon Jovi. O quinteto especializou-se em baladas para as multidões, muito antes de o Aerosmith copiar essa fórmula nos anos 90. Bon Jovi foi um campeão de vendas e, graças à MTV, seus vídeos e sua fama propagaram-se mundialmente. O álbum *Slippery When Wet* (1986) foi um dos mais vendidos nos anos 80 e trazia os grandes sucessos "You Give Love a Bad Name" e "Wanted Dead or Alive". Até o começo dos 90, a fama da banda parecia inabalável, mas o vocalista Jon Bon Jovi resolveu dar uma pausa em 1995 para se dedicar ao cinema, e foi então que o grupo começou a perder seus adeptos. Embora tenham voltado a gravar nos anos 2000, ainda tentam recuperar o terreno perdido.

Os Guns N' Roses apareceu num momento em que o pop estava meio desgastado e faltava uma banda que trouxesse um pouco mais da energia crua do rock and roll. Eles não eram garotos bonitinhos, não usavam maquiagem e se vestiam normalmente como um roqueiro anda na rua, tirando alguns detalhes, é claro, como a cartola do guitarrista Slash e as bermudinhas do vocalista Axl Rose. Além disso, faziam a linha *bad boys*: Slash tocava sempre com um cigarro na boca e ninguém conseguia ver sua cara, coberta por aquele horroroso cabelo encaracolado.

O primeiro disco, que até hoje é considerado um marco na história do heavy metal da década de 80, *Appetite for Destruction* (1987), rendeu-lhes as maiores vendas daquele ano, além do sucesso mundial, tanto que vieram parar até no Brasil tocando no *Rock in Rio* de 1991. Depois vieram *G N'R Lies* (1988) e o duplo *Use Your Illusion I* e *II* (1991), um dos lançamentos mais aguardados daquele ano. Na seqüência, ainda gravaram um álbum só de covers, *The Spaguetti Incident?* (1993). No ano seguinte, envolvido em drogas e encrencas, Axl desfez a banda alegando incompatibilidades musicais com Slash. Ainda hoje a lenda sobre a volta de Axl Rose e um novo disco do Guns N' Roses continua, tanto que existe até um título há mais de cinco anos para o álbum, *Chinese Democracy*. Na verdade, Axl recrutou novos integrantes e se apresentou ao vivo em alguns países como uma nova encarnação do Guns N' Roses, até mesmo na edição de 2001 do *Rock in Rio*, mas o novo CD continua sendo um mistério.

Dessas bandas, talvez a que melhor se deu em termos de longevidade e credibilidade foi o Whitesnake, que traz no vocal o excelente David Coverdale, famoso por sua participação como vocalista em dois discos clássicos do Deep Purple, *Burn* e *Stormbringer*, ambos de 1974. Em 1977, ele formou o Whitesnake, que estourou com o álbum *Whitesnake* (1987), trazendo as clássicas "Here I Go Again" e "Is This Love".

R&B

A música negra americana passava por uma fase pouco criativa no início dos anos 80 se comparada à década anterior. A MTV ignorou, a princípio, os artistas negros, mas essa barreira foi rompida a partir de 1983, com o lançamento do álbum *Thriller*, de Michael Jackson, que revolucionou a era dos videoclipes com os vídeos de "Beat It" e da faixa-título. Prince, na mesma época, também começava a aparecer graças ao filme *Purple Rain* e sua trilha sonora.

RAP

Na década de 70, o rap era um tipo de música *underground* tocada apenas nos clubes do South Bronx. Contudo, no início dos anos 80, *Rappers Delight*, do The Sugarhill Gang, foi o primeiro compacto de rap a entrar na parada da revista *Billboard*. Em seguida, Kurtis Blow ganhou o disco de ouro em vendas com a música "The Breaks". Foram necessários alguns anos para o rap ser absorvido pelas platéias brancas. Em 1981, o Blondie tornou-se um dos primeiros grupos de brancos a gravar um rap, dentro da música "The Rapture".

As coisas mudaram drasticamente a partir de 1985, quando o Run-D.M.C. fez a famosa parceria com o Aerosmith em "Walk This Way", no álbum *Raising Hell* (1986). A fusão rap e rock acabou se consolidando com os Beastie Boys, no álbum *Licensed to Ill* (1986), o primeiro disco de rap a chegar no topo das paradas pop. Em 1988, aparecia o Public Enemy com outro clássico do gênero, o álbum *It Takes a Nation of Millions to Hold Us Back*. O estilo acabou se tornando tão popular que a MTV teve de criar um programa especial dedicado ao gênero, *Yo! MTV*, que mais tarde teve até sua versão brasileira.

COLLEGE ROCK

Na década de 80 surgiram diversos grupos cujo som não podia ser enquadrado nos estilos vigentes na época, como new wave, punk ou heavy metal. Nomes como The Replacements, Husker Du, The Meat Puppets, The Minutemen, The Smiths, The Church, Echo & The Bunnymen, Hoodoo Gurus, Sonic Youth e Lloyd Cole and the Commotions, que começaram a ser muito tocados nas rádios universitárias. As pessoas começaram então a se referir a essa explosão independente como "college rock". O termo "alternativo" só começou a ganhar espaço no final da década, quando apareceram bandas como Soul Asylum, Red Hot Chilli Peppers e Pixies, que assinaram com grandes gravadoras e começaram a atrair seu público também pelas rádios comerciais.

THE B-52'S

O quinteto foi formado em Athens, no Estado da Geórgia, Estados Unidos, em 1976, e o primeiro álbum foi *The B-52's* (1979). Um dos atrativos era a excentricidade de suas cantoras, Kate Pierson e Cindy Wilson. A música tinha influência do rock sessentista do The Mamas & The Papas, e até mesmo gritos histéricos.

Álbuns recomendados
THE B-52'S (1979) ::: *WILD PLANET* (1980) ::: *WHAMMY!* (1983) ::: *COSMIC THING* (1989)

U2

A banda é um capítulo à parte na história do rock, dada sua importância.

O U2 se formou na Irlanda, no final dos anos 70, e marcou a década de 80 com alguns dos melhores álbuns lançados nesse período. O vocalista, Bono Vox, sempre teve uma postura política bem definida, e isso está presente nas letras do grupo. Desde o início da banda, sua performance já mostrava o carisma e potencial para enfrentar platéias em grandes estádios. Um dos músicos da banda, o guitarrista The Edge, deu uma nova leitura ao rock nessa década. O grupo pode ser considerado como o único que sobreviveu aos 80 e continua até hoje na ativa e arrastando multidões para seus shows.

Álbuns do U2 na década de 80
BOY (1980) ::: *OCTOBER* (1981) ::: *WAR* (1983) ::: *THE UNFORGETTABLE FIRE* (1984) ::: *THE JOSHUA THREE* (1987) ::: *RATTLE AND HUM* (1988)

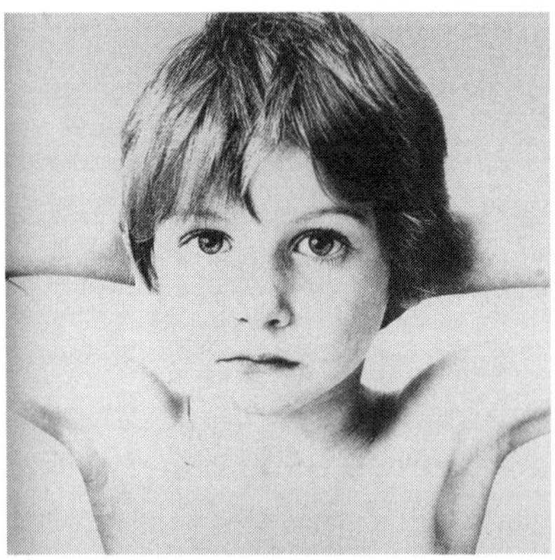

THE SMITHS

Os Smiths podem ser considerados como a mais importante banda alternativa da década. O grupo nasceu em Manchester, na Inglaterra, em 1982, por meio de uma parceria inusitada de Steven Patrick Morrisey e Johnny Marr. Morrisey era presidente do fã-clube inglês do New York Dolls, chegou a cantar por algumas semanas em uma banda punk de Manchester chamada The Nosebleeds e ainda fez teste para vocalista de outra banda do gênero, o Slaughter & The Dogs. Mas ele também era um apaixonado pela poesia romântica de Oscar Wilde, por filmes de arte e pelo som das *girl groups* dos anos 60. Já Johnny sempre foi um guitarrista apaixonado por pop e rockabilly, e no palco parecia uma versão elegante de Keith Richards. A parceria entre eles pode ser comparada com a de grandes duplas de compositores da música pop, como John Lennon e Paul McCartney ou Mick Jagger e Keith Richards. A carreira dos Smiths infelizmente não foi tão duradoura como a dos Rolling Stones e não gerou tantos clássicos como a dos Beatles, porém os consagrou como uma das bandas mais influentes da década de 80.

Principais álbuns

THE SMITHS (1984) ::: *MEAT IS MURDER* (1985) ::: *THE QUEEN IS DEAD* (1986) ::: *STRANGEWAYS, HERE WE COME* (1987)

R.E.M.

Se os britânicos tiveram o U2 e os Smiths como duas das bandas mais importantes da década de 80, os americanos tiveram o R.E.M. Vindos da mesma cidade do B-52's, a banda também surgiu com um vocalista tão carismático quanto Bono e Morrisey: Michael Stipe, um apaixonado por Patti Smith, Television e Wire. Seu parceiro era o guitarrista Peter Buck, um colecionador de discos de rock (e também de outros estilos, até de free jazz) de várias épocas. A banda começou em 1980 tocando covers e o nome vem das iniciais de *rapid eye movement* (o movimento rápido dos olhos enquanto uma pessoa dorme). A estréia foi com o álbum *Murmur* (1983), que logo chamou a atenção da crítica especializada e das rádios universitárias. No início dos anos 90, com o lançamento do álbum *Out of Time* e a música "Losing My Religion", o R.E.M. se tornou uma das bandas mais populares dos Estados Unidos.

Álbuns do R.E.M. na década de 80

RECKONING (1984) ::: *FABLES OF THE RECONSTRUCTION* (1985) ::: *LIFE'S RICH PAGEANT* (1986) ::: *DOCUMENT* (1987) ::: *GREEN* (1988)

THE CURE

A banda tem a cara dos anos 80 graças à figura carismática do vocalista Robert Smith. Durante algum tempo, o estilo dele era a marca registrada da geração gótica: cabelos longos, negros e arrepiados e o batom borrado nos lábios, que contrastava com a maquiagem pálida. A história do The Cure começa em 1976, quando a banda se chamava Easy Cure. No início de 1979, a demo de "Killing an Arab" (matando um árabe) foi parar nas mãos de um produtor importante e acabou se tornando o primeiro compacto do grupo, e também sua música mais polêmica. Isso porque quando o primeiro álbum, *Three Imaginary Boys* (1979), foi lançado nos Estados Unidos, a música foi tirada do disco e proibida de ser executada nas rádios devido a problemas políticos enfrentados pelos americanos na época.

Álbuns do The Cure na década de 80

SEVENTEEN SECONDS (1980) ::: *FAITH* (1981) ::: *PORNOGRAPHY* (1982) ::: *CONCERT* (1984) ::: *THE TOP* (1984) ::: *THE HEAD ON THE DOOR* (1985) ::: *KISS ME, KISS ME, KISS ME* (1987) ::: *DISINTEGRATION* (1989)

SIOUXSIE & THE BANSHEES

O nome verdadeiro da vocalista é Susan Dallion, mas, a partir de 1976, com o movimento punk, ela resolveu adotar o nome artístico de Siouxsie Sioux e formou o Siouxsie & The Banshees. Parte da história do punk começou com ela. Na formação inicial da banda estava Sid Vicious (que depois faria parte do Sex Pistols) tocando bateria. A carreira do grupo decolou a partir do álbum *Kaleidoscope* (1980), que inclui seus primeiros compactos de sucesso, "Happy House" e "Christine". Os discos da banda nunca foram grandes estouros de vendas, mas conceitualmente são verdadeiras obras-primas da década de 80. *Hayena* (1984) veio com uma regravação de "Dear Prudence", dos Beatles, que acabou se tornando uma das versões mais populares dessa música. A banda deu uma pausa em 1995 após o álbum *The Rapture* e retornou anos mais tarde para uma série de shows, que rendeu o disco ao vivo *Seven Yeat Itch* (2003). Siouxsie e seu marido, o baterista Budgie, tiveram ainda um projeto paralelo, The Creatures.

Graças à Siouxsie Sioux, as mulheres passaram a ter credibilidade maior na cena do rock. Na década de 90, surgiram as chamadas *riot girls* (algo como "garotas revoltadas"), talvez ainda mais feministas. Mas, sem o pioneirismo de Siouxsie, nada disso teria acontecido.

Álbuns essenciais de Siouxsie & The Banshees

THE SCREAM (1978) ::: *JOIN HANDS* (1979) ::: *KALEIDOSCOPE* (1980) ::: *JUJU* (1981) ::: *A KISS IN THE DREAMHOUSE* (1982) ::: *NOCTURNE* (1983) ::: *HAYENA* (1984) ::: *TINDERBOX* (1986) ::: *PEEPSHOW* (1988)

SIOUXSIE & THE CURE?

Robert Smith, do The Cure, sempre teve uma ligação muito grande com o Siouxsie & The Banshees, tanto que, em 1983, com a saída do guitarrista do Siouxsie, ele foi convidado para tocar e acabou gravando com eles o álbum *Hayena*, assim como excursionou com a banda e aparece no disco ao vivo *Nocturne* (1983). No mesmo ano, ele gravou com Steve Severin, baixista dos Banshees, o álbum *Blue Sunshine*, de seu projeto The Glove.

THE PRETENDERS

Outra mulher que desbravou o cenário roqueiro, ainda na época do punk, foi Chrissie Hynde com sua banda The Pretenders. Ela era jornalista do semanário inglês *New Musical Express* na década de 70 e, antes de montar a banda em 1979, ainda trabalhou na loja de Malcolm McLaren e Vivienne Westwood, a mesma onde os integrantes do Sex Pistols se conheceram. O primeiro compacto do grupo foi um cover dos Kinks, *Stop Your Sobbing*. Assim como Debbie Harry (do Blondie), Chrissie passava um ar de sensualidade, porém com uma postura mais roqueira, pois, além de cantar, sempre empunhava sua guitarra. O primeiro álbum, *The Pretenders* (1980), é considerado o grande clássico da carreira do grupo. Entretanto o grande sucesso comercial aconteceu com o álbum *Learning to Crawl* (1984), que trazia "Middle of the Road" e "Back on the Chain Gang". No início da década, Chrissie teve um caso com Ray Davies, dos Kinks, e depois se casou com o vocalista do Simple Minds, Jim Kerr, em 1984.

Álbuns recomendados dos Pretenders na década de 80
PRETENDERS (1980) ::: *PRETENDERS II* (1981) ::: *LEARNING TO CRAWL* (1984) ::: *GET CLOSE* (1986)

SIMPLE MINDS

A banda escocesa da cidade de Glasgow começou em 1978, quando fazia parte da cena pós-punk e dividia seus shows com bandas como Gang of Four e Pere Ubu. A partir de 1984, o grupo começou a ter um direcionamento mais pop e new wave e, graças ao estouro internacional da música "Don't You (Forget About Me)" — feita para a trilha sonora do filme *O Clube dos Cinco* (*Breakfast Club*) —, tornou-se uma superbanda, lotando estádios e competindo à altura com o U2. Com uma discografia irregular e a superexposição, a carreira do Simple Minds começou a entrar em declínio já no final da década.

A gravação de "Don't You (Forget About Me)" tem uma história interessante, pois inicialmente a música foi oferecida para Brian Ferry, do Roxy Music, mas ele não gostou da letra e recusou. Consultado, Jim Kerr a princípio também não curtiu a letra, mas o Simple Minds acabou gravando e estourou. Contente com o sucesso, porém descontente com a música, Jim se recusou a incluí-la no disco seguinte do grupo, *Once upon a Time* (1985).

Álbuns recomendados do Simple Minds
LIFE IN A DAY (1979) ::: *EMPIRES AND DANCE* (1980) ::: *SISTER FEELINGS CALL* (1981) ::: *SONS AND FASCINATION* (1981) ::: *NEW GOLD DREAM* (1982) ::: *SPARKLE IN THE RAIN* (1984) ::: *ONCE UPON A TIME* (1985)

TEARS FOR FEARS

O processo da superexposição na mídia foi uma das causas mais graves para que muitas bandas dos anos 80 terminassem. A MTV passava seus vídeos à exaustão e talvez isso tenha cansado o público naquela época. O Tears for Fears é um bom exemplo disso. Quando apareceram com o primeiro álbum, *The Hurting* (1983), a dupla inglesa Roland Orzaball e Curt Smith foi aclamada pela crítica especializada. Com *Songs from the Big Chair* (1985), eles estouraram na América e seus vídeos entupiam as programações da MTV, bem como as músicas tocavam exaustivamente nas rádios. O disco vendeu milhões de cópias e os tornou astros do dia para a noite. Mas infelizmente eles não seguraram a onda e, no terceiro álbum, *The Seeds of Love* (1989), de som mais psicodélico, resolveram se separar. Sozinho, Orzabal ainda tentou mais dois discos com o nome Tears for Fears, no entanto não conseguiu o sucesso esperado. Mesmo com a volta da dupla em 2004, os tempos eram outros e já não havia mais espaço para uma fórmula tão desgastada na década de 80.

ELVIS COSTELLO

O cantor é um bom exemplo de integridade musical e talento que jamais foi consumido pela grande massa e muito menos explorado exaustivamente pela mídia. E não foi por falta de boas músicas, pois Elvis Costello pode ser considerado um dos talentos mais inquietos e criativos da música. Seu primeiro nome foi inspirado no rei do rock, Elvis Presley, e o segundo pelo nome de solteira de sua mãe, Costello. Durante seus trinta anos de carreira, ele tem experimentado os mais variados estilos, do punk, new wave e rockabilly do início, até power pop, country, folk, blues e jazz. Sua discografia, desde 1977, é um desfile de preciosidades.

Álbuns de Elvis Costello na década de 80

GET HAPPY! (1980) ::: *ALMOST BLUE* (1981) ::: *TRUST* (1981) ::: *IMPERIAL BEDROOM* (1982) ::: *PUNCH THE CLOCK* (1983) ::: *GOODBYE CRUEL WORLD* (1984) ::: *BLOOD & CHOCOLATE* (1986) ::: *KING OF AMERICA* (1986) ::: *SPIKE* (1989)

TALKING HEADS

Liderada pelo artista multimídia David Byrne, a banda sempre primou pela qualidade e por um conceito intelectual. A crítica americana usou o termo *art-school punks* ("punks de escola de arte", numa tradução aproximada) para definir o Talking Heads, o que faz sentido porque os integrantes se conheceram na Escola de Arte e Design de Rhode Island. Eles começaram a tocar nas pequenas casas noturnas de Nova York, como a famosa CBGB, e acabaram atraindo a atenção da gravadora Sire Records, que lançou o álbum *Talking Heads: 77* (1977). O disco foi bastante elogiado pela crítica, mas, no começo, todos estranharam a voz de Byrne, que descreveram como *jerky vocals*, ou seja, um vocal compulsivo, espasmódico. Foi então que ele adotou mais ainda a personalidade de alguém que cantava como se estivesse tendo ataques convulsivos. Um exemplo é a performance registrada no show ao vivo *Stop Making Sense*, que virou um documentário em 1984.

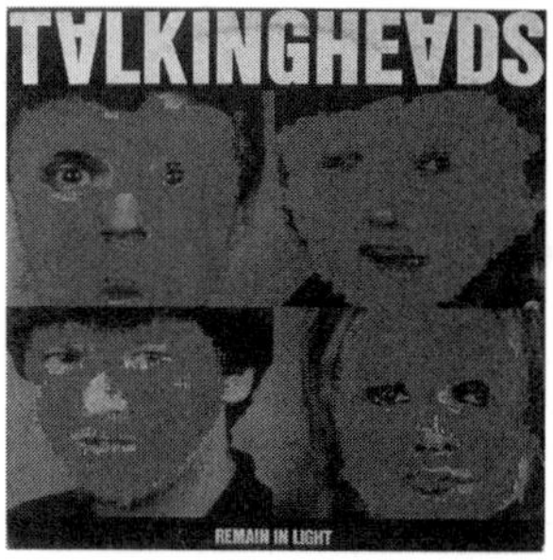

Desde o início, Byrne foi um apaixonado pela world music, e a música do Talking Heads sempre trazia alguma referência de percussão africana e do funk e soul americanos. Tudo isso temperado com uma sonoridade new wave, que representava o que havia de mais moderno musicalmente naquela época. Durante seus onze anos de existência, o grupo soube dosar muito bem em seus discos o lado experimental e o comercial, criando canções com batidas dançantes e radiofônicas.

Em 1985, David Byrne dirigiu o filme *Histórias Reais*, e depois o Talking Heads lançou o álbum *True Stories* (1986), que continha músicas da trilha. O último álbum foi *Naked* (1988), e a banda se separou três anos depois. A baixista Tina Weymouth e o baterista Chriz Frantz deram continuidade ao projeto paralelo que tinham, o Tom Tom Club, enquanto Byrne partiu para a carreira solo e montou sua própria gravadora, a Luaka Bop, que nos anos 90 foi responsável pelo lançamento dos discos de Tom Zé no exterior, garantindo-lhe reconhecimento internacional.

Muito se fala a respeito de uma volta definitiva do Talking Heads, contudo David Byrne só concordou em voltar para um único show em 1999, quando celebraram o aniversário de 15 anos do disco *Stop Making Sense*.

Discografia do Talking Heads

TALKING HEADS: 77 (1977) ::: *MORE SONGS ABOUT BUILDINGS AND FOOD* (1978) ::: *FEAR OF MUSIC* (1979) ::: *REMAIN IN LIGHT* (1980) ::: *THE NAME OF THIS BAND IS TALKING HEADS* (1982) ::: *SPEAKING IN TONGUES* (1983) ::: *STOP MAKING SENSE* (1984) ::: *LITTLE CREATURES* (1985) ::: *TRUE STORIES* (1986) ::: *NAKED* (1988)

JOY DIVISION E NEW ORDER

Joy Division foi uma banda de Manchester que começou em 1977 tocando um som mais punk, que acabou evoluindo para uma proposta pós-punk a partir de seu primeiro álbum, *Unknown Pleasures* (1979). Infelizmente, eles duraram apenas por dois álbuns, pois o vocalista e letrista Ian Curtis era um cara depressivo (o que ficava bem visível nas letras do grupo) e se enforcou em maio de 1980 logo após as gravações de *Closer* (1980). Depois de sua morte, começou a ser criado um culto em torno da banda e seus discos estouraram em vendas. A música "Love Will Tear Us Apart" foi um dos compactos mais vendidos de 1980.

O Joy Division tinha um acordo de terminar se algum integrante deixasse o grupo. Os membros remanescentes resolveram montar uma nova banda, o New Order. Desta vez, a liderança ficou por conta do guitarrista e vocalista Bernard Summer e, diferentemente do grupo anterior, eles optaram por uma sonoridade cada vez mais pop e dançante. O som do New Order revolucionou o synthpop, e eles criaram um novo estilo de música eletrônica, inspirados pelos alemães do Kraftwerk. A música "Blue Monday", de 1983, acabou se tornando a mais importante da história da música eletrônica.

Álbuns do New Order na década de 80
MOVEMENT (1981) ::: *POWER, CORRUPTION AND LIES* (1983) ::: *LOW-LIFE* (1985) ::: *BROTHERHOOD* (1986) ::: *SUBSTANCE* (1987) ::: *TECHNIQUE* (1989)

O nome da banda foi inspirado no livro *World War II, the House of the Dolls*, de Karol Cetinsky, no qual a autora conta que "Joy Division" era o nome dado ao espaço nos campos de concentração onde mulheres eram confinadas e forçadas a se prostituir para os soldados nazistas.

ECHO & THE BUNNYMEN

O vocalista Ian McCulloch e o guitarrista Will Sergeant formaram uma banda chamada Echo em 1978, em Liverpool. Com a entrada do baixista Les Pattinson, o grupo passou a se chamar Echo & The Bunnymen. Em 1979, conseguiram um contrato com uma gravadora, adicionaram o baterista Pete de Freitas e lançaram o primeiro álbum, *Crocodiles* (1980).

O som da banda tinha influências do pós-punk e da psicodelia dos The Doors. E, como vinham de Liverpool, traziam na bagagem o legado Beatles da era *Revolver* e *Sgt. Peppers*. Chegaram até a gravar "All You Need Is Love" em uma versão altamente psicodélica. A primeira fase da banda durou até 1988, quando Ian deixou o grupo e partiu para a carreira solo, lançando somente dois álbuns razoáveis. O restante da banda ainda tentou sobreviver sem ele e lançou *Reverberation* (1990), mas não deu certo. Em 1994, Ian tentou, ao lado de Will Sergeant, um novo projeto chamado Electrafixion, mas acabou ficando só no primeiro disco. Em 1997, o duo reformou o Echo & The Bunnymen sem o baterista Pete, que morreu em um acidente de moto em 1989. Essa segunda fase rendeu bons discos, mas jamais comparáveis aos álbuns dos anos 80.

Álbuns do Echo & The Bunnymen na década de 80
CROCODILES (1980) ::: *HEAVEN UP HERE* (1981) ::: *PORCUPINE* (1983) ::: *OCEAN RAIN* (1984) ::: *ECHO & THE BUNNYMEN* (1987)

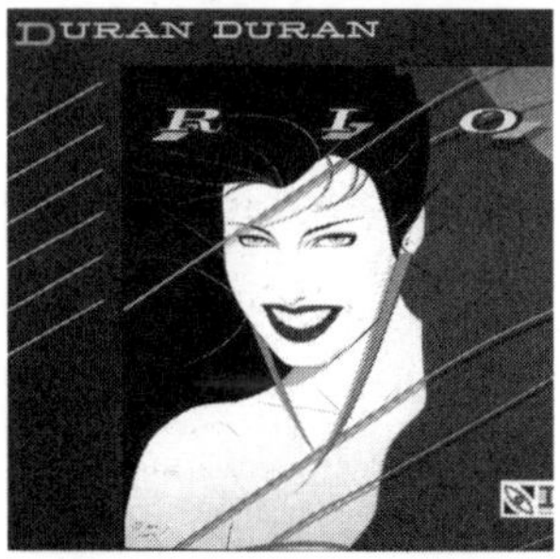

DURAN DURAN

A banda foi formada no final da década de 70 na cidade de Birmingham, na Inglaterra, a mesma que deu ao mundo o Black Sabbath. Mas de metal eles não tinham nada. Foi o Duran Duran quem projetou a new wave para o grande público. Se não fossem seus vídeos cheios de glamour e o estilo refinado de se vestir, provavelmente jamais teriam feito sucesso. Diziam na época que eles eram um "Sex Pistols chique". O nome do grupo foi tirado de um personagem interpretado por Milo O'Shea no filme *Barbarella.*

O Duran Duran começou a ficar popular no circuito que lançava o new romantic na Inglaterra, e conseguiu um contrato com a gravadora EMI. O sucesso começou com o primeiro compacto, *Planet Earth*, e, a partir daí, a banda se tornou a líder dos "novos românticos". Seus videoclipes causavam impacto e até censura, como os de "Girls on Film", que foi proibido pela BBC por conta do conteúdo sexual. Seus melhores vídeos foram inspirados em filmes, como "Hungry Like the Wolf" (baseado em *Os Caçadores da Arca Perdida*) e "Union of the Snake" e "Wild Boys" (baseados em *Mad Max 2 — A Caçada Continua*). Foram os clipes que fizeram a popularidade do Duran Duran crescer ainda mais entre 1982 e 1984.

As influências musicais do grupo são bem variadas, tanto que eles lançaram um disco chamado *Thank You* (1995), no qual regravaram músicas de Bob Dylan, Lou Reed, Sly & The Family Stone, Elvis Costello, The Doors, Iggy Pop e até Led Zeppelin. Entretanto grandes influências são David Bowie e Roxy Music.

A primeira e mais criativa fase da banda durou até 1985, quando os integrantes Andy e John Taylor resolveram formar o supergrupo Power Station, com o vocalista Robert Palmer. O projeto acabou não vingando, apesar de certo sucesso com a música "Some Like It Hot". Já o vocalista Simon Le Bon e os demais integrantes formaram o Arcadia, que emplacou somente o compacto *Election Day*. Depois de tudo isso, reduzidos a um trio, o Duran Duran reapareceu com o álbum *Notorious* (1986), que, apesar do sucesso, não repetiu o mesmo êxito dos anteriores. Mesmo assim, a banda ainda está na ativa.

Quatro álbuns essenciais do Duran Duran

DURAN DURAN (1981) ::: *RIO* (1982) ::: *SEVEN AND THE RAGGED TIGER* (1983) ::: *ARENA (LIVE)* (1984)

THE POLICE

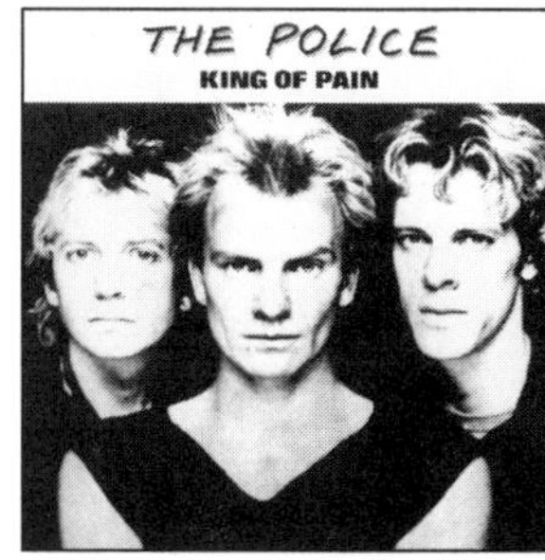

Outra marca registrada dos anos 80 foi o trio britânico The Police, liderado pelo baixista e vocalista Sting. A banda foi formada em 1977, em plena explosão do movimento punk, mas, apesar do som pesado que fazia no início da carreira, não podia ser classificada dentro desse estilo, pois a formação musical de cada integrante ia muito além dos quatro acordes do punk rock. O Police criou uma identidade sonora que misturava rock com reggae e jazz. Em 1984, a banda resolveu parar. Sting seguiu carreira solo e começou a explorar ainda mais suas influências jazzísticas. Em 2007, eles se reuniram para apresentações ao vivo.

Discografia do The Police

OUTLANDOS D'AMOUR (1978) ::: *REGATTA DE BLANC* (1979) ::: *ZENYATTA MONDATTA* (1980) ::: *GHOST IN THE MACHINE* (1981) ::: *SYNCHRONICITY* (1983)

DIRE STRAITS

A banda do guitarrista Mark Knopfler também trouxe uma sonoridade marcante e característica à década de 80. Esse estilo tão peculiar era influenciado por gêneros como country music, jazz e rock progressivo, além de músicos como J. J. Cale. Dois acontecimentos importantes contribuíram para o sucesso do Dire Straits: a MTV e o surgimento do CD no mercado fonográfico. O auge da carreira foi com o álbum *Brothers in Arms* (1985), que vendeu cerca de 38 milhões de cópias mundialmente. Esse disco trazia uma participação de Sting na música "Money for Nothing", cujo verso "I Want My MTV" ("Eu quero a minha MTV") acabou se transformando em um *slogan* da emissora. Na verdade, a música era um ataque sarcástico à MTV, mas seu vídeo tocou à exaustão por lá. Outras duas faixas desse álbum que marcaram a carreira do Dire Straits foram "Walk of Life" e "So Far Away", embora o grande hino da banda permaneça "Sultans of Swing", do primeiro disco, *Dire Straits* (1978). Depois de uma turnê em 1986, Knopfler resolveu dar um tempo com a banda, lançou trabalhos solo e se envolveu em uma série de outros projetos. No início dos anos 90, ele reformou o Dire Straits, sem alcançar o mesmo êxito dos primeiros tempos.

Álbuns recomendados do Dire Straits

DIRE STRAITS (1978) ::: *COMUNIQUÉ* (1979) ::: *MAKING MOVIES* (1980) ::: *LOVE OVER GOLD* (1982) ::: *ALCHEMY* (1984) ::: *BROTHERS IN ARMS* (1985)

AS BANDAS AUSTRALIANAS

Não somente de AC/DC vivia a Austrália nos anos 80. O INXS foi uma das bandas mais importantes da new wave local. Com um estilo bem característico e a personalidade à Mick Jagger de seu vocalista Michael Hutchence, a banda foi responsável por um punhado de hits nessa década. O sucesso começou quando lançaram seu quarto álbum, *The Swing* (1984), que trazia o hit "Original Sin". O auge da carreira foi com *Kick* (1987), considerado um dos melhores álbuns do *mainstream* na década de 80 e que continha os sucessos "Need You Tonight", "Devil Inside", "New Sensation" e "Never Tears Us Apart". Nessa época, o INXS foi considerado um rival do U2, mas a banda não conseguiu manter esse sucesso por muito tempo. Michael Hutchence se enforcou em 1997. A banda teve outros vocalistas e, em 2005, fechou com J.D. Fortune e ainda permanece gravando.

O Men at Work, em seu auge, poderia ser considerado o Police australiano. A banda estourou nas paradas com seu primeiro álbum, *Business as Usual* (1982). Nele havia três grandes sucessos: "Down Under", "Who Can It Be Now?" e "Be Good, Johnny". No disco seguinte, *Cargo* (1983), os destaques foram "Overkill" e "It's a Mistake". A banda terminou seu sucesso meteórico após o lançamento do terceiro e último álbum, *Two Hearts* (1985). Eles chegaram a se reagrupar em 1996 com um disco gravado ao vivo no Brasil, mas se separaram novamente em 2000.

Preocupado em salvar o mundo com um discurso político pela preservação da natureza, o Midnight Oil, liderado pelo ativista do Greenpeace Peter Garret, conseguiu levar sua mensagem para o mundo. A banda começou em Sidney no final dos anos 70, no entanto foi com *Diesel and Dust* (1987) que eles estouraram mundialmente com as músicas "Beds Are Burning" e "Dead Heart". Em seguida, veio outro grande álbum: *Blue Sky Mining* (1990); porém, nos anos 2000, a banda encerraria suas atividades.

OS PERSONAGENS

A década de 80 também criou personagens na música pop. Abaixo alguns deles que merecem destaque:

Boy George foi vocalista de uma grande banda dos anos 80, o Culture Club, que lançou quatro álbuns espetaculares: *Kissing to Be Clever* (1982), *Colour by Numbers* (1983), *Waking Up with the House on Fire* (1984) e *From Luxury to Heartache* (1986). Seu personagem era uma criatura bissexual com traços femininos na maquiagem e trajes exagerados da moda new romantic. Após o quarto disco e uma excursão de sucesso pela Europa e América, a banda resolveu dar um tempo. Boy George mergulhou nas drogas e passou a ser fonte de escândalos para os tablóides ingleses. Reabilitado na década de 90, deu seqüência à sua carreira solo, virou um DJ badalado e ainda tentou um retorno do Culture Club em 1999, que duraria até 2002.

Menos polêmico, Billy Idol se tornou um personagem em função de sua atitude, seu visual punk e seus videoclipes. Começou em uma banda punk inglesa chamada Generation X, que esperava fazer o mesmo sucesso do Sex Pistols. Só que, apesar de três bons álbuns, eles não tinham um apelo tão forte. Decepcionado, o cantor termi-

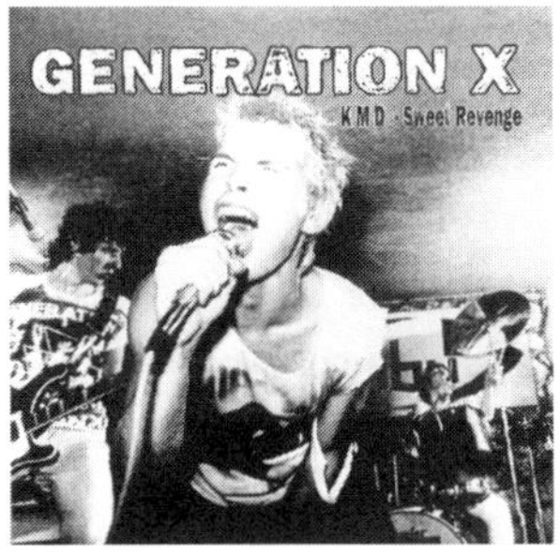

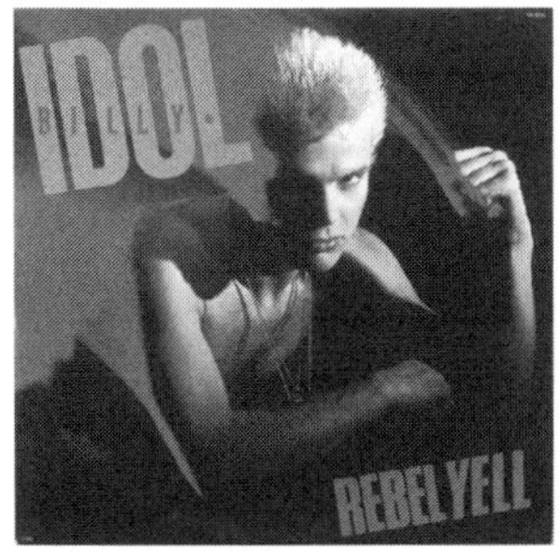

nou com a banda em 1981 e mudou para Nova York a fim de tentar uma carreira solo, que deu muito certo. O seu visual punk mesclado a uma proposta mais pop acabou caindo nas graças das rádios e da MTV, que deu todo suporte na divulgação de músicas como "Dancing with Myself", um de seus primeiros hits e um clássico da geração. Sua carreira nessa década sobreviveu apenas por três álbuns: *Billy Idol* (1982), *Rebel Yell* (1983) e *Whiplash Smile* (1986). Nos anos 90, o cantor perdeu o rumo em decorrência de seu vício em heroína, que quase o levou à morte por uma overdose. Mas continuou lançando álbuns.

Outro personagem para essa lista é o menos famoso no Brasil Adam Ant, que começou sua carreira na época do punk com a banda Adam & The Ants. Ele tinha uma proposta musical e teatral, pois é um ator que na época virou um personagem da new wave. Ant trabalhou no filme *Jubilee*, de Derek Jerman, que era ao mesmo tempo um retrato da geração punk e uma sátira à monarquia. Em 1978, o empresário dos Sex Pistols, Malcolm McLaren, resolveu dar uma força para a banda e os aconselhou a adotar um visual de piratas new romantic. A idéia funcionou e eles estouraram em toda a Europa com o segundo disco, *Kings of the Wild Frontier* (1980). No terceiro, *Prince Charming* (1981), pecaram pelo exagero e Adam resolveu desfazer o grupo e continuar como artista solo, lançando alguns álbuns que tiveram um relativo sucesso. Seus três primeiros álbuns com a banda são itens cultuados pelas novas gerações.

A Alemanha também contribuiu com dois personagens distintos: Nina Hagen e Klaus Nomi. Nina lançou seu primeiro disco em 1978, com sua Nina Hagen Band. Seu visual extravagante e vocal influenciado por cantoras líricas eram diferentes de tudo que acontecia na década de 80, o que a incentivou a se mudar para Nova York e expandir sua carreira mundialmente. Em 1983, ajudada pelo produtor alemão Giorgio Moroder, ela regravou "New York, New York", que se tornou um hit nos clubes da cidade. No Brasil, também ficou conhecida pela participação na gravação de "Garota de Berlim", sucesso do grupo Tóquio, cujo vocalista era Supla. Outro sucesso foi a regravação de "My Way", conhecida na voz de Frank Sinatra e também gravada anteriormente pelos Sex Pistols.

Infelizmente, Klaus Nomi é freqüentemente lembrado como a primeira figura do meio musical a morrer de aids na década de 80. Muitos esquecem do seu valor como artista, mas deve-se ressaltar que os três únicos discos que gravou ficaram para a história da new wave. Um *performer* inquieto e tão extravagante quanto Nina, ele explorava seu potencial vocal assim como ela, misturando rock, disco music e sua influência clássica.

OS SELOS FUNDAMENTAIS

Três selos redefiniram o rock inglês e a cena indie (abreviação de "independete" que passou a denominar um estilo musical) nos anos 80 e início dos 90: Mute Records, 4AD e Creation.

A Mute Records foi responsável por dois dos maiores nomes do synthpop dançante da década, Depeche Mode e Erasure, e também investiu em nomes do pós-punk e da cena eletrônica *underground*, como Cabaret Voltaire, Fad Gadget, Einsturzende Neubauten, Throbbing Gristle e Nitzer Ebb. Outro grande nome é Nick Cave e sua banda, The Bad Seeds.

Já o selo 4AD foi responsável por lançamentos de bandas como Pixies e Throwing Muses, além de outras com um som mais "etéreo", como Cocteau Twins, Dead Can Dance e This Mortal Coil. Este último foi um dos projetos mais criativos da cena indie dos anos 80, que reuniu integrantes de várias bandas do selo, entre elas Cocteau, Wolfgang Press e Colourbox.

Criado em 1983 pelo escocês Alan McGee, o nome do selo Creation foi inspirado no The Creation, banda psicodélica da década de 60 da qual McGee era um grande fã. A gravadora lançou nomes importantes como My Bloody Valentine, Ride, Swervedriver, Felt, Slowdive, The House of Love, Teenage Fanclub, Saint Etienne, Super Furry Animals, The Boo Radleys, Primal Scream, The Jesus and Mary Chain e Oasis. Sim, o Oasis foi uma descoberta de Alan McGee e o Creation foi quem lançou seus dois primeiros álbuns.

DEPECHE MODE

A banda apareceu no início da década no meio do movimento new romantic, mas aos poucos foi criando sua própria identidade e se distanciando do rótulo. Na época, o Depeche Mode gerou polêmicas a respeito do som da banda e do comportamento de seus integrantes. Alguns questionavam o fato de um bando de garotos tocarem uma música feita basicamente por teclados e seqüências eletrônicas. Outros chegavam até a questionar a sexualidade deles, "acusando-os" de gays. Mas tudo isso acabou se dissipando com o passar dos tempos, e a melhor prova da competência da banda foi o crescimento musical a cada disco, além do fato de terem atravessado décadas e continuarem na ativa até hoje.

Discografia do Depeche Mode na década de 80
SPEAK & SPELL (1981) ::: *A BROKEN FRAME* (1982) ::: *CONSTRUCTION TIME AGAIN* (1983) ::: *SOME GREAT REWARD* (1984) ::: *BLACK CELEBRATION* (1986) ::: *MUSIC FOR THE MASSES* (1987) ::: *101 LIVE* (1989)

ERASURE

O tecladista Vince Clark fez parte da primeira formação do Depeche Mode, mas os deixou em 1981 após o lançamento do primeiro álbum. Ele então formou um duo com a cantora Alison Moyet, chamado Yazoo, que lançou dois grandes álbuns: *Upstairs at Eric's* (1982) e *You and Me Both* (1983). Após esse último, Moyet seguiu carreira solo e Clarke logo arranjou outro parceiro, o vocalista Andy Bell, com quem montou o Erasure.

Eles causaram polêmica, pois Bell foi um dos primeiros vocalistas de synthpop assumidamente gay. O sucesso comercial veio a partir do terceiro álbum, *The Innocents* (1988), considerado o melhor disco da dupla, com os sucessos "A Little Respect", "Ship of Fools" e "Chains of Love". O Erasure ainda continua gravando.

GAYS NO SYNTHPOP

Além de Andy Bell, vocalista do Erasure, o synthpop tinha outros representantes gays, como Marc Almond (do Soft Cell), Jimmy Somerville (do Bronski Beat e Communards) e Pete Burns (do Dead or Alive). Este último fez até cirurgia para mudança de sexo e acusou Boy George de ter roubado dele a idéia de seu visual andrógino.

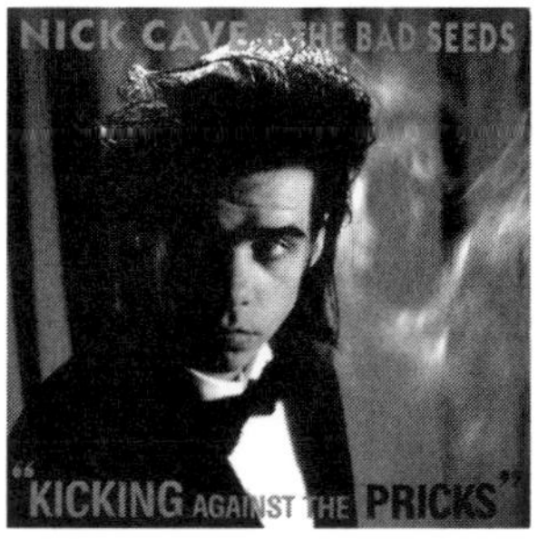

NICK CAVE

O cantor australiano surgiu no início da década ao lado da banda The Birthday Party. Iniciou sua carreira solo lançando o álbum *From Her to Eternity* (1984), chamando a atenção da crítica, que o consagra até os dias de hoje como um dos mais criativos compositores e intérpretes da cena indie inglesa.

Discografia de Nick Cave na década de 80

FROM HER TO ETERNITY (1984) ::: *THE FIRSTBORN IS DEAD* (1985) ::: *KICKING AGAINST THE PRICKS* (1986) ::: *YOUR FUNERAL, MY TRIAL* (1986) ::: *TENDER PREY* (1988)

COCTEAU TWINS

Grupo escocês formado em 1979, cujo nome foi inspirado no título de uma música obscura do também escocês Simple Minds. O núcleo do Cocteau Twins é formado pelo guitarrista Robin Guthrie e pela cantora Elizabeth Frazer.

Álbuns recomendados do Cocteau Twins
HEAD OVER HEELS (1983) ::: *TREASURE* (1984) ::: *VICTORIALAND* (1986)

PIXIES

A banda de Boston se formou em 1986 e pode ser considerada a mais influente para os movimentos grunge e britpop. Ninguém consegue imaginar, entretanto o que seria do Nirvana se não fosse o Pixies? Infelizmente eles não conseguiram o sucesso comercial merecido, mas com certeza abriram caminho para toda uma geração de bandas alternativas que surgiram na década seguinte. As letras do Pixies, graças à genialidade do vocalista Frank Black, eram poemas fragmentados falando de espaço, religião, sexo, mutilações e cultura pop, isso quando o sentido de suas letras não era indecifrável. De qualquer forma, a música era direta e vigorosa. A banda se separou em 1993, com Frank partindo para a carreira solo e Kim Deal montando a banda The Breeders, que conseguiu certo sucesso no circuito alternativo. Em 2004 eles se reuniram para uma série de shows, incluindo no Brasil.

Discografia do Pixies na década de 80
COME ON PILGRIM (1987) ::: *SURFER ROSA* (1988) ::: *DOOLITTLE* (1989)

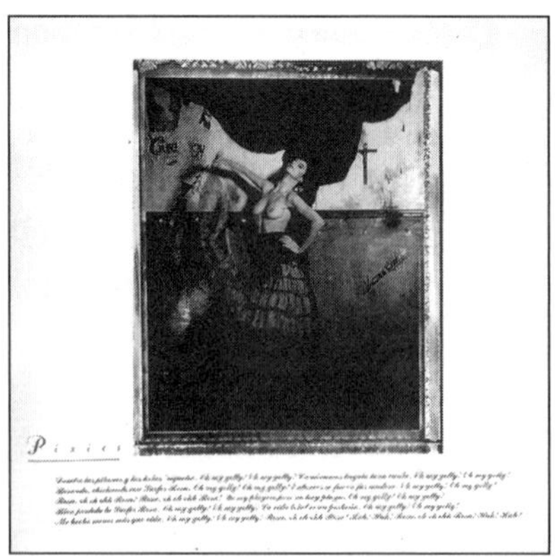
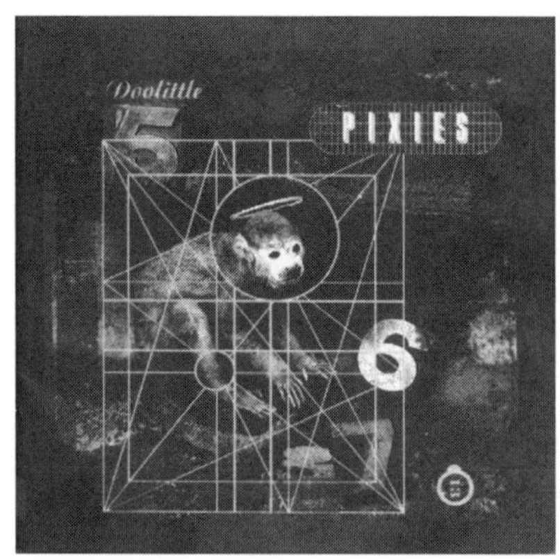

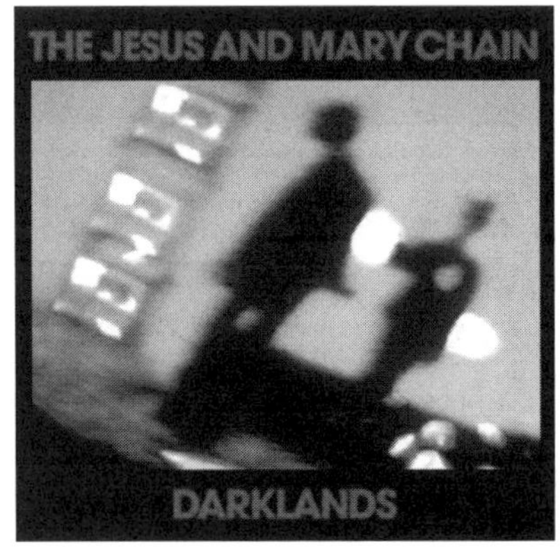

THE JESUS AND MARY CHAIN

Os irmãos escoceses William e Jim Reid formaram esta banda em 1983. Pode-se dizer que o som deles foi um dos mais criativos da década de 80. Influenciados por Velvet Underground e Stooges, e ainda pelo *wall of sound*, de Phil Spector, criaram uma sonoridade tão avassaladora quanto os primeiros acordes do punk rock.

Discografia do The Jesus and Mary Chain na década de 80
PSYCHOCANDY (1985) ::: *DARKLANDS* (1987) ::: *AUTOMATIC* (1989)

PRIMAL SCREAM

O líder do Primal Scream, Bobby Gillespie, foi baterista do The Jesus and Mary Chain, saindo em 1986. O primeiro álbum, *Sonic Flower Groove* (1987), era bastante influenciado por Byrds e pela psicodelia. Já o segundo, *Primal Scream* (1989), passava a explorar a música de Detroit feita nos anos 60 pelo MC5. Nos anos 90, a banda se tornou uma das mais importantes da cena indie inglesa e até hoje seus discos são elogiadíssimos pela crítica especializada.

O ROCK BRASILEIRO NOS ANOS 80

A década de 80 foi um momento importante para o rock brasileiro, assim como a Jovem Guarda. O país enfrentava uma de suas piores fases políticas, com a ditadura e o militarismo. Músicos, escritores e jornalistas ainda enfrentavam o fantasma da censura.

A música brasileira no final dos anos 70 era amargurada e essencialmente política. Muitos críticos a chamavam de música "panfletária", pois nomes como Gonzaguinha, Ivan Lins e Chico Buarque protestavam o tempo todo. Isso gerou um certo cansaço nos jovens, que viam a Europa e a América explodindo musicalmente com os Sex Pistols e os Ramones. Claro que roqueiros como Rita Lee e Raul Seixas tentavam injetar alguma dose de rock and roll nas pessoas, mas ainda não era o suficiente. Precisavam aparecer novos nomes. Era necessário melhorar o humor das pessoas, fazê-las sair de casa para dançar e esquecer os problemas do dia-a-dia. Foi nesse contexto que apareceu o movimento do rock brasileiro dos anos 80, que o escritor e jornalista Nelson Motta chamou de "BRock" ou "Rock Brasil".

OS PALCOS DO ROCK BRASILEIRO NOS ANOS 80

Em São Paulo, a primeira casa noturna a abrir espaço para a nova geração foi a Paulicéia Desvairada, em 1982, criada por Nelson Motta e Júlio Barroso (da banda Gang 90). Foi o primeiro lugar a tocar punk e new wave no bairro dos Jardins, em São Paulo, pois, até então, as festas punks eram realizadas somente na periferia. Quando a Paulicéia fechou, no ano seguinte, Júlio abriu outro espaço, chamado Hong Kong. A inauguração da casa marcou a primeira apresentação do Barão Vermelho em São Paulo e a estréia dos Titãs do Iê-Iê (primeiro nome dos Titãs). Em seguida, começaram a aparecer outros bares, como o Rose Bom Bom, onde quase todas as bandas da geração 80 se apresentavam em um minúsculo palco.

No Rio de Janeiro havia o Circo Voador, localizado próximo aos Arcos da Lapa, e que foi o ponto de partida do rock carioca dos anos 80. Por lá passaram nomes como Paralamas do Sucesso, Kid Abelha, Barão Vermelho, Gang 90 e João Penca e Seus Miquinhos Amestrados. O lugar serviu ainda de palco para diversas bandas emergentes de outros estados.

Em 1983, veio a febre das danceterias em São Paulo e uma das mais importantes da época foi o Radar Tan Tan, que conseguia reunir mais de 3 mil pessoas em uma noite a preços populares, cerveja barata e sempre uma banda tocando ao vivo. Depois apareceu o que mais tarde se tornou o templo gótico de São Paulo, o Madame Satã, o espaço mais alternativo da cidade, de onde saiu todo *underground* paulista de meados para o final da década.

Todos esses espaços garantiram ainda mais a divulgação desse novo rock que surgia.

AS PRINCIPAIS BANDAS DO ROCK CARIOCA

BARÃO VERMELHO

O grupo carioca começou em 1981, fundado pelo guitarrista Roberto Frejat, e lançou seu primeiro álbum no ano seguinte. A projeção nacional veio com a música "Pro dia nascer feliz", incluída em *Barão Vermelho 2* (1983). O maior sucesso da banda, "Bete Balanço", apareceu no álbum seguinte, *Maior abandonado* (1984), e também fez parte da trilha sonora do filme homônimo, dirigido por Lael Rodrigues. Em janeiro de 1985, eles fizeram uma apresentação histórica no *Rock in Rio* e, em seguida, o vocalista Cazuza deixou a banda para se dedicar à carreira solo. Frejat assumiu o vocal do Barão Vermelho, que se estabeleceu como uma das melhores bandas nacionais ao vivo com *Carnaval* (1988). O disco trazia sucessos como "Pense e dance" e "Não me acabo". No final da década, eles lançaram *Barão ao vivo* (1989).

A carreira solo de Cazuza começou logo após sua saída do Barão, com o lançamento de *Cazuza* (1985), que tinha entre as faixas "Exagerado", seu primeiro sucesso solo, e a balada "Codinome Beija-Flor". O álbum seguinte foi *Só se for a dois* (1987), que trazia "O nosso amor a gente inventa". Mas seu melhor trabalho viria com *Ideologia* (1988), que, além da faixa-título, continha "Blues da piedade" e a sensacional "Brasil", famosa na voz de Gal Costa quando foi trilha de uma novela da rede Globo. Mesmo debilitado em razão da aids, Cazuza continuou gravando e se apresentando ao vivo, lançando ainda *Burguesia* (1989). Logo após sua morte, em 7 de julho de 1990, foi lançado o póstumo *Por aí* (1991).

BLITZ

Em 1982, a Blitz lançava seu primeiro compacto, *Você não soube me amar*. Detalhe: no lado B havia uma antimúsica em que o vocalista e guitarrista Evandro Mesquita falava repetidamente a palavra "nada". Um dos fundadores da banda foi Lobão, que saiu em carreira solo antes mesmo do lançamento do primeiro LP, *As aventuras da Blitz* (1982). Aliás, ocorreu uma história absurda com esse disco. Naquela época nenhum álbum ia para as lojas sem antes ter a liberação de todas as letras pela censura. As duas últimas músicas do lado B foram censuradas, e a gravadora EMI, para não perder uma prensagem de mais de 10 mil cópias, resolveu riscar as faixas, inutilizando-as para não serem tocadas. O disco foi vendido com um adesivo na capa avisando ao consumidor sobre a censura. Coisas do tempo do vinil...

Após os lançamentos de *Radioatividade* (1983) e *Blitz 3* (1984), a banda se desfez. Evandro Mesquita seguiu carreira solo e retomou a profissão de ator, iniciada nos anos 70 com o famoso grupo teatral Asdrúbal Trouxe o Trombone. Outra integrante, Fernanda Abreu, também partiu para os álbuns solo, iniciando uma carreira bem-sucedida. Evandro montou novamente a Blitz no final dos anos 90, com outra formação, e gravou novos CDs.

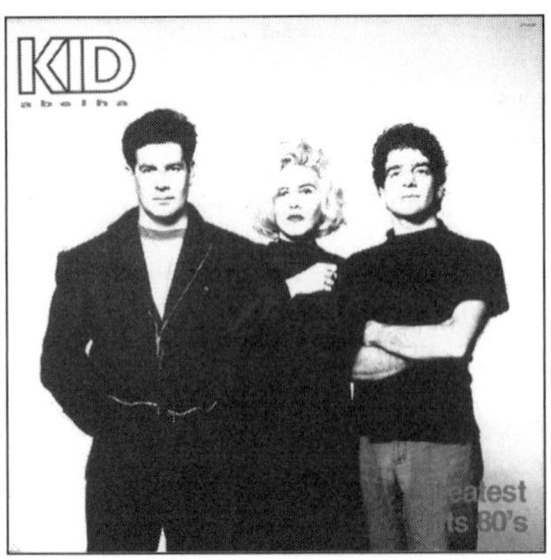

KID ABELHA

A banda começou em 1982 com o nome Kid Abelha e os Abóboras Selvagens e apareceu pela primeira vez na coletânea *Rock Voador*, feita com as bandas que tocavam no Circo Voador. O primeiro álbum, *Seu Espião* (1984), trazia os sucessos "Pintura íntima", "Fixação", "Como eu quero", "Seu espião" e "Nada tanto assim". Com esse LP, o Kid foi a primeira banda da geração 80 a ganhar um disco de ouro pela venda de mais de 100 mil cópias. Após o lançamento do segundo álbum, *Educação Sentimental* (1985), o baixista Leoni, que era o principal compositor da banda, saiu para formar seu próprio grupo, Heróis da Resistência. O Kid resolveu continuar apenas com seu núcleo inicial: Paula Toller no vocal, Bruno Fortunato na guitarra e George Israel no saxofone. A partir do álbum *Tudo é permitido* (1991), o nome da banda foi simplificado para Kid Abelha.

PARALAMAS DO SUCESSO

Apesar de os integrantes serem de Brasília, os Paralamas não fazem parte da geração de bandas que vieram de lá, como Legião Urbana, Plebe Rude e Capital Inicial. O trio já morava no Rio de Janeiro no início dos anos 80, quando a banda foi formada. No começo eram Herbert Vianna na guitarra e Bi Ribeiro no baixo. Em 1982, a banda tinha dois vocalistas, Ronel e Naldo, e Herbert só tocava guitarra. O baterista era Vital (sim, o da moto). Os dois logo saíram da banda e Herbert passou a cantar. Vital faltou a uma apresentação e foi substituído por João Barone, mas acabou servindo de inspiração para o primeiro sucesso do grupo: "Vital e sua moto". A música lhes rendeu um contrato com a gravadora EMI, que lançou o primeiro LP da banda, *Cinema mudo* (1983). Com o álbum *O Passo do Lui* (1984) vieram sucessos como "Óculos", "Meu erro", "Mensagem de amor" e "Romance ideal". O disco seguinte, *Selvagem?* (1986), está na lista dos melhores álbuns da banda e flertava com a MPB em faixas como "Alagados" e "A novidade", esta escrita em parceria com Gilberto Gil. Tinha ainda "Melô do marinheiro" e a regravação de "Você", de Tim Maia. Esse foi um dos álbuns mais vendidos dos Paralamas: 750 mil cópias. Em 1987, eles tocaram no *Festival de Montreaux*, na Suíça, e a banda passou a ser famosa na Argentina, na Venezuela, no Chile e no Uruguai. Com um integrante a mais, o tecladista João Fera, lançaram *Bora Bora* (1988), que acrescentava "metais" ao seu som. Nesse disco, destacam-se "Quase um segundo" e "Uns dias". Encerrando a década, saiu *Big Bang* (1989), que trazia hits como "Perplexo" e "Lanterna dos afogados".

OUTRAS BANDAS CARIOCAS

O rock and roll básico apresentado por João Penca e seus Miquinhos Amestrados era parte de uma cena mais alternativa e ligada ao doo-wop e ao rockabilly. Da banda saiu o cantor Léo Jaime, que depois teve vários sucessos em carreira solo. A banda acompanhou o cantor Eduardo Dusek em um dos discos mais divertidos da década de 80, *Cantando no banheiro* (1983), que trouxe os sucessos "Rock da cachorra" e "Barrados no baile".

A Gang 90 e as Absurdettes foi uma das bandas mais influenciadas pela new wave do B-52's e do Blondie. Liderada pelo jornalista e DJ Júlio Barroso, trazia entre as vocalistas a performática May East. A banda estreou no *Festival MPB Shell*, da rede Globo, em 1981, com a música "Perdidos na selva", mais tarde regravada pelo Barão Vermelho. O primeiro LP, *Essa tal de Gang 90 & as Absurdettes* (1983) era aberto pela música "Nosso louco amor", que foi tema da novela homônima da Globo. A carreira da banda foi bruscamente interrompida quando Júlio, em 1984, morreu. Na verdade, até hoje isso é um mistério; na época o laudo da morte considerou que Júlio havia caído acidentalmente do décimo andar do prédio onde morava.

Em 1986, apareceu o Biquíni Cavadão com o LP *Cidades em Torrente*, que continha seus grandes hits da década de 80: "Timidez", "No mundo da lua" e "Tédio".

AS PRINCIPAIS BANDAS DO ROCK PAULISTA

IRA!

Com a formação: Nasi no vocal, Edgard Scandurra na guitarra, Ricardo Gaspa no baixo e André Jung na bateria, o Ira! lançou seu primeiro álbum, *Mudança de comportamento* (1985). A música "Núcleo base", um dos hits do disco, foi composta por Scandurra quando ele serviu o Exército. *Vivendo e aprendendo* (1986), o álbum seguinte, foi o primeiro grande estouro do Ira!, com as músicas "Envelheço na cidade", "Vitrine viva" e "Flores em você", que lhes deu projeção nacional ao ser tema de abertura da novela das oito da Globo *O Outro*. *Psicoacústica* (1988), que trazia canções sensacionais como "Rubro zero", "Receita pra se fazer um herói" e "Pegue essa arma" é um dos trabalhos mais ousados e criativos da banda. Encerrando a década, eles lançaram *Clandestino* (1989), que trazia o sucesso "Tarde vazia" e a fabulosa "Nasci em 62" encerrando o disco. Nasi e Scandurra também mantiveram carreiras paralelas. Nasi é apaixonado por blues, reggae, hip-hop, soul music, e seus discos solo refletem bem essas influências. Scandurra, além de suas influências mod, punk e new wave, adora novidades, principalmente aquelas ligadas à música eletrônica. Seu projeto Benzina funciona como um laboratório para explorar novos sons.

RPM

Tudo começou no início dos anos 80, quando dois amigos, Paulo Ricardo e Luiz Schiavon, resolveram compor algumas músicas juntos. Mais tarde, integraram a banda o guitarrista Fernando Deluqui e o baterista Paulo P. A.. O nome foi tirado de "45 RPM" (45 rotações por minuto), trocando "rotações" por "revoluções". Ou seja, RPM significa "revoluções por minuto".

A gravadora se surpreendeu quando o primeiro álbum, *Revoluções por minuto* (1985), foi lançado, pois não acreditava no potencial radiofônico das músicas. No entanto, quase todas as faixas foram executadas em rádio e se tornaram sucesso. O disco vendeu mais de 300 mil cópias e consagrou músicas como "Olhar 43", "Rádio pirata", "A cruz e a espada", "Louras geladas" e "Revoluções por minuto".

Em 1986, a banda chegou ao estágio de *megastars* do rock brasileiro. Nunca nenhuma banda por aqui tinha alcançado o estrelato tão rápido. Os shows já não eram mais em danceterias, e, sim, em ginásios e estádios. Até Ney Matogrosso chegou a fazer a direção dos shows da banda. Isso gerou o disco *Rádio Pirata – Ao Vivo* (1986), que trazia canções do primeiro álbum e duas regravações que fizeram grande sucesso, "London London", de Caetano Veloso, e "Flores astrais", dos Secos & Molhados, além de duas inéditas, "Alvorada voraz" e "Naja". O disco saiu com 500 mil cópias vendidas antecipadamente e chegou à marca de mais de 2 milhões de cópias. Foi um recorde na indústria fonográfica brasileira.

Cansados da superexposição na mídia — pois Paulo Ricardo, além de vocalista da banda, tinha virado *sex symbol*, causando histeria nas garotas —, o RPM resolveu dar um tempo na carreira. Voltaram com o disco *Os quatro coiotes* (1988), que não conseguiu o mesmo sucesso dos discos anteriores, apesar de ter chegado a 250 mil cópias vendidas. Depois desse álbum, a banda se separou definitivamente e Paulo Ricardo, mais tarde, começou uma carreira solo. Voltaram a se reunir em 2002 para o lançamento de CD ao vivo.

TITÃS

Os Titãs começaram em 1982 com o nome de Titãs do Iê-Iê, uma sátira new wave da Jovem Guarda. Eles contavam com um belo time de compositores, entre eles Arnaldo Antunes e Nando Reis. A princípio, a banda tinha nove integrantes. Um deles era Ciro Pessoa, que os deixou ainda antes de gravarem o primeiro LP, e formou o grupo Cabine C. Nessa época, os músicos mudaram o nome da banda para Titãs, pois todo mundo confundia Titãs do Iê-Iê com o termo da Jovem Guarda "Iê Iê Iê". Desta forma, deixaram de lado qualquer resquício do gênero.

O primeiro disco, *Titãs* (1984), emplacou a música "Sonífera ilha". O segundo, *Televisão* (1985), contou com a produção de Lulu Santos, que também tocou em duas faixas. Foi um disco repleto de hits, como "Televisão", "Insensível", "Massacre" e "Dona Nenê". *Cabeça Dinossauro* (1986) veio a provar ainda mais a competência da banda, principalmente como letristas. O disco era influenciado pelo punk, diferenciava-se bastante dos anteriores e talvez seja o mais aclamado dos Titãs, tanto pela crítica como pelo público. Sem dúvida, um dos melhores álbuns da década. Em pleno auge criativo, lançaram mais um clássico, *Jesus não tem dentes no país dos banguelas* (1987), seguindo a linha pesada do anterior e explorando o lado mais eletrônico do rock. Foi uma mistura perfeita, que gerou hits como "Comida", "Corações e mentes", "Diversão" e "Lugar nenhum". Nessa época, eles fizeram uma grande performance no festival *Hollywood Rock*.

Em julho de 1988 se apresentaram no *Festival de Jazz de Montreux*, show que gerou o CD ao vivo *Go Back* (1988). E, fechando com muita categoria os anos 80, os Titãs lançaram *Õ blésq blom* (1989), um de seus discos mais elaborados. O álbum abre e fecha com a cantoria de um casal de repentistas que eles encontraram na praia de Boa Viagem, no Recife. As músicas são riquíssimas em arranjos e efeitos eletrônicos, como "Miséria" e "O pulso". "Flores" foi um dos grandes hits do álbum e recebeu o prêmio da MTV americana de melhor vídeo de rock da América Latina.

ULTRAJE A RIGOR

Liderado por Roger Moreira, o Ultraje a Rigor sempre manteve um estilo fiel às raízes do rock and roll. Roger é um apaixonado pela música dos anos 50, pelo doo-wop, pela surf music e pela Jovem Guarda dos anos 60. Um grande sucesso da banda foi "Inútil", uma das letras mais bem-humoradas do rock brasileiro, citada até por políticos como Ulisses Guimarães na época das Diretas Já. O Ultraje colecionou hits durante a década, como "Ciúmes", "Nós vamos invadir sua praia", "Sexo", "Marilou" e "Independente Futebol Clube".

O ROCK BRASILEIRO FORA DO EIXO RIO–SÃO PAULO

BRASÍLIA

LEGIÃO URBANA

Antes de formar o grupo, Renato Russo teve uma das primeiras bandas punks de Brasília, o Aborto Elétrico. O primeiro LP, *Legião Urbana* (1985), trazia grandes sucessos como "Será", "Geração Coca-Cola" e "Ainda é cedo". A Legião foi a primeira banda da capital do Brasil a atrair a atenção da mídia. Mais três discos se tornaram verdadeiros clássicos da década. *Dois* (1986) os levou ao sucesso nacional com as músicas "Eduardo e Mônica", "Tempo perdido" e "Índios", vendendo naquele ano quase um milhão e meio de cópias. O desabafo político do álbum *Que país é este 1978/1987* (1987) surge com a faixa "Que país é este?", mas o disco trazia também outros grandes hits, como "Faroeste caboclo" e "Eu sei", com uma vendagem de um milhão de cópias. Esse pode ser considerado o álbum da Legião mais influenciado pelo punk. E, completando o ciclo da década, *As quatro estações* (1989) também veio repleto de sucessos como "Há tempos", "Pais e filhos", "Meninos e meninas" e "Quando o sol bater na janela do seu quarto". As vendas atingiram 1,6 milhão de cópias. Infelizmente, a carreira da banda foi interrompida em outubro de 1996 com a morte de Renato Russo, mas a Legião é reconhecida até hoje como um dos mais importantes grupos brasileiros da década de 80.

CAPITAL INICIAL

A história do Capital Inicial se mistura com a origem da Legião e do Aborto Elétrico. Fê Lemos, na bateria, e Flávio Lemos, no baixo, eram do Aborto, ao lado de Renato Russo e Loro Jones. Em 1983, após tocar baixo na banda Dado e o Reino Animal, Dinho Ouro Preto entrou para o grupo como vocalista. Em 1985, depois de quase dois anos fazendo um circuito *underground* de apresentações em outras cidades do país — em palcos como o Circo Voador, no Rio de Janeiro —, o Capital Inicial assinou com uma gravadora e lançou seu primeiro compacto, com a música "Descendo o rio Nilo". O álbum de estréia, *Capital Inicial* (1986), teve como destaque as músicas "Fátima", "Música urbana", "Psicopata", "Veraneio vascaína" e "Leve desespero". Logo de cara a banda já faturou um Disco de Ouro pela venda de mais de 100 mil cópias. Seus outros discos na década de 80 foram *Independência* (1987) e *Você não precisa entender* (1989).

PLEBE RUDE

Ainda em Brasília surgiu o Plebe Rude, com o miniLP *O concreto já rachou* (1986). Na época, as sete faixas do miniálbum foram executadas em rádio e fizeram sucesso, especialmente "Até quando esperar", "Proteção" e a faixa-título.

OUTROS ESTADOS

Já a Bahia precisava de um herdeiro do trono de Raul Seixas. Então apareceu Marcelo Nova e seu Camisa de Vênus em 1983, com seu primeiro LP. A princípio, as rádios não queriam tocar as músicas da banda e houve certa censura por causa do nome, mas depois o grupo começou a emplacar sucessos como "Eu não matei Joana D'Arc", "Silvia", "Bete morreu" e "O adventista".

Porto Alegre veio com grandes bandas, entre elas: Engenheiros do Hawaii, Nenhum de Nós e Os Replicantes. A coletânea *Rock Grande do Sul* (1986) revelou músicas como "Sopa de letrinhas" e "Segurança", dos Engenheiros, que, no mesmo ano, lançou seu disco de estréia, *Longe demais das capitais*. A mesma compilação tinha "Surfista calhorda", dos Replicantes, que revelava, além da banda, seu líder Wander Wildner, um dos melhores compositores do rock gaúcho da época. O LP de estréia foi *O futuro é vórtex* (1986) e eles foram a primeira banda punk a se tornar conhecida fora do Rio Grande do Sul. O Nenhum de Nós estourou com a música "Camila, Camila" e depois com "O astronauta de mármore", versão para a música "Starman", de David Bowie.

Em 1983 surgiu, em Belo Horizonte, o Sepultura, banda que colocou o Brasil no mapa das pátrias das melhores bandas de metal. O primeiro disco é *Bestial Devastations* (1985), seguido por *Morbid Vision* (1986) e *Schizophrenia* (1987). A partir daí, o Sepultura começou a chamar a atenção fora do país, tanto que esse álbum foi pirateado no exterior, chegando a vender mais de 30 mil cópias (a grana das vendas desses discos a banda nunca viu). Depois de despertar o interesse de gravadoras no exterior, eles assinaram com o selo holandês Roadrunner Records e lançaram o álbum *Beneath the Remains* (1989), superelogiado por toda a crítica lá fora. O Sepultura começou suas apresentações no exterior e se estabeleceu no início dos anos 90 como uma das melhores bandas de metal da década.

1987

Esse foi um ano importante para o rock no Brasil, pois foram lançados grandes discos como *Vida bandida*, de Lobão, *A revolta dos dândis*, do Engenheiros do Hawaii, *Jesus não tem dentes no país dos banguelas*, dos Titãs, *Que país é este 1978/1987*, da Legião Urbana, e *Sexo*, do Ultraje a Rigor. No Rio de Janeiro, Fausto Fawcett e seus Robôs Efêmeros gravaram o primeiro rap brasileiro, "Kátia Flávia".

Outro fato interessante nesse ano foi a criação do selo Plug, que revelou uma série de bandas *underground* de vários estados, como Picassos Falsos e Hojerizah (Rio de Janeiro), De Falla e TNT (Rio Grande do Sul), Violeta de Outono (São Paulo), entre outras. Apesar de reconhecidas e bem recebidas pela crítica, algumas não passaram do segundo LP, embora o Violeta de Outono continuasse sua carreira como um dos grupos de rock *underground* mais respeitados nos anos 80.

A BANDA QUE GEROU TRÊS CANTORES DE SUCESSO

Vimana foi uma banda brasileira dos anos 70, que tocava rock progressivo e teve entre seus integrantes Lobão, Lulu Santos e Ritchie. O grupo terminou em 1978, mas esse trio esteve entre os nomes de maior sucesso do rock brasileiro na década de 80.

Lobão, depois de gravar como baterista da Blitz no primeiro disco, partiu para uma brilhante carreira solo a partir do lançamento de *Cena de cinema* (1982). A consagração veio com *Ronaldo foi pra guerra* (1984), que trazia "Me chama", a faixa mais executada nas rádios brasileiras na década de 80. Ainda nos anos 80, Lobão lançou os clássicos *O rock errou* (1986), *Vida bandida* (1987), *Cuidado!* (1988) e *Sob o Sol de Parador* (1989).

Lulu Santos foi uma verdadeira fábrica de sucessos na década de 80. Tudo começou com o álbum *Tempos modernos* (1982), que trazia os sucessos "De repente, Califórnia" e "Areias escaldantes". Com o álbum seguinte, *O ritmo do momento* (1983), veio a consagração com os hits "Um certo alguém" e "Como uma onda". Ele ainda lançaria mais seis discos durante a década.

O inglês Richard David Court, ou simplesmente Ritchie, veio para o Brasil em 1972 e se tornou amigo do pessoal dos Mutantes. No início dos anos 80, gravou uma demo com a música "Menina veneno". A canção despertou interesse do selo Epic/CBS, que lançou o primeiro compacto do cantor, em 1983, um grande sucesso nas rádios e na TV, vendendo mais de 500 mil cópias, um recorde na indústria do disco até então. Veio em seguida o álbum de estréia, *Vôo de coração* (1983), outro triunfo em vendas, que rendeu outros quatro grandes sucessos: "A vida tem dessas coisas", "Casanova" (tema da novela *Champagne*, da Globo), "Pelo interfone" e a faixa-título. Seus outros álbuns na década de 80 são *E a vida continua* (1984), *Circular* (1985), *Loucura e mágica* (1987) e *Pra ficar contigo* (1988).

PUNK PAULISTA

Logo no início da década, o movimento punk começou a tomar forma em São Paulo. As primeiras bandas a aparecer foram AI-5, Restos de Nada, Inocentes, Cólera, M-19, Fogo Cruzado, Lixomania, Condutores de Cadáver e Olho Seco. O primeiro registro em disco dessas bandas foi a coletânea *Grito Suburbano* (1982), que incluía faixas dos grupos Cólera, Olho Seco e Inocentes, pelo selo Punk Rock Discos.

O punk paulista também revelou duas grandes bandas: Ratos de Porão e Garotos Podres. A primeira é a banda em que o apresentador João Gordo, da MTV, é vocalista. O primeiro álbum foi *Crucificados pelo sistema* (1983), e o seguinte é *Descanse em paz* (1986), que mostra influências do hardcore punk de bandas como Discharge e do thrash metal do Metallica e do Slayer. Nos anos seguintes, eles conquistaram uma carreira internacional. Na década de 80, ainda, lançaram mais dois discos: *Cada dia mais sujo e agressivo* (1987) e *Brasil* (1989). Os Ratos de Porão continuam na ativa.

Banda originária da cidade de Mauá, grande São Paulo, Garotos Podres começou em 1982. O primeiro LP, *Mais podres do que nunca* (1985), produzido por Redson (do Cólera), vendeu mais de 50 mil cópias, um recorde para discos independentes naquela época, principalmente em se tratando de uma banda punk. Depois eles também lançaram *Pior que antes* (1988), produzido por Mauricio Defendi, ex-baixista do Ultraje a Rigor.

Em 1986, Inocentes se tornou a primeira banda punk paulista a assinar com uma grande gravadora, lançando pela Warner o álbum *Pânico em SP* (1986), que trazia, entre outras, as músicas “Rotina”, “Ele disse não”, “Não acordem a cidade” e a faixa-título.

AS BANDAS BRASILEIRAS ONE HIT WONDERS

A década de 80 também ficou marcada por uma série de bandas com apenas um sucesso (com sorte, dois), o que nos Estados Unidos se chama *one hit wonders*. Muitas merecem destaque, pois suas músicas freqüentaram as paradas por um certo período e seus compactos em vinil foram campeões de vendas.

365 ::: A BANDA PAULISTA FEZ UMA MÚSICA QUE ACABOU SE TORNANDO UMA HOMENAGEM ROQUEIRA À CIDADE DE SÃO PAULO. O TÍTULO? "SÃO PAULO".

ABSYNTHO ::: SUCESSO COM A MÚSICA "URSINHO BLAU-BLAU".

BRYLHO ::: BANDA CARIOCA QUE REVELOU CLÁUDIO ZOLLI COM O SUCESSO "NOITE DO PRAZER", DE 1983.

DR. SILVANA & CIA ::: ESTOURARAM COM "SERÃO EXTRA" (AQUELA DO REFRÃO "EU FUI DAR MAMÃE...") E AINDA EMPLACARAM "EH! OH!" E "TACA A MÃE PRA VER SE QUICA".

ED MOTTA & CONEXÃO JAPERI ::: BANDA DO SOBRINHO DE TIM MAIA, QUE EMPLACOU UM HIT NO FINAL DOS ANOS 80: "MANUEL". DEPOIS DE APENAS UM DISCO, ED DEIXOU A BANDA E SEGUIU CARREIRA SOLO.

GRAFITE ::: SUCESSO COM A MÚSICA "MAMMA MARIA".

GUETO ::: A PRIMEIRA BANDA PAULISTA A MISTURAR INFLUÊNCIAS DO FUNK, HIP-HOP E MÚSICA ELETRÔNICA. A FAIXA QUE MERECE DESTAQUE É "G.U.E.T.O.".

HERVA DOCE ::: BANDA CARIOCA LIDERADA PELO VOCALISTA RENATO LADEIRA, QUE FEZ GRANDE SUCESSO COM AS MÚSICAS "AMANTE PROFISSIONAL" E "VENENOSA".

MAGAZINE ::: ESTOUROU COM "EU SOU BOY" (EM 1983) E "TIC TIC NERVOSO" E "COMEU" (AMBAS EM 1984). A ÚLTIMA, DE CAETANO VELOSO, FOI TEMA DE ABERTURA DA NOVELA GLOBAL *A GATA COMEU*.

O ESPÍRITO DA COISA ::: SUCESSO COM A MÚSICA "LIGEIRAMENTE GRÁVIDA".

OS ELETRODOMÉSTICOS ::: CANTARAM "CHOVEU NO MEU CHIP".

SEMPRE LIVRE ::: GRUPO DE NEW WAVE CARIOCA FORMADO SÓ POR MULHERES, COM O NOME INSPIRADO NO FAMOSO ABSORVENTE FEMININO. FEZ SUCESSO COM AS MÚSICAS "EU SOU FREE" E "FUI EU", DOS PARALAMAS DO SUCESSO. A BANDA REVELOU DULCE QUENTAL.

TOKYO ::: BANDA FORMADA PELO VOCALISTA SUPLA; FEZ MUITO SUCESSO NA DÉCADA DE 80 COM AS MÚSICAS "GAROTA DE BERLIM" (QUE TINHA A PARTICIPAÇÃO DE NINA HAGEN) E "ESSES HUMANOS".

UNS E OUTROS ::: BANDA QUE SEGUIA OS PASSOS DA LEGIÃO URBANA E FEZ SUCESSO COM A MÚSICA "CARTAS AOS MISSIONÁRIOS".

ZERO ::: BANDA PRODUZIDA POR PAULO RICARDO, DO RPM. TINHA O VOCALISTA GUILHERME ISNARD E O SUCESSO FOI "AGORA EU SEI", EM QUE PAULO TAMBÉM CANTA.

NIRVANA

90

GRUNGE

O movimento musical que mais marcou o início da década de 1990 foi o grunge, também conhecido como Seattle Sound (som de Seattle), estilo criado com base em influências do rock de Detroit no final da década de 60 feito pelos Stooges e também derivado do heavy metal do Black Sabbath no início da carreira. Muitos diziam que o grunge era, musicalmente, um híbrido do heavy metal e do punk.

As primeiras bandas do grunge eram mais pesadas, como Green River, Mudhoney, Tad e Soundgarden.

A maior responsável pela divulgação do estilo foi a gravadora Sub Pop, fundada em 1986, que começou a contratar e gravar as bandas que faziam a cena *underground* de Seattle.

No início dos anos 90, o jornalista Everett True, do jornal inglês *Melody Maker*, foi convidado pela Sub Pop para fazer uma matéria sobre o movimento grunge. A partir daí aconteceu a propagação do estilo pela mídia.

Em 1988, a gravadora lançou por seu *singles club* (clube do compacto, forma de compra de compactos por meio de uma assinatura mensal) um compacto do Nirvana com duas músicas: "Love Buzz", uma regravação cuja versão original é do grupo holandês Shocking Blue, da década de 60, e "Big Cheese". No ano seguinte o grupo lançou o primeiro álbum, *Bleach*, um disco bem recebido pela crítica, mas que ainda mostrava um Nirvana em fase embrionária, com muita influência de heavy metal e punk. O disco foi gravado em poucos dias no estúdio do produtor Jack Endino e custou apenas 600 dólares.

Porém, em 1991, tudo mudaria para o Nirvana: já em uma grande gravadora, o grupo lançava *Nevermind*, o disco mais importante da década de 90. A música "Smells Like Teen Spirit" foi o grande hit do Nirvana, que os consagrou mundialmente.

Nessa mesma época, outra banda de Seattle começava a aparecer, o Pearl Jam. No mesmo ano de 1991, o grupo lançava seu primeiro álbum e, impulsionado pelo sucesso do Nirvana, acabou emplacando músicas como "Even Flow" e "Alive".

Outra banda que começou no selo Sub Pop e em seguida assinou com uma grande gravadora foi o Soundgarden. Em 1991 ela lançava o aclamado álbum *Badmotorfinger*.

Se o Nirvana, o Pearl Jam e o Soundgarden foram importantes no grunge como as três bandas mais bem-sucedidas comercialmente, o Mudhoney representou a banda mais autenticamente grunge de Seattle e uma das pioneiras. Antes do estouro do Nirvana, a banda já fazia sucesso na cena independente com um de seus primeiros compactos, *Touch Me I'm Sick*, de 1988. Como novos heróis do rock *underground* local, o Mudhoney lançou seu primeiro álbum em 1989, chamado simplesmente *Mudhoney*.

O Mudhoney acabou sendo prejudicado com todas essas novas contratações da Sub Pop, uma vez que, como a situação financeira do selo estava ruim naquele momento, o disco seguinte do Mudhoney, *Every Good Boy Deserves Fudge*, acabou atrasando em seu lançamento e só saiu em 1991, quando o Nirvana já estava em uma grande gravadora. Muitos dizem que, se não fosse a falta de estratégia, o Mudhoney teria sido tão famoso quanto o Nirvana.

O Nirvana teve uma carreira meteórica interrompida pelo suicídio de Kurt Cobain em abril de 1994, mas os poucos discos que a banda gravou se tornaram clássicos da geração grunge.

Discos do Nirvana

BLEACH (1989) ::: *NEVERMIND* (1991) ::: *INCESTICIDE* (COLETÂNEA DE COMPACTOS E INÉDITAS) (1992) ::: *IN UTERO* (1993) ::: *MTV UNPLUGGED IN NEW YORK (LIVE)* (1994) ::: *FROM THE MUDDY BANKS OF THE WISHKAH (LIVE)* (1996)

O VISUAL DA GERAÇÃO GRUNGE

Visualmente, a geração grunge optou pelo blue jeans rasgado, pelas famosas camisas de flanela xadrez e pelo tênis All Star, um ícone da juventude desde a década de 50.

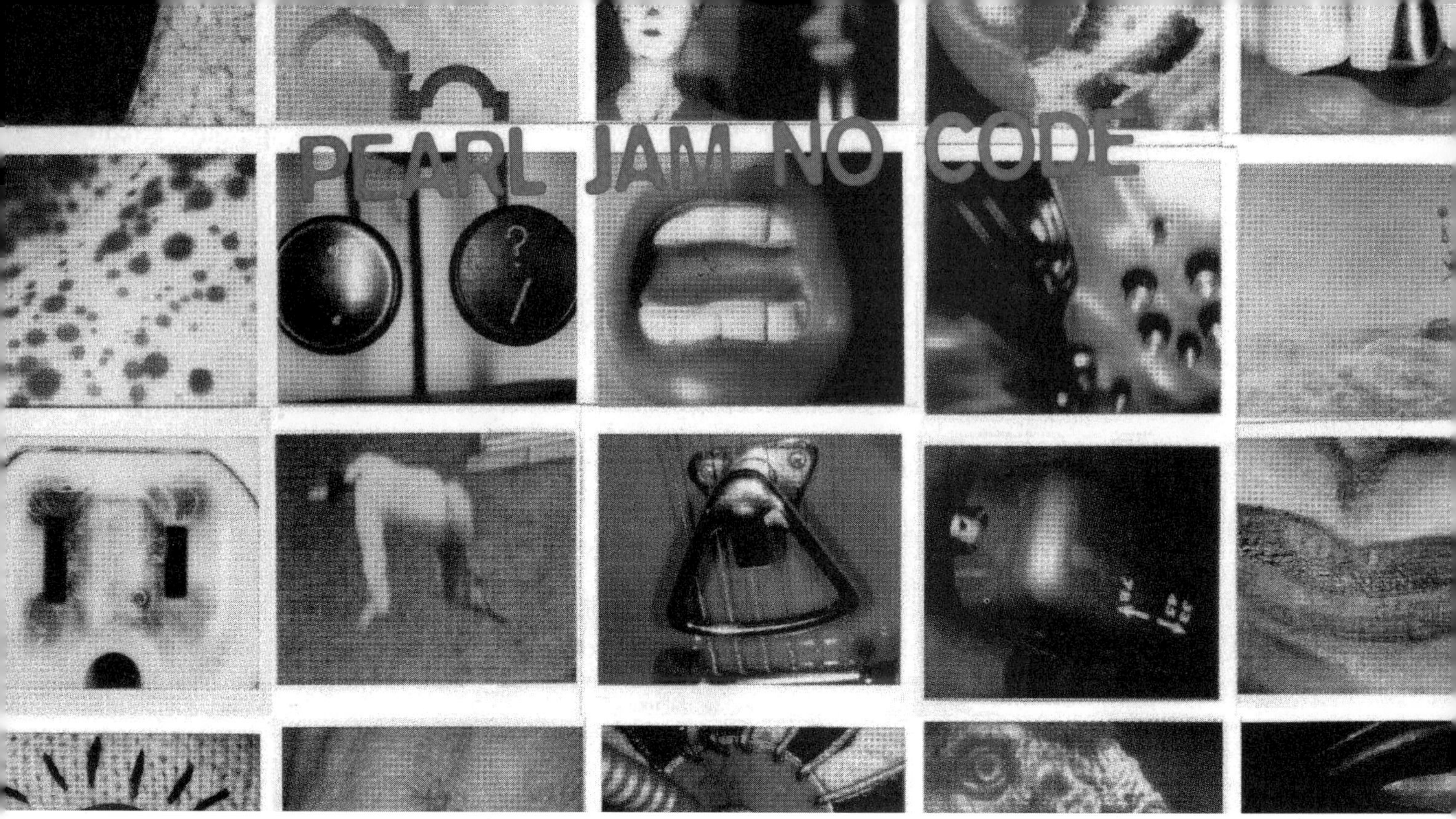

SEM O NIRVANA EM CENA, O PEARL JAM PASSOU A REINAR SOZINHO

O primeiro álbum do Pearl Jam foi recorde de vendas, tornando seus integrantes superstars do grunge do dia para a noite. O vocalista Eddie Vedder começou a ficar incomodado com a superexposição à mídia depois da morte de Kurt Cobain e passou a não mais dar entrevistas nem fazer videoclipes. Depois do lançamento do segundo álbum, *Vs.* (1993), a banda tomou a decisão de não mais tocar em estádios, mas somente em lugares menores e com preços populares.

No final da década de 90, o Pearl Jam, mais uma vez sem querer, foi para o topo das paradas com a regravação da música "Last Kiss", um sucesso do grupo The Cavaliers de 1964 e que Eddie Vedder regravou a princípio para um compacto especial de fim de ano para presentear seu fã-clube. A música causou tanto impacto que as rádios americanas passaram a tocá-la a pedido dos ouvintes. A banda resolveu lançá-la oficialmente e o compacto chegou ao segundo lugar na *Billboard*, virando disco de ouro.

Álbuns do Pearl Jam na década de 90

TEN (1991) ::: *VS.* (1993) ::: *VITALOGY* (1994) ::: *NO CODE* (1996) ::: *LIVE ON TWO LEGS* (1998) ::: *YIELD* (1998)

SOUNDGARDEN

Diferente do Nirvana e do Pearl Jam, o Soundgarden era a banda mais heavy metal do grunge. Com um som pesado, influenciado por Black Sabbath, Blue Cheer e Led Zeppelin, a banda tinha no vocal um dos melhores intérpretes da geração grunge: Chris Cornell.

O Soundgarden lançou seu primeiro EP em 1987 pela Sub Pop, *Screaming Life*. No ano seguinte, o primeiro álbum, *Ultramega OK*, foi muito bem recebido pela crítica especializada de heavy metal. Porém, a banda precisava do suporte de uma grande gravadora. Por isso, em 1989, assinou com a A&M Records e lançou o álbum *Louder than Love*.

O sucesso da banda viria com seu melhor álbum, *Badmotorfinger*, de 1991. O disco vendeu razoavelmente, só não teve uma performance comercial melhor porque foi sufocado pelo sucesso de *Nevermind*, do Nirvana. Aliás, naquele ano nenhum disco conseguiu derrubar o trio de Kurt Cobain. Mesmo assim o Soundgarden ainda foi ajudado pelo sucesso do tributo à banda Mother Love Bone — uma das pioneiras de Seattle, que trazia integrantes do Pearl Jam — e ao seu vocalista que morreu de overdose. Esse tributo levava o título de *Temple of the Dog* e chegou entre os dez mais vendidos na época.

A gravadora, na ocasião, promoveu o Soundgarden como uma banda de metal, o que lhes rendeu até mesmo aberturas de shows da turnê *Use Your Illusion*, do Guns N' Roses, e fez que se tornassem mais populares.

Em 1994 houve a consagração total do Soundgarden com o álbum *Superunknown*, que trazia o sucesso "Black Hole Sun". O disco vendeu mais de 3 milhões de cópias e a banda ganhou dois prêmios Grammy na época, tornando-se um dos álbuns mais populares daquele ano. A banda retornou em 1996 com o álbum *Down on the Upside*, que até vendeu bem, mas não repetiu o sucesso do anterior. Em 1997, depois de uma série de brigas internas, a banda se desfez.

ALICE IN CHAINS

Com o sucesso do Nirvana e do Pearl Jam, começaram a aparecer outras bandas, como Alice in Chains. A banda tinha uma proposta inspirada em grupos como Van Halen, porém acabou sendo absorvida pela geração grunge por ser uma banda de Seattle.

Interessante notar que essas bandas revelaram bons vocalistas. No caso do Alice in Chains, o vocalista Layne Staley; o Pearl Jam tinha Eddie Vedder e o Soundgarden, Chris Cornell. E não só vocalistas, bem como bons guitarristas: no Alice in Chains, Layne Stanley dividia o estrelado com o guitarrista Jerry Cantrell.

Quatro discos fizeram o sucesso do Alice in Chains na década de 90: *Facelift* (1990), *Dirt* (1992), *Jar of Flies* (1994) e *Alice in Chains* (1995). A banda também lançou um *Unplugged MTV* em 1996, depois de quase três anos sem tocar ao vivo por causa dos problemas de saúde de seus integrantes, decorrentes de abusos com drogas.

A partir de então começaram a aparecer bandas copiando o Alice in Chains que fizeram algum sucesso no final da década de 90: Godsmack, Days of The New, Puddle of Mud e Creed. Os integrantes do Alice in Chains ainda apareceram em alguns projetos solo, mas depois do disco acústico a reunião da banda acabou não acontecendo e o que todo mundo já temia ocorreu em abril de 2002: Layne Staley morreu de overdose de heroína e cocaína.

BANDAS FEMININAS NO MOVIMENTO GRUNGE

Durante o movimento grunge, as bandas femininas também apareceram, e com uma postura mais feminista. Foi o caso das Babes in Toyland e do L7.

O trio Babes in Toyland se enquadrava no movimento feminista chamado *Riot Grrrl*, trocadilho com riot (revolta) e grrrl, que pode ser lido tanto como abreviação de "girl" (menina) ou como um grunhido de raiva. Bandas que se enquadravam nesse gênero traziam letras que falavam de estupro, abusos domésticos, sexualidade, direitos da mulher etc. A princípio esse movimento fazia parte do *underground*, até que no final da década o Hole de Courtney Love, viúva de Kurt Cobain, acabou se tornando uma banda famosa e polêmica.

O Babes in Toyland fez bons discos na década de 90, como *Spanking Machine* (1990), *To Mother* (1991), *Fontanelle* (1992), *Painkillers* (1993) e *Nemesisters* (1995).

Durante a época do grunge, a banda feminina mais famosa e comentada foi o L7, de Los Angeles. O L7 era uma banda inspirada no punk rock de Joan Jett, bem como em Ramones, Blondie e Patti Smith. As garotas do L7 gravaram em 1991 um álbum pela Sub Pop, que acabou tornando-as famosas no circuito. Em 1992 assinaram com uma grande gravadora e finalmente estouraram com o álbum *Bricks Are Heavy*.

Discografia recomendada do L7
L7 (1990) ::: *SMELL THE MAGIC* (1991) ::: *BRICKS ARE HEAVY* (1992)

Ainda no estilo Riot Grrrl, outras bandas menores, porém importantes, merecem ser citadas:
BIKINI KILL ::: 7 YEAR BITCH ::: RATMOBILE ::: HUGGY BEAR ::: SLEATER KINNEY

HOLE

Foi uma das bandas mais polêmicas da década de 90 graças a sua vocalista Courtney Love, viúva de Kurt Cobain, que pode ser considerada uma Yoko Ono dos anos 90, porém bem mais ousada em termos de escândalos. Amada por alguns e odiada por outros, muitos atribuem a Courtney a culpa pela morte de Kurt. Dizem que ela era uma *groupie* do Nirvana no início dos anos 90 que ficava na primeira fila dos shows gritando que queria fazer sexo com o vocalista. E foi assim que ela conseguiu conquistá-lo. Casaram-se em 1992 e se tornaram o casal rock and roll da época. Sua banda, Hole, já existia desde o início da década, e lançou o primeiro álbum em 1991, sendo bem recebido pela crítica. Em 1994, com o segundo álbum, o Hole se tornou uma banda famosa.

Courtney Love começou a colecionar processos e acusações desde que ficou grávida de Kurt Cobain. Diziam que ela havia tomado heroína enquanto estava grávida e chegaram a tirar dela a custódia da filha. Viciados em heroína, os dois entraram em crise a partir de 1993. Mesmo assim, a cantora fez os seus dois melhores álbuns com o Hole nesse período turbulento. Love ainda atuou no cinema e, após a morte de Kurt Cobain, continuou com as drogas e a profusão de escândalos.

Os três discos da carreira do Hole foram: *Pretty on the Inside* (1991), *Live through This* (1994) e *Celebrity Skin* (1998).

STONE TEMPLE PILOTS

A partir de 1995, o grunge começou a entrar em baixa e as gravadoras, desesperadas, continuaram investindo em subprodutos do gênero. Foi o caso de bandas como o Stone Temple Pilots, que a crítica acusava de plagiar Pearl Jam, Alice in Chains e Soundgarden.

O álbum mais vendido da banda foi *Purple*, de 1994. Scott Weilland foi mais um que entrou para a lista dos vocalistas *junkies*: preso várias vezes na década de 90 por porte de heroína, começou o ano 2000, dizem, reabilitado das drogas. A partir de 2004, assumiu os vocais da banda Velvet Revolver, formada pelos ex-integrantes do Guns N' Roses, o guitarrista Slash, o baixista Duff McKagan e o baterista Matt Sorum.

A GERAÇÃO PÓS-GRUNGE

Não só nos Estados Unidos, mas também em outros países, começou a aparecer uma geração pós-grunge. No Reino Unido, um dos nomes mais expressivos dessa geração foi o Bush, do vocalista Gavin Rossdale. Influenciada pelos grupos de Seattle, a banda muitas vezes lembrava o Pearl Jam por causa da semelhança vocal de Gavin com Eddie Vedder, contudo havia quem achasse o timbre mais parecido com o de Kurt Cobain. O Bush estourou com os álbuns *Sixteen Stone* (1994) e *Razorblade Suitcase* (1996).

Uma constante nas bandas pós-grunge era a semelhança com Pearl Jam, Alice in Chains, Soundgarden e Nirvana, talvez pela limitação do estilo ou pela imposição das gravadoras em fabricar produtos tão vendáveis quanto os da primeira fase do estilo. Dessa tendência começaram a brotar os subprodutos, e um deles foi a banda The Nixons, que parecia uma cópia descarada do Pearl Jam. Tiveram um hit, a música "Sister", que ajudou a alavancar as vendas do álbum *Foma*, de 1995.

Se o Reino Unido tinha seu Pearl Jam personificado pelo Bush, a Austrália, por sua vez, tinha seu Nirvana caracterizado como Silverchair. O trio de jovens garotos, em 1995, estourou com o primeiro álbum, *Frogstomp*, e um dos hits foi "Israel's Son".

Uma infinidade de bandas apareceu na onda pós-grunge. Algumas destas conseguiram certo sucesso: Collective Soul, Goo Goo Dolls, Better Than Ezra, Candlebox, 3 Doors Down, Cake, Dishwalla, Presidents of USA, Seven Mary Three, Tonic, Semisonic e Live.

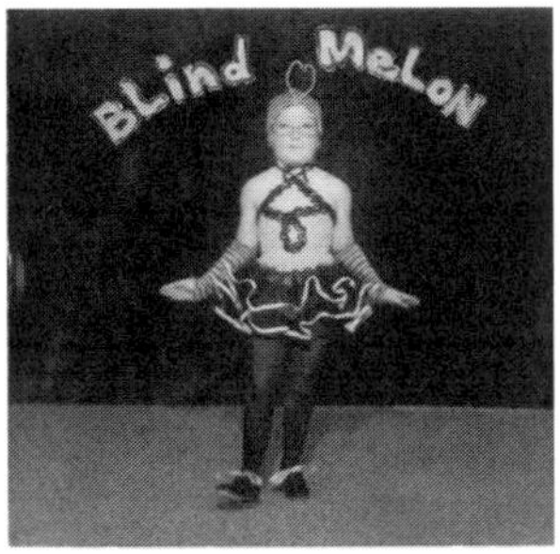

O POP DESCARTÁVEL

Além dos grupos pós-grunge, apareceram também, nos anos 90, vários outros que, na carona desse movimento, fizeram um estilo pop, às vezes descartável. Muitos deles tiveram carreiras meteóricas, e são casos de *one hit wonders*. As bandas a seguir são exemplos disso:

BLIND MELLON_CHAMOU ATENÇÃO COM "NO RAIN" (1992) ::: **COUNTING CROWS**_FEZ SUCESSO COM SEU HIT "MR. JONES" (1993) ::: **HOOTIE & THE BLOWFISH**_ESTOUROU COM OS SUCESSOS "HOLD MY HAND", "LET HER CRY" E "ONLY WANNA BE WITH YOU", TODOS DE 1994 ::: **SHERYL CROW**_A CANTORA FEZ UMA SÓLIDA CARREIRA NOS ANOS 90 E SEU GRANDE HIT É "ALL I WANNA DO" (1994) ::: **SPIN DOCTORS**_ESTOUROU COM OS SUCESSOS "TWO PRINCES" E "LITTLE MISS CAN'T BE WRONG", AMBOS DE 1991 ::: **WALLFLOWERS**_A BANDA DO FILHO DE BOB DYLAN, JAKOB DYLAN, FEZ SUCESSO EM 1996 COM AS MÚSICAS "6TH AVENUE HEARTACHE" E "ONE HEADLIGHT", ALÉM DE TER REGRAVADO "HEROES", DE DAVID BOWIE ::: ALÉM DESSAS BANDAS, UMA OUTRA CANTORA DA DÉCADA DE 90 É UM EXEMPLO DE *ONE HIT WONDER*: JOAN OSBORNE, COM "ONE OF US" (1995).

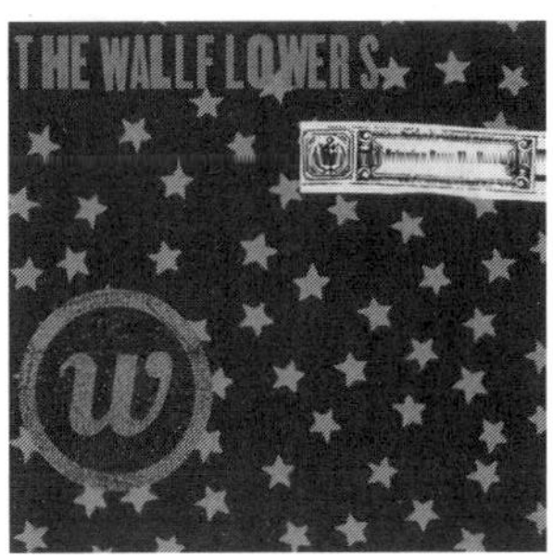

O ROCK AMERICANO TRADICIONAL REVIVE

Dentro dessa tradição da chamada american trad rock estavam bandas influenciadas basicamente pelo rock dos anos 60 do Grateful Dead e pelo hard blues do Allman Brothers Band. Uma das mais importantes bandas dessa tendência é The Black Crowes, que tinha uma grande lista de influências, entre elas Rolling Stones, The Faces, Creedence Clearwater Revival e Led Zeppelin entre outras. A banda abriu a década de 90 com um disco sensacional que chamou muito a atenção da crítica, pois resgatava as raízes do rock e do hard blues, além de fugir da geração grunge de Seattle. Durante muito tempo eles funcionaram como uma opção para quem não agüentava mais o som de Seattle.

Discografia recomendada do Black Crowes

SHAKE YOUR MONEY MAKER (1990) ::: *THE SOUTHERN HARMONY AND MUSICAL COMPANION* (1992) ::: *AMORICA* (1994) ::: *THREE SNAKES AND ONE CHARM* (1996)

Existem alguns casos de grupos que ficaram famosos somente nos Estados Unidos, como Phish e Widespread Panic. Duas outras bandas na linha american trad rock que ficaram conhecidas por aqui são Blues Traveler e Dave Matthews Band.

Mesa/Boogie
Mesa/Boogie
Mesa

LENNY KRAVITZ

Nessa linha, mas incluindo elementos de música negra, soul e funk, temos Lenny Kravitz. Natural de Nova York, o cantor mistura em seu som elementos de Jimi Hendrix, Sly & The Family Stone, Prince e certa dose de psicodelia. Nos anos 90, Lenny Kravitz estourou com quatro álbuns: *Mamma Said* (1991), *Are You Gonna Go My Way* (1993), *Circus* (1995) e *5* (1998).

SMASHING PUMPKINS

Ainda paralelamente ao movimento grunge existiam bandas americanas que não se enquadravam necessariamente no estilo, mas que apareceram no início dos anos 90. Uma das mais famosas foi o Smashing Pumpkins.

Formado em Chicago, em 1988, e liderado pelo guitarrista, compositor e vocalista Billy Corgan, o grupo tinha uma série de influências do rock como The Cure, Cars e Joy Division, dos anos 80, e Black Sabbath, Thin Lizzy e Neil Young, dos anos 70.

Alguns dizem que o Smashing Pumpkins criou um modelo de rock alternativo para aqueles que não queriam ouvir falar em grandes bandas como Pearl Jam e Nirvana.

Os quatro álbuns do Smashing Pumpkins na década de 90 fazem parte de uma discoteca básica do indie rock americano: *Gish* (1991), *Siamese Dream* (1993), *Mellon Collie and the Infinite Sadness* (1995) e *Adore* (1998).

JANE'S ADDICTION E RAGE AGAINST THE MACHINE

Existiram também discos que se tornaram clássicos instantâneos da década de 90 e, de repente, as bandas acabaram. Dois exemplos são Jane's Addiction e Rage Against the Machine. O Jane's Addiction era a banda do performático vocalista Perry Farrell e foi responsável por um dos clássicos álbuns do início da década de 90: *Ritual de Lo Habitual* (1990). Pouco depois a banda se separou e voltou somente em 2003.

Em 1991, em Los Angeles, aparecia o Rage Against the Machine. A banda lançou, em 1992, um álbum com o título homônimo que se transformaria em um clássico pré-geração new metal, pois, ao lado do Anthrax, eles foram os pioneiros na mistura do rap e do hip-hop em suas músicas. Após esse incendiário primeiro álbum, lançaram ainda *Evil Empire* (1996), *The Battle of Los Angeles* (1999) e *Renegades* (2000), ano em que a banda se separou. Em 2007, eles voltaram a se unir para apresentações ao vivo, mas disseram não ter planos para novos discos.

Discografia do Faith No More
WE CARE A LOT (1985) ::: *INTRODUCE YOURSELF* (1987) ::: *THE REAL THING* (1989) ::: *LIVE AT BRIXTON ACADEMY* (1991) ::: *ANGEL DUST* (1992) ::: *KING FOR A DAY, FOOL FOR A LIFETIME* (1995) ::: *ALBUM OF THE YEAR* (1997)

FAITH NO MORE

Um grupo que também não se encaixava na era grunge, mas que serviu de influência para a geração new metal, foi o Faith No More, que na época recebia o rótulo de banda de funk metal.

Na verdade, a banda começou na década de 80 e lançou seu primeiro álbum em 1985, no entanto só decolou quando trocou de vocalista em 1988, com a entrada do inquieto Mike Patton, cantor tão performático que tinha mania de subir até nas torres de iluminação enquanto cantava.

Em 1989, lançaram o LP que os consagrou, *The Real Thing*, seguido por um disco ao vivo gravado em Londres, na Brixton Academy, chamado *Live at The Brixton Academy* (1991). Mais três discos se seguiram e, em 1998, a banda acabou.

Mike Patton continuou dando seqüência a seus projetos solo, primeiro com o Mr. Bungle e depois com o Fantômas, que se apresentou em novembro de 2006 no Brasil, no festival *Claro Que é Rock*.

RED HOT CHILLI PEPPERS

O estilo funk metal não seria completo sem o aparecimento do Red Hot Chilli Peppers. Formada na Califórnia, a banda começou a experimentar o sucesso no final dos anos 80 e início dos anos 90 com os álbuns *Mother's Milk* (1989) e *Blood Sugar Sex Magik* (1991), este último considerado o mais criativo CD do grupo e também um dos mais vendidos da década de 90.

A banda sempre foi uma das mais performáticas do cenário, graças ao vocalista Anthony Kiedis e ao baixista Flea, e seu sucesso perdura até os dias de hoje. Seus melhores discos estão na década de 90: *Blood Sugar Sex Magik* (1991), *One Hot Minute* (1995) e *Californication* (1999).

FUNK, HAIR E RAP METAL

Outras bandas, como Primus e Fishbone, também fizeram sucesso nessa praia do funk metal.

Uma banda do final dos anos 80 que merece ser lembrada, e que abriu caminho para algumas bandas de rap metal, foi o Living Colour. A banda era formada por integrantes negros, fãs de Jimi Hendrix, James Brown, Sly & The Family Stone e Santana. Dois álbuns clássicos da banda merecem ser destacados: *Vivid* (1988) e *Time's Up* (1990).

No final da década de 80, o hair metal de bandas como WASP, Skid Row, Poison, Motley Crue, Cinderella, Ratt e White Lion, entre outras, estava começando a entrar em baixa com o aparecimento do grunge e de uma nova geração do metal que alguns chamavam de rap metal e, mais tarde, de new metal.

NEW METAL

Nesse mesmo panorama, o Metallica entrava nos anos 90 mudando e, ao mesmo tempo, tornando-se comercial, contrariando os mais radicais. A banda começou a década de 90 com aquele que seria considerado o mais comercial e um dos mais vendidos álbuns do grupo, *Metallica* (1991). Nele, as músicas eram todas muito mais pop que as dos discos anteriores, e vieram os sucessos "Enter Sandman" e "Sad But True". Os fãs mais extremistas reclamaram, mas a postura do Metallica era a de simplificar suas músicas de thrash metal e, paralelamente, compor um heavy metal pop, que continuou nos discos posteriores, *Load* (1996) e *Reload* (1997).

Os fãs de metal buscavam novas tendências, e o new metal (ou "nu metal") se tornou uma opção para os metaleiros cansados da geração hair metal. O Anthrax foi a primeira banda a trabalhar com *rappers* quando gravou com o Public Enemy o clássico "Bring The Noise" (1991). Mais tarde começaria uma febre de bandas usando DJs e influenciadas pelo rap. Entre as mais famosas estão Korn, Limp Bizkit, Biohazard, Deftones e 311.

O Korn estreou em disco em 1994 e já estourou logo de cara fazendo um *crossover* de estilos — heavy metal, pós-grunge e rap metal. Seus principais discos da década de 90 foram: *Korn* (1994), *Life is Peachy* (1996), *Follow the Leader* (1998) e *Issues* (1999).

O Limp Bizkit apareceu com seu primeiro disco em 1997, e em torno deles houve um grande *hype*, não só na imprensa como na MTV. Mas o disco que os levou ao sucesso foi o segundo, *Significant Other* (1999), que vendeu mais de 4 milhões de cópias.

Os Deftones, da Califórnia, são considerados discípulos do Korn. A banda existe desde o início dos anos 90, contudo só lançou seu primeiro álbum, *Adrenaline,* em 1995, que vendeu mais de 200 mil cópias, e, em 1997, *Around The Fur*, que confirmou o sucesso da banda.

Muitas dessas bandas de new metal e a nova geração que surgiria na metade dos anos 90 foram divulgadas por iniciativa de Ozzy Osborne e de sua esposa, Sharon, que criaram o festival itinerante *Ozzfest* em 1996. De lá para cá já revelaram e abriram espaço para uma série de bandas da nova geração do metal.

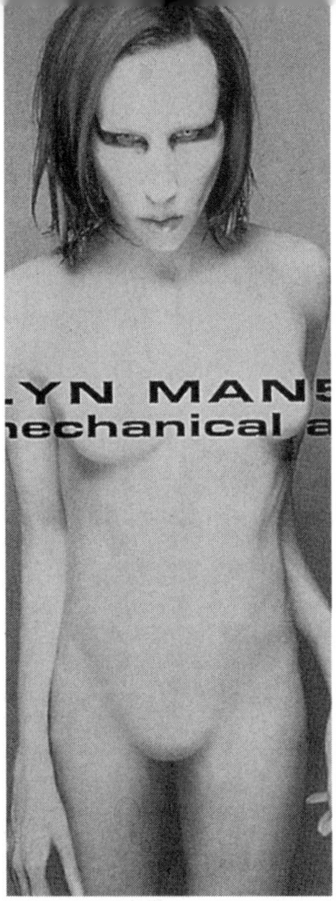

MARILYN MANSON

Além das bandas de new metal, quem também teve sua carreira impulsionada pelo *Ozzfest* foi Marilyn Manson, o autoproclamado *Antichrist Superstar* ("superestrela anticristo"), e um dos mais controversos ícones da década de 90. Talvez um Alice Cooper da década de 90, Manson se inspirou em Kiss, no punk do Plasmatics, no heavy metal do Twisted Sister, na escatologia punk de G. G. Allin e no lado eletrônico do Nine Inch Nails. Tudo isso ajudou a construir esse personagem superpolêmico no heavy metal. Sua carreira é repleta de escândalos e processos, e um dos mais comentados foi aquele em que tentaram culpá-lo pelo assassinato de 14 estudantes na escola de Columbine, nos Estados Unidos. Os dois jovens que saíram atirando na escola se diziam fãs de Marilyn Manson, daí a justiça americana ter entrado com um processo contra o cantor, alegando que sua música incitava esse tipo de violência.

Independentemente de toda essa polêmica, vale a pena recomendar dois de seus álbuns da década de 90: *Antichrist Superstar* (1996) e *Mechanical Animals* (1998).

INDUSTRIAL METAL

Essa tendência sempre fascinou Marilyn Manson, mas os pais do estilo são as bandas Ministry e Nine Inch Nails.

O Ministry é a mais antiga, pois apareceu na década de 80, fazendo um estilo inspirado, é claro, no heavy metal, porém muito mais acelerado e repleto de sintetizadores e samples, além de guitarras ensurdecedoras e vocais distorcidos. As influências básicas eram Black Sabbath, Slayer, o rock industrial do Einsturzende Neubauten e Killing Joke.

Os melhores álbuns do Ministry são do final da década de 80 e do início dos anos 90: *The Land of Rape and Honey* (1988), *The Mind is a Terrible Thing to Taste* (1989) e *Psalm 69: The Way to Succeed & the Way to Suck Eggs* (1992).

Já o Nine Inch Nails, banda do cantor, multiinstrumentista e produtor Trent Reznor, foi a responsável pela popularização do estilo industrial. Três discos são essenciais para se conhecer melhor o gênero: *Pretty Hate Machine* (1989), *The Downward Spiral* (1994) e *The Fragile* (1999).

Outras bandas que se enquadram no estilo industrial metal: Fear Factory, Filter, Godflesh, Lard, Rammstein, Front 242.

PUNK POP E PUNK REVIVAL

O punk pop foi mais uma alternativa depois do grunge e aconteceu a partir de 1994, apesar de muitas bandas do estilo já existirem desde o início dos anos 90. As principais bandas desse gênero são Green Day, Rancid, Offspring, Bad Religion, The Donnas, Blink-182, Pennywise e NOFX. A mais bem-sucedida foi o Green Day que, em 1994, com seu terceiro disco, *Dookie*, vendeu 8 milhões de cópias.

Em segundo lugar, fica o Offspring, que, no mesmo ano de 1994, com seu terceiro álbum, *Smash*, vendeu 4 milhões de cópias.

Nesse ranking, a terceira banda mais popular de punk pop é o Rancid, que, em 1995, com seu terceiro álbum, *And Out Come the Wolves*, ganhou um disco de platina pela venda de mais de um milhão de cópias. O Rancid resgatava a influência do Clash e a mistura com o ska.

Dentre essas bandas, o Bad Religion é a mais antiga de todas e faz parte da cena do punk californiano dos anos 80. Porém foi na década de 90, com os álbuns *Recipe for Hate* (1993) e *Stranger Than Fiction* (1994), que eles se tornaram famosos e competiram com as bandas de punk pop.

Outra banda punk pop bem popular foi, sem dúvida, o Blink-182, californianos que chegaram ao topo das paradas em 1999 com seu quarto álbum, *Enema of the State*.

A banda The Donnas representa o lado feminino do punk pop, fortemente influenciada por Ramones e Runnaways. Lançou seu primeiro CD em 1998 e, no ano seguinte, começou a fazer sucesso com o álbum *Get Skintight*.

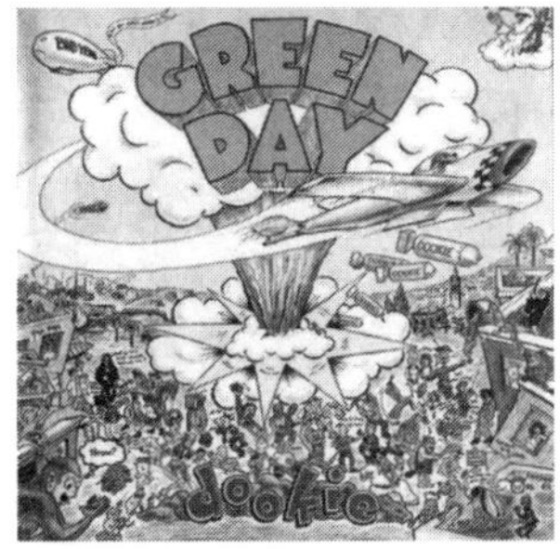

PROGRESSIVE METAL

O Rush foi uma grande influência para o progressive metal, estilo que combina elementos do rock progressivo e do metal. Os pioneiros do gênero começaram a surgir a partir de meados dos anos 80, quando apareceram duas bandas importantes. A primeira foi Queensryche, que lançou seu primeiro disco em 1984, influenciada por bandas americanas como Van Halen e Aerosmith, e ainda pelos ingleses do Pink Floyd e do Queen.

O grande sucesso da banda aconteceu em 1990 com o álbum *Empire*, que estourou com o compacto *Silent Lucidity*. Esse disco vendeu mais de 2 milhões de cópias e consagrou a banda como uma das pioneiras do progressive metal.

Em seguida veio o Dream Theater, banda nova-iorquina que lançou seu primeiro álbum em 1989, influenciada pelo rock progressivo de Emerson, Lake & Palmer, King Crimson, Marillion e Asia, e também por bandas americanas como Kansas e Styx, além dos baluartes do metal Ozzy Osborne, Rainbow, Judas Priest, Iron Maiden e Megadeth.

Tantas influências geraram um estilo todo especial que arrebatou fãs pelo mundo inteiro.

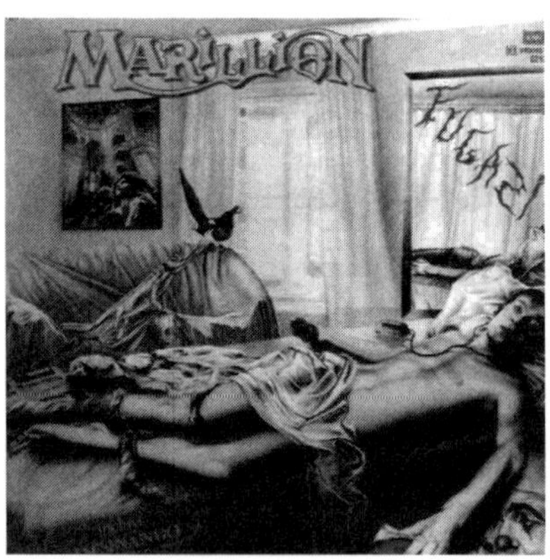

Discografia recomendada do Dream Theater

IMAGES AND WORDS (1992) ::: *LIVE AT THE MARQUEE* (1993) ::: *AWAKE* (1994) ::: *FALLING INTO INFINITY* (1995) ::: *SCENES FROM A MEMORY* (1999)

No mesmo estilo, ainda encontraremos bandas como King Diamond, Voivod, King's X, Fates Warning, The Gathering, entre outras. Vale a pena lembrar que um dos discos clássicos da tendência do metal progressivo é o álbum *... And Justice for All* (1988), do Metallica, que trazia a balada "One".

Algumas bandas do progressive metal também se encaixam no estilo neoprog. É o caso do Marillion, Fish (ex-vocalista do Marillion), Pendragon e Ozric Tentacles.

INDIE ROCK

Como foi explicado anteriormente, o termo *indie* é derivado da palavra *independent* (independente) e passou a ser usado na década de 90 para definir aquelas bandas que não faziam parte do *mainstream* de nomes como Nirvana, por exemplo.

Diferente da cena alternativa da década de 80, os grupos indie optavam, na maioria das vezes, por gravadoras independentes. E as bandas que acabavam assinando com grandes gravadoras mantinham, mesmo assim, sua ideologia indie, como Sonic Youth, Dinossaur Jr., Pixies e The Jesus and Mary Chain.

Ao lado do Smashing Pumpkins, o Sonic Youth foi uma das bandas pioneiras do alternative e do indie rock nos Estados Unidos. Formada em 1981, em Nova York, o grupo lançou seu primeiro álbum em 1983 pelo selo independente SST. Em 1990, lançou seu primeiro disco por uma grande gravadora e se tornou uma das mais famosas bandas independentes da década de 90.

Álbuns recomendados do Sonic Youth

BAD MOON RISING (1985) ::: *EVOL* (1986) ::: *SISTER* (1987) ::: *DAYDREAM NATION* (1988) ::: *GOO* (1990) ::: *DIRTY* (1992) ::: *WASHING MACHINE* (1995) ::: *A THOUSAND LEAVES* (1998) ::: *MURRAY STREET* (2002) ::: *SONIC NURSE* (2004) ::: *RATHER RIPPED* (2006)

Ainda nos anos de 80 apareceram os primeiros selos que abrigariam as bandas indie americanas da década seguinte: o selo Matador, de Nova York; o próprio Sub Pop, de Seattle; o SST, da Califórnia; o K Records, em Washington, entre outros.

A gravadora Matador começou em 1989 e lançou artistas importantes na década de 90 como Pavement, Guided by Voices, Yo La Tengo, The John Spencer Blues Explosion, Pizzicato Five e Cat Power.

A SST foi fundada pelo guitarrista Greg Ginn da banda de punk californiano Black Flag, em 1978. Ele fez a gravadora para lançar um EP de sua banda, *Nervous Breakdown*, seguindo assim o lema do punk rock *DIY* (*Do It Yourself*), o famoso "faça você mesmo".

Nos anos 80, passaram pela SST bandas do punk californiano como Minutemen, The Descendents e Stains, além de bandas que despontariam na década de 90, como Sonic Youth, Soundgarden, Meat Puppets e Dinossaur Jr.

Além das bandas grunge, a Sub Pop tinha em seu catálogo bandas mais alternativas em um estilo indie como Beat Happening, Afghan Whigs, Codeine, Combustible Edison, The Dwarves, The Screaming Trees, Sebadoh, The Supersuckers, Reverend Horton Heat, The Walkabouts. Hoje os nomes mais famosos da gravadora são The Shins, Meat Puppets e os brasileiros do Cansei de Ser Sexy.

A K Records de Washington foi fundada pelo músico Calvin Johnson da banda Beat Happening em 1982. O projeto mais atual de Calvin Johnson foi a banda Dub Narcotic Sound System. Pelo selo passaram Beck, Bikini Kill, The Halo Benders, Modest Mouse e Shonen Knife, entre outros.

NEOPSICODELISMO

O estilo existe desde o final da década de 70 até os dias atuais. Trata-se de um derivado dos sons psicodélicos da década de 60, tanto dos primórdios do Pink Floyd, dos Beatles na fase *Revolver* e *Sgt. Peppers*, ou mesmo dos folks americanos dos Byrds, que influenciaram bastante na sonoridade das guitarras.

No final dos anos 80 e início dos anos 90, no Reino Unido, houve uma febre de bandas que resgatavam elementos da psicodelia e, em alguns casos, os transformavam em uma música mais hipnótica e dançante. Foi assim com as bandas My Bloody Valentine, Spacemen 3, Spiritualized, The Soup Dragons, Primal Scream, Happy Mondays, Loop, The Boo Radleys, Super Furry Animals, Gorky's Zygotic Minci, Kula Shaker, The Verve, The Telescopes, The Hypnotics, The Charlatans e Chapterhouse.

Alguns álbuns importantes do neopsicodelismo britânico

*LOVELESS*_**MY BLOODY VALENTINE** (1991) ::: *SCREAMADELICA*_**PRIMAL SCREAM** (1991) ::: *LAZER GUIDED MELODIES*_**SPIRITUALIZED** (1992) ::: *A STORM IN HEAVEN*_**THE VERVE** (1993) ::: *GIANT STEPS*_**THE BOO RADLEYS** (1993) ::: *BWYD TIME*_**GORKY'S ZYGOTIC MINCI** (1995) ::: *K*_**KULA SHAKER** (1996) ::: *MWNG*_**SUPER FURRY ANIMALS** (2000)

Do lado americano, muitas bandas apareceram na década de 80 e no início dos anos 90: Opal, Galaxie 500, Olivia Tremor Control, Mercury Rev, The Brian Jonestown Massacre, The Apples In Stereo, Neutral Milk Hotel, Baby Lemonade, The Green Pajamas, Of Montreal, Mazzy Star, The Polyphonic Spree e Elf Power.

Alguns álbuns importantes da neopsicodelia americana

*HAPPY NIGHTMARE BABY*_**OPAL** (1987) ::: *ON FIRE*_**GALAXIE 500** (1989) ::: *SHE HANGS BRIGHTLY*_**MAZZY STAR** (1990) ::: *YERSELF IS STEAM*_**MERCURY REV** (1991) ::: *CLOUDS TASTE METALLIC* _**THE FLAMING LIPS** (1995) ::: *FUN TRICK NOISEMAKER*_**THE APPLES IN STEREO** (1995) ::: *DUSK AT CUBIST CASTLE*_**THE OLIVIA TREMOR CONTROL** (1996) ::: *THE SUNLANDIC TWINS*_**OF MONTREAL** (2005)

É importante citar que essas bandas, na maioria das vezes independentes, tiveram papel importante na cena indie dos anos 80 até os dias de hoje.

MADCHESTER E SHOEGAZE

O madchester foi originado da cidade de Manchester, na Inglaterra, e por essa razão o nome do estilo faz um trocadilho com o nome da cidade ("mad" significa "louco"). O estilo aconteceu no final dos anos 80 e início dos anos 90, e suas influências eram ritmos dançantes e um pop melódico com referências de psicodelia.

Os principais grupos dessa tendência foram Happy Mondays, Stone Roses, The Charlatans e Inspiral Carpets.

O Happy Mondays foi a banda mais dançante de Manchester nessa época. O álbum *Pills 'n' Thrills and Belyaches* (1990) é considerado um dos clássicos do gênero madchester.

Em julho de 1989, The Stone Roses lançava o primeiro grande clássico para os anos 90. O álbum de estréia da banda entrou para a história do pop britânico como um dos melhores discos de todos os tempos. Pena que a banda não tenha durado muito tempo, pois, mergulhados nas drogas, eles não conseguiram o mesmo êxito em seu segundo álbum, que demorou cinco anos para sair e foi uma decepção, causando a separação do grupo.

Alguns álbuns importantes da onda madchester

*BUMMED*_**HAPPY MONDAYS** (1988) ::: *LIFE*_**INSPIRAL CARPETS** (1990) ::: *SOME FRIENDLY*_**THE CHARLATANS** (1990) ::: *A LIFE WITH BRIAN*_**FLOWERED UP** (1991) ::: *SPARTACUS*_**THE FARM** (1991)

Paralelas às bandas do madchester também apareciam na Inglaterra, nessa época, bandas fazendo um pop mais dançante, como EMF, famosa pelo hit "Unbelievable", Jesus Jones, Ned's Atomic Dustbin, 808 State, The Shamen, The KLF, Pop Will Eat Itself e, um pouco antes, o Sigue Sigue Sputnik. Se voltarmos um pouco mais no tempo encontraremos os pioneiros dessa mistura dançante de synthpop: o Pet Shop Boys e o Information Society.

Shoegaze foi o nome dado ao estilo de bandas que tocavam paradas no palco, cabisbaixas, como se estivessem olhando para o sapato ("shoe" significa sapato e "gaze", olhar, contemplar). No entanto o estilo, apesar desse comportamento, era repleto de novas sonoridades, misturadas com psicodelia, guitarras distorcidas e um aparato visual de muita luz e cenários psicodélicos em suas apresentações. Um dos primeiros grupos dessa tendência foi o My Bloody Valentine, mas depois vieram *shoegazers* como Slowdive, Chapterhouse, Curve, Ride, Catherine Wheel, Moose, Pale Saints, Lush e Boo Radleys.

A influência dos *shoegazers* eram bandas da década de 80 como The Jesus and Mary Chain, Cocteau Twins, Dinosaur Jr. e muita psicodelia.

Discografia recomendada

*ISN'T ANYTHING*_**MY BLOODY VALENTINE** (1988) ::: *NOWHERE*_**RIDE** (1990) ::: *THE CONFORT OF MADNESS*_**THE PALE SAINTS** (1990) ::: *JUST FOR A DAY*_**SLOWDIVE** (1991) ::: *WHIRLPOOL*_**CHAPTERHOUSE** (1991) ::: *SPOOKY*_**LUSH** (1992)

Essas duas tendências, madchester e shoegaze, antecederam o britpop e ao mesmo tempo acabaram servindo de referência para o estilo.

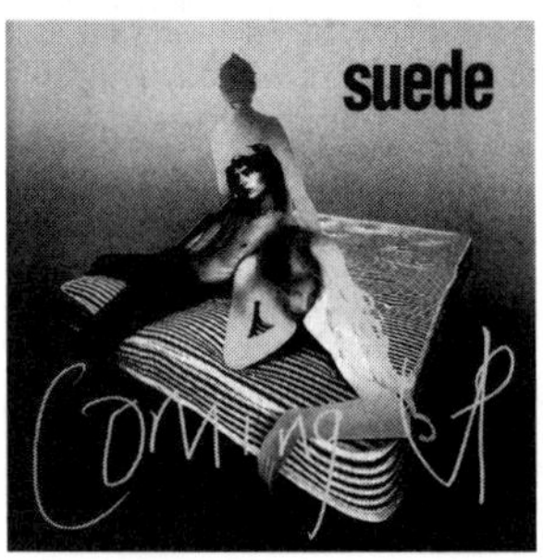

BRITPOP

Musicalmente, o britpop foi um movimento influenciado por Beatles, a música dos anos 60 dos Kinks, Small Faces e The Who, o glam rock de Bowie e Roxy Music, o punk e a new wave dos Buzzcocks, Undertones, Madness, XTC, Elvis Costello, Wire, Squeeze, e ainda a música dos Smiths.

A primeira banda de britpop a fazer sucesso foi o Suede, em 1993. Ela abriu as portas para, em 1994, estourarem Blur e Oasis. Nessa onda vieram Elastica, Supergrass, Pulp, Ash, Gene, Ocean Colour Scene, Manic Street Preachers, The Auters, Placebo, Boo Radleys e Radiohead.

O Suede lançou em 1993 seu primeiro álbum homônimo, um sucesso imediato. A banda ainda gravou mais quatro excelentes discos e se desfez depois do quinto álbum, em 2002. O vocalista Bret Anderson segue hoje carreira solo.

O Blur é a banda do genial Damon Albarn, um dos melhores e mais ousados compositores da geração britpop. Com o Blur, Albarn lançou sete álbuns, sendo *Parklife* (1994) a obra-prima da banda e do britpop.

Além do Blur, Damon Albarn lançou também um projeto multimídia mais dançante chamado Gorillaz, conhecido como um projeto de hip-hop virtual com vários colaboradores, incluindo o cartunista Jamie Hewlett, criador da personagem de quadrinhos Tank Girl. Atualmente Albarn está empenhado em um projeto chamado The Good, The Bad & The Queen, que traz em sua formação o ex-baixista do Clash, Paul Simonon, o ex-guitarrista do Verve e Gorillaz, Simon Tong, e o veterano baterista Tony Allen, um dos fundadores do estilo afrobeat juntamente com o músico nigeriano Felá Kuti. Albarn, mesmo assim, não descarta uma possível volta do Blur.

O Supergrass apareceu em 1995 e foi um sucesso logo no álbum de estréia, que trazia a divertida "Allright". Como a banda mais bem-humorada do britpop, o Supergrass colecionou bons álbuns durante a década: *Should Coco* (1995), *In It for the Money* (1997) e *Supergrass* (1999).

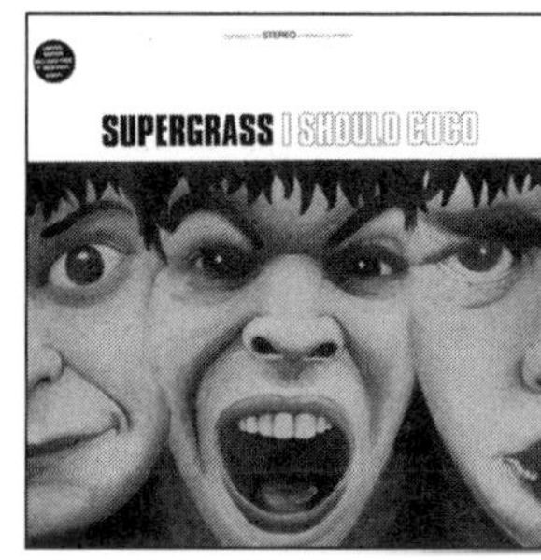

Na linha dos influenciados pelo glam rock de David Bowie e Roxy Music, duas bandas se destacam: Pulp e Placebo. O Pulp começou ainda na década de 80, entretanto fez sucesso na mídia no início dos anos 90. A banda não lança novos trabalhos desde 2001, mas também não anunciou formalmente seu fim. Enquanto isso, o vocalista Jarvis Cocker lançou um álbum solo em 2006.

Discografia recomendada do Pulp
HIS 'N' HERS (1994) ::: *DIFFERENT CLASS* (1995) ::: *THIS IS HARCORE* (1998)

O trio londrino Placebo passava uma imagem mais andrógina graças ao vocalista e guitarrista Brian Molko. Os dois primeiros discos do Placebo representam seus melhores trabalhos: *Placebo* (1996) e *Without You I'm Nothing* (1998).

O Elastica foi uma das bandas femininas do britpop, ao lado do Lush. Porém a carreira da banda foi meteórica: o primeiro álbum, de 1995, foi precedido por bons compactos que as levaram ao topo das paradas independentes, mas, em decorrência de crises internas, a banda demorou cinco anos para lançar um novo disco e acabou se desfazendo logo após o lançamento do segundo álbum.

Uma banda que teve longevidade no britpop é a irlandesa Ash, que começou em 1995 e está na ativa até hoje, lançando bons discos. O som do Ash é um punk pop influenciado por Buzzcocks, The Jam e Nirvana.

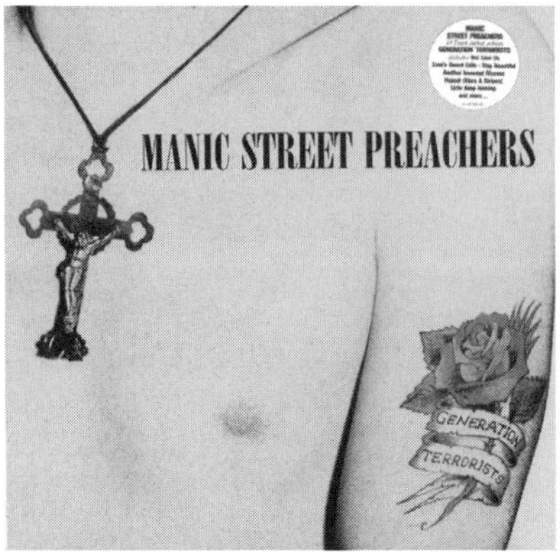

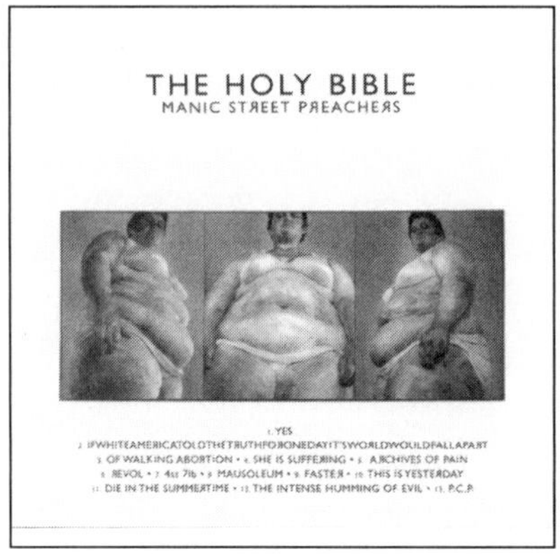

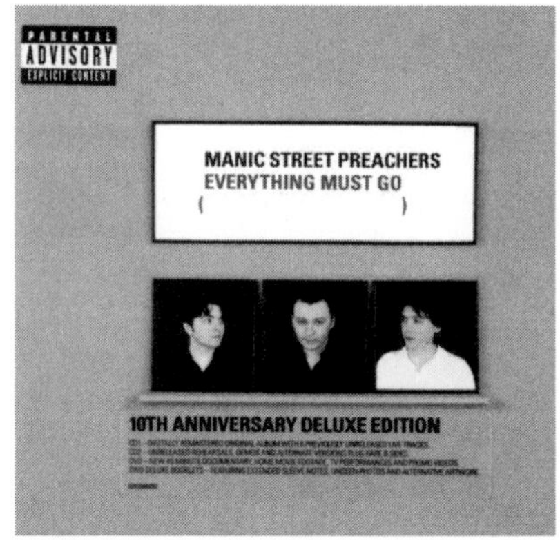

Outra banda que se mantém na ativa e sempre apresentando um trabalho de qualidade é a galesa Manic Street Preachers. O grupo surgiu em 1991, fazendo um som inspirado no glam rock, The Clash e no Sex Pistols. A banda lançou seu primeiro álbum em 1992. Na época eles declararam à imprensa que fariam um único disco para serem tão famosos quanto o Guns N' Roses e acabariam. Mas nada disso aconteceu: o primeiro disco, apesar de ser um bom álbum, não os levou ao estrelato e a banda existe até hoje.

Curiosamente a estrela do grupo não era o vocalista James Dean Bradfield, e, sim, o letrista e guitarrista Richey James. Figura performática e carismática, Richey nem precisava tocar sua guitarra, alguns até diziam que ele deixava o equipamento desligado nos shows. A imprensa descrevia o guitarrista como um Sid Vicious da década de 90, pois ele era notório pelo excesso nas drogas Depois do lançamento do terceiro álbum, *The Holly Bible*, em 1994, Richey desapareceu misteriosamente no início de 1995. Esse é um dos grandes mistérios do rock and roll, pois Richey nunca mais apareceu, seu corpo nunca foi encontrado, ninguém até hoje sabe se ele está vivo ou morto. Tudo isso contribuiu mais ainda para o sucesso comercial do Manic Street Preachers, pois a partir de 1996, com o lançamento do álbum *Everything Must Go*, a banda conquistou o status de superstar do britpop dos anos 90.

Discografia recomendada do Manic Street Preachers
GENERATION TERRORISTS (1992) ::: *GOLD AGAINST THE SOUL* (1993) ::: *THE HOLY BIBLE* (1994) ::: *EVERYTHING MUST GO* (1996) ::: *THIS IS MY TRUTH, TELL ME YOURS* (1998)

TRAVIS

O Travis é um grupo escocês que, a princípio, muita gente achava que poderia ser tão famoso quanto Radiohead e Coldplay. Eles quase conseguiram, porém o mais difícil foi sustentar o sucesso com bons álbuns e boas canções. Os três primeiros discos tinham uma série de hits, mas no quarto álbum a banda começou a decair e tenta até hoje se recuperar. Seus três primeiros e melhores álbuns são *Good Feeling* (1997), *The Man Who* (1998) e *The Invisible Band* (2001).

RADIOHEAD

Ao lado do Oasis, o Radiohead é a mais bem-sucedida e respeitada banda do britpop, graças à genialidade de seu vocalista, Tom Yorke. Eles começaram em 1993 com o álbum *Pablo Honey* e estouraram com a balada "Creep". Até então a banda tinha uma postura mais pop, mas, com o passar do tempo, o som foi ficando mais experimental e eletrônico e, mesmo assim, a banda não perdeu sua reputação. O álbum *OK Computer* (1997) é um marco do britpop. Além dos dois já citados, merecem destaque os álbuns *The Bends* (1995), *Kid A* (2000) e *Amnesiac* (2001).

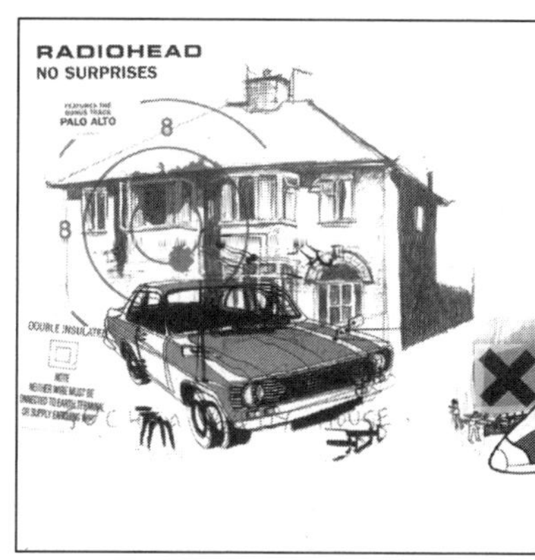

OASIS

Se tivéssemos de apontar alguma banda dos anos 90 com sucesso comparável ao do U2, essa banda seria o Oasis. De todas as bandas da década de 90, eles continuam sendo os mais populares.

Parece que os irmãos Noel e Liam Gallagher vão terminar a banda a qualquer momento; isso é o que se comenta desde 1994. Dizem que o relacionamento dos dois é sempre tenso, mas mesmo assim continuam trabalhando juntos e fazendo sucesso.

Em 1994 estrearam com o álbum *Definitely Maybe*, considerado pela crítica e pelo grande público como um dos melhores discos do pop inglês de todos os tempos, só perdendo para os Beatles, banda da qual o Oasis tirou toda a sua inspiração.

Em 1995, o segundo álbum, *(What's the Story) Morning Glory?*, manteve a mesma qualidade do primeiro e isso lhes garantiu o status de melhor banda inglesa da década de 90. Depois vieram os álbuns *Be Here Now* (1997), *Standing on the Shoulder of Giants* (2000), *Familiar to Millions — Live* (2000), *Heathen Chemistry* (2002) e *Don't Believe the Truth* (2005).

Com o passar do tempo, o Oasis teve algumas mudanças em sua formação, contudo a mais comentada foi na gravação do álbum *Don't Believe the Truth* (2005), quando recrutaram o filho do ex-Beatle Ringo Starr, Zak Starkey, para tocar bateria. Há rumores de que ele tenha se tornado um membro efetivo da banda e hoje excursiona com o grupo. Alguns dizem que essa foi uma maneira de os irmãos Gallagher ficarem um pouco mais próximos da banda que tanto amam: os Beatles.

COLDPLAY

Depois de Radiohead e Oasis, a última revelação do britpop no final da década de 90 foi, sem dúvida, o Coldplay, que aproveitou a fórmula inicial das baladas do Radiohead e, a partir dela, desenvolveu seu próprio estilo.

O vocalista Chris Martin às vezes tem um timbre parecido com o de Tom Yorke, mas é difícil confundir as duas bandas. Começaram lançando alguns compactos independentes até que, em 1999, assinaram com a Parlophone EMI inglesa e lançaram seu primeiro álbum, *Parachutes* (2000), quando emplacaram o sucesso "Yellow". A partir de então, emplacaram vários hits e continuam fazendo sucesso.

ROCK BRASILEIRO NA DÉCADA DE 90

Entre o final da década de 80 e início dos anos 90 os mineiros do Sepultura começavam a ter projeção mundial com os álbuns *Beneath The Remains* (1989) e *Arise* (1991). Nessa onda de metal brasileiro cantado em inglês outras bandas apareceram, como Angra, Viper, Dorsal Atlântica e Korzus, a maioria delas em atividade desde meados da década anterior.

Em Minas também surgia o Skank, formado em Belo Horizonte em 1991. Com uma mistura de reggae e pop, eles logo chamaram a atenção de uma grande gravadora, a Sony, que lançou, em 1993, o primeiro disco da banda, com os sucessos "O homem que sabia demais" e "In(dig)nação". A carreira do Skank tomou mais força ainda graças à divulgação da MTV, seus vídeos sempre foram premiados e seus discos atingiram grandes vendagens a cada lançamento.

Discografia recomendada
SKANK (1993) ::: *CALANGO* (1994) ::: *O SAMBA POCONÉ* (1996) ::: *SIDERADO* (1998) ::: *MTV AO VIVO EM OURO PRETO* (2001)

MANGUE BEAT

Enquanto isso, no Recife, acontecia uma nova cena batizada de mangue beat, em que bandas como Chico Science & Nação Zumbi e Mundo Livre S/A misturavam raízes do maracatu com música pop de vanguarda e tropicalismo. O mangue beat sofreu um sério revés com a trágica morte do vocalista Chico Science num acidente de carro em 2 de fevereiro de 1997, o que calou, de certa forma, a voz do movimento. O Mundo Livre S/A e a Nação Zumbi, com novo vocalista, continuam em atividade, mas eles nunca alcançaram o mesmo sucesso.

RAIMUNDOS E O SELO CRIADO PELOS TITÃS

Nessa mesma época os Titãs tiveram a idéia de criarem um selo musical dentro da gravadora Warner e fizeram o Banguela, dedicado à nova geração do rock dos anos 90. Nele, dentre outros, gravaram Mundo Livre S/A e uma banda de Brasília que aparecia fazendo um punk rock estilo Ramones, misturado com o baião e o forró de Genival Lacerda. Eram os Raimundos, que, em 1994, lançavam seu primeiro disco com o sucesso "Puteiro em João Pessoa" e depois "Selim", todas repletas de "sacanagem" nas letras, mas que acabaram furando o bloqueio até das rádios mais conservadoras.

Mais uma vez impulsionados pela MTV os Raimundos dominaram as paradas e podem ser considerados como uma das bandas mais populares da década.

Discos recomendados dos Raimundos
RAIMUNDOS (1994) ::: *LAVÔ TÁ NOVO* (1995) ::: *LAPADAS DO POVO* (1997) ::: *SÓ NO FORÉVIS* (1999)

PLANET HEMP

Do lado carioca outra banda de peso foi o Planet Hemp, liderada por dois rappers, Marcelo D2 e BNegão, que com o disco *Usuário* (1995) causaram polêmica por sua defesa ao uso da maconha. Mesmo assim, como os Raimundos, eles romperam o cerco das rádios para o rock mais pesado com letras sobre sexo e drogas e repletas de palavrões.

E por falar em palavrões, o recorde comercial em termos de vendagem de discos e execução em rádio e TV foi de um grupo de garotos da cidade de Guarulhos, região metropolitana de São Paulo: Mamonas Assassinas. Uma banda de irreverentes e humildes jovens que conquistaram adultos e crianças com suas letras bem-humoradas, inspiradas em grupos da década de 80 como Língua de Trapo e ainda em cantores divertidos como Falcão.

O disco homônimo de estréia em maio de 1995 atingiu a marca de 2,6 milhões de cópias em vendagens, uma das maiores vendas de uma banda de rock brasileiro. Infelizmente a carreira meteórica deles terminou em 2 de março de 1996, quando o avião em que a banda viajava colidiu com uma montanha na Serra da Cantareira, zona norte de São Paulo, matando todos os integrantes.

CARREIRAS SOLO BEM-SUCEDIDAS

Duas figuras saídas de bandas conhecidas para a carreira solo merecem ser citadas: Fernanda Abreu, ex-Blitz, acabou se tornando representante da tendência funk disco da década de 90 com os discos *Sla Radical Dance Disco Club* (1990), *Sla 2 Be Sample* (1992, com o sucesso "Rio 40 Graus") e *Da lata* (1995, com os hits "Veneno da lata" e "Garota sangue bom"). O segundo destaque é o ex-Titãs Arnaldo Antunes, que estreou em carreira solo com o LP *Nome*, de 1993, e lançou mais oito discos.

MAIS MINAS

Minas Gerais reaparece mais uma vez no final dos anos 90 com o sucesso de duas bandas: Jota Quest, que estourou com a música "Fácil", do segundo álbum *De volta ao planeta* (1998), e Pato Fu, da excelente vocalista Fernanda Takai, que lançou seu primeiro disco, *Rotomusic de Liquidificapum*, em 1993, mas o sucesso comercial só veio mesmo a partir do quarto disco *Televisão de Cachorro*, de 1998.

RIO DE JANEIRO

Já do Rio de Janeiro surgiu a banda O Rappa, fazendo uma fusão de rock, reggae, funk e samba. Eles alcançaram o sucesso com seu segundo disco, *Rappa Mundi*, de 1996, explodindo nas rádios com as músicas "A feira" e uma versão em português de "Hey Joe", de Jimi Hendrix.

Uma outra banda que seguiu essa trilha foi Los Hermanos, que estourou nas rádios em 1999 com a música "Ana Julia". Depois, sem ceder aos apelos comerciais, a banda conseguiu uma carreira muito bem-sucedida a partir do ano 2000.

SÃO PAULO

No ano de 1992, em Santos, São Paulo, aparecia o Charlie Brown Jr. Liderada pelo skatista, letrista e vocalista Chorão, a banda fazia um som inspirado em hardcore, punk rock californiano e ainda misturava reggae e hip hop. O primeiro disco, *Transpiração contínua prolongada*, veio somente em 1997 e o estouro foi dois anos depois com o álbum *Preço curto... prazo longo*.

Ao lado dos Raimundos, Charlie Brown Jr. foi um dos principais responsáveis pelo ressurgimento do rock brasileiro na mídia no final dos anos 90.

00

O AUGE DO INDIE

No final da década de 90, a cena indie experimentava seu auge entre os jovens ingleses e americanos. Bandas como The Flaming Lips e Mercury Rev freqüentavam as listas dos melhores discos.

O Flaming Lips teve seu álbum, *The Soft Bulletin*, eleito como um dos melhores de 1999. O Mercury Rev, com o álbum *Deserter's Songs*, foi eleito o melhor de 1998. E o ano 2000 se encerrou elegendo o álbum *Rated R*, da banda americana Queens of The Stone Age, como um dos melhores do início da nova década. Essa foi a lista dos dez melhores discos de 2000, segundo a revista inglesa *New Musical Express*:

1. *RATED R*_QUEENS OF THE STONE AGE
2. *XTRMNTR*_PRIMAL SCREAM
3. *STORIES FROM THE CITY, STORIES FROM THE SEA*_PJ HARVEY
4. *THE HOUR OF BEWILDERBEAST*_BADLY DRAWN BOY
5. *RELATIONSHIP OF COMMAND*_AT THE DRIVE-IN
6. *PARACHUTES*_COLDPLAY
7. *THE MARSHALL MATHERS LP*_EMINEM
8. *LOST SOULS*_DOVES
9. *MWNG*_SUPER FURRY ANIMALS
10. *KID A*_RADIOHEAD

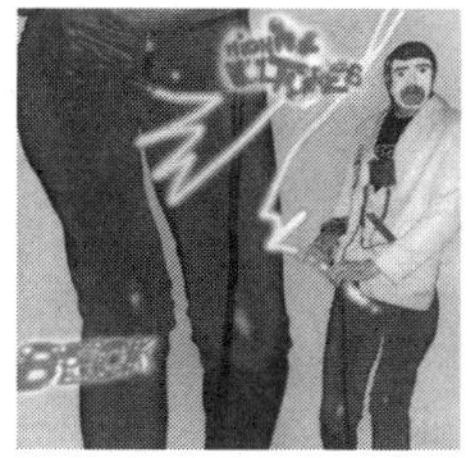

BECK

Em 1994, um garoto californiano de 24 anos começava a chamar a atenção da mídia pela inusitada mistura de várias tendências musicais, incluindo a Tropicália. Beck é seu nome. Natural de Los Angeles, Califórnia, o garoto misturava pop, folk, psicodelia, hip-hop, country, blues, R&B, funk, indie rock, noise rock, rock experimental, jazz, lounge e música brasileira. Uma mistura tão eclética não poderia falhar e, logo de cara, em 1994, ele lançou o álbum *Mellow Gold* por uma grande gravadora, estourando com "Loser".

Reconhecido como um dos talentos da cena indie, Beck continua lançando obras-primas até hoje. Algumas delas são *Odelay* (1996), *Mutations* (1998), *Midnight Vultures* (1999), *Sea Change* (2002), *Guero* (2005) e *The Information* (2006).

BELLE & SEBASTIAN

Ainda em meados da década de 90, uma banda britânica que se tornaria uma das mais influentes a partir de 2000 foi o Belle & Sebastian. A banda foi formada em Glasgow, na Escócia, em 1995, e estreou em disco no ano seguinte com o álbum *Tigermilk*.

A música do Belle & Sebastian também sofre uma série de influências como The Smiths, Velvet Underground, música folk inglesa da década de 60, como Donovan, e bandas alternativas escocesas da década de 80, como Orange Juice e Josef K.

Discografia do Belle & Sebastian

TIGERMILK (1996) ::: *IF YOU'RE FEELING SINISTER* (1996) ::: *THE BOY WITH THE ARAB STRAP* (1998) ::: *FOLD YOUR HANDS CHILD, YOU WALK LIKE A PEASANT* (2000) ::: *STORYTELLING* (2002) ::: *DEAR CATASTROPHE WAITRESS* (2003) ::: *THE LIFE PURSUIT* (2006)

A REVIRAVOLTA DO ANOS 2000

Mas a cena musical dos anos 2000 começava a mudar em janeiro de 2001, quando uma banda de Nova York lançava seu primeiro compacto pelo selo inglês Rough Trade: The Strokes. Depois de baterem na porta de uma série de gravadoras com o compacto *The Modern Age*, um dos executivos do Rough Trade ouviu e, no mesmo instante, ligou para Nova York e lhes disse: "Vamos lançar!". Nesse momento, o rumo da música pop dos anos 2000 começava a mudar. O compacto *The Modern Age*, lançado na Inglaterra em 29 de janeiro de 2001, recebeu altos elogios da crítica especializada e abriu as portas para os Strokes.

E então começaram as especulações: Que banda é essa? São pré-fabricados? Como uma banda que tem Julian Casablancas no vocal — filho do dono da agência de modelos Elite, John Casablancas — pode ser de verdade? Mas era, pois ninguém disse que rock tinha de ser feito só na periferia pelas classes mais baixas. Por que um jovem da classe média alta não poderia ter boas idéias musicais e colocá-las em prática?

Foi o que os Strokes fizeram: um dos guitarristas da banda, Albert Hammond Jr., é filho de um grande astro da música pop do início dos anos 70. Seu pai, Albert Hammond, fez muito sucesso em 1973 com a música "It Never Rains In Southern California", sucesso que chegou ao Brasil.

E, para completar o grupo nova-iorquino, o baterista é o brasileiro Fabrizio Moretti. Isso também fez que o mundo começasse a enxergar mais o Brasil. Apesar de Fabrizio morar no exterior desde criança, sempre fez questão de deixar bem claro que é brasileiro.

A música feita pelos Strokes tem a cara da Nova York dos anos 60 e 80, com uma mistura de influências de Velvet Underground, Television e Ramones. Por outro lado, havia também uma paixão muito grande da banda por Iggy Pop e pelos Stooges.

Por que esse repentino interesse pelos Strokes? Bem, o pop inglês do início dos anos 2000 começava a atravessar uma fase ruim, pois o quarto álbum do Oasis já não tinha mais a mesma força criativa dos dois primeiros. Bandas como Stereophonics, Manic Street Preachers, Pulp, Suede, Gene e Travis, que apareceram no final da década de 90 como a salvação do rock inglês, também começavam a cair na produtividade de seus álbuns. Não havia dúvida: o Britpop estava com os dias contados e a imprensa inglesa começou a voltar os olhos para uma nova geração americana de bandas, e a primeira a chamar a atenção foram os Strokes.

O primeiro álbum dos Strokes, *Is This It*, saiu no verão de 2001 e a capa da edição inglesa trazia uma foto do badalado fotógrafo Helmut Newton: uma modelo nua de lado, na região dos quadris, como se tivesse batendo nas nádegas com uma luva de couro. Uma foto que, por incrível que pareça, já nos anos 2000, escandalizou algumas lojas de discos britânicas, que se recusaram a colocar o CD nas vitrines.

Em seguida, o disco saiu nos Estados Unidos, mas várias modificações foram feitas, a começar pela capa: trocaram a foto da modelo e colocaram uma pintura abstrata. Além disso, a faixa "New York City Cops", uma sátira à polícia nova-iorquina, foi excluída. Como o disco saiu depois do atentado de 11 de setembro, acharam melhor não criar problemas com as autoridades americanas, que tanto se empenharam na tragédia do World Trade Center.

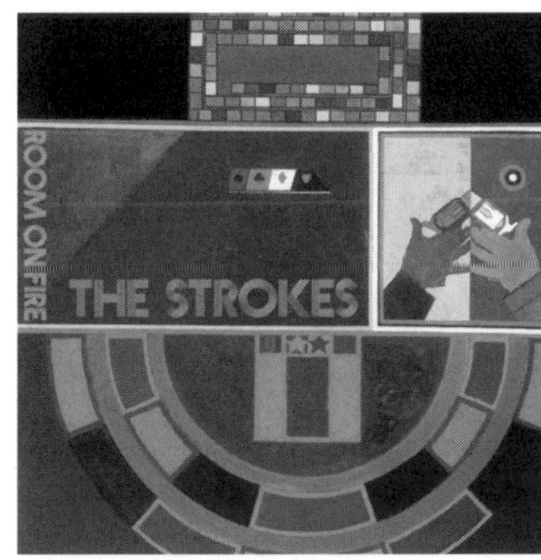

Em 2002, os Strokes eram a banda mais famosa da Inglaterra e tocavam em todos os festivais de verão pela Europa e pelos Estados Unidos. Não seria muito fácil manter todo esse êxito, no entanto, mesmo assim, os Strokes lançaram mais dois álbuns que seguiram o sucesso do primeiro: *Room on Fire* (2003) e *First Impressions of Earth* (2006).

A banda abriu caminho para toda a nova geração do rock inglês, e o guitarrista Albert Hammond Jr. aproveitou para lançar seu projeto solo no final de 2006. Um novo álbum dos Strokes está prometido para 2008.

Melhores álbuns de 2001 (segundo a NME)

1. *IS THIS IT*_THE STROKES
2. *LET IT COME DOWN*_SPIRITUALIZED
3. *WHITE BLOOD CELLS*_THE WHITE STRIPES
4. *THE BLUEPRINT*_JAY-Z
5. *LOVE IS HERE*_STARSAILOR
6. *IOWA*_SLIPKNOT
7. *ALL IS DREAM*_MERCURY REV
8. *POSES*_RUFUS WAINWRIGHT
9. *I GET WET*_ANDREW WK
10. *DRUKQS*_APHEX TWIN

A NOVA CENA DE NOVA YORK

Ainda em Nova York, depois dos Strokes, a imprensa inglesa descobriu mais algumas bandas que se tornaram famosas no início da década de 2000: Interpol, The Rapture, Yeah Yeah Yeahs e The Walkmen. Essas bandas inauguravam uma nova tendência do rock americano inspiradas no pós-punk da década de 80: Joy Division, Gang Of Four e Public Image Ltd.

O Interpol lançou dois álbuns importantes para essa nova geração: *Turn on the Bright Lights* (2002) e *Antics* (2004). Em 2007, a banda ainda apareceu com *Our Love To Admire*.

O Rapture, também inspirado na música do Talking Heads, conseguiu o aval da crítica especializada a partir do segundo álbum, *Echoes* (2003), e em 2006 lançou *Pieces of The People We Love*.

O Yeah Yeah Yeahs é um trio de Nova York com uma cantora carismática chamada Karen O. Seus dois álbuns foram aclamados pela imprensa: *Fever to Tell* (2003) e *Show Your Bones* (2006).

O Walkmen é a mais *underground* das bandas nova-iorquinas citadas. Cada um de seus álbuns tem um conceito diferente, mas suas influências são simples: Pixies, U2, Tom Waits e Velvet Underground.

Discografia do Walkmen
EVERYONE WHO PRETEND TO LIKE ME IS GONE (2002) ::: *BOWS + ARROWS* (2004) ::: *A HUNDRED MILES OFF* (2006) ::: *PUSSY CATS* (2006)

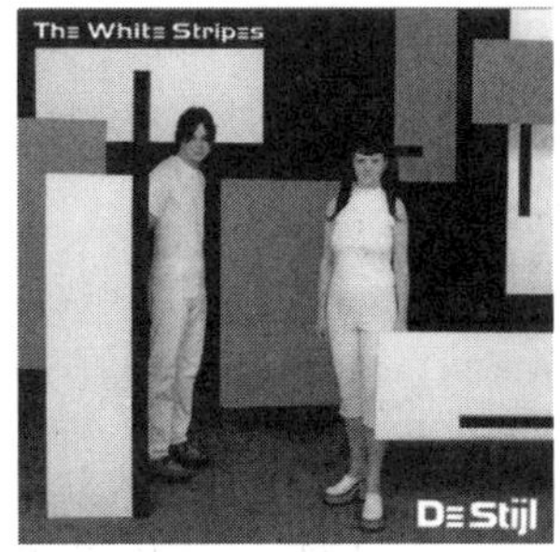

THE WHITE STRIPES

Na lista dos melhores álbuns de 2001 aparecia, em terceiro lugar, a banda The White Stripes — um duo de Detroit que, de repente, em 2001, estava estampado em todas as capas das revistas inglesas como a nova salvação do rock. E mais uma vez a pergunta: como uma banda formada por uma baterista, Meg White, um guitarrista, Jack White, e mais ninguém poderia salvar o rock and roll naquele instante? Por incrível que pareça, não precisava de mais nada mesmo. O duo conseguia fazer um barulho infernal apenas com dois instrumentos.

Jack White é um grande guitarrista, com formação em blues e country, e está conseguindo se tornar um dos músicos mais criativos dessa década. Meg White pode não ser a melhor baterista do mundo, mas se encaixa perfeitamente no som da guitarra e da voz de Jack White. Esse casamento musical — uns dizem que eles são irmãos, outros que foram, de fato, casados — resultou em cinco dos melhores discos dos últimos anos: *The White Stripes* (1999), *De Stijl* (2000), *White Blood Cells* (2001), *Elephant* (2003) e *Get Behind Me Satan* (2005).

Em 2006, Jack White montou uma outra banda com mais três integrantes, chamada The Raconteurs, e lançou um dos melhores álbuns daquele ano: *Broken Boy Soldiers*. E em 2007, o White Stripes reapareceu com *Icky Thump*.

Além do White Stripes, no início da década de 90 algumas bandas de Detroit começaram a chamar a atenção da crítica, como Detroit Cobras, The Dirtbombs, The Come-Ons, The Von Bondies, Soledad Brothers e The Paybacks, entre outras. Todas essas bandas são excelentes, mas infelizmente nenhuma delas conseguiu o êxito do White Stripes, talvez porque tenham sido sufocadas pelo sucesso repentino do duo.

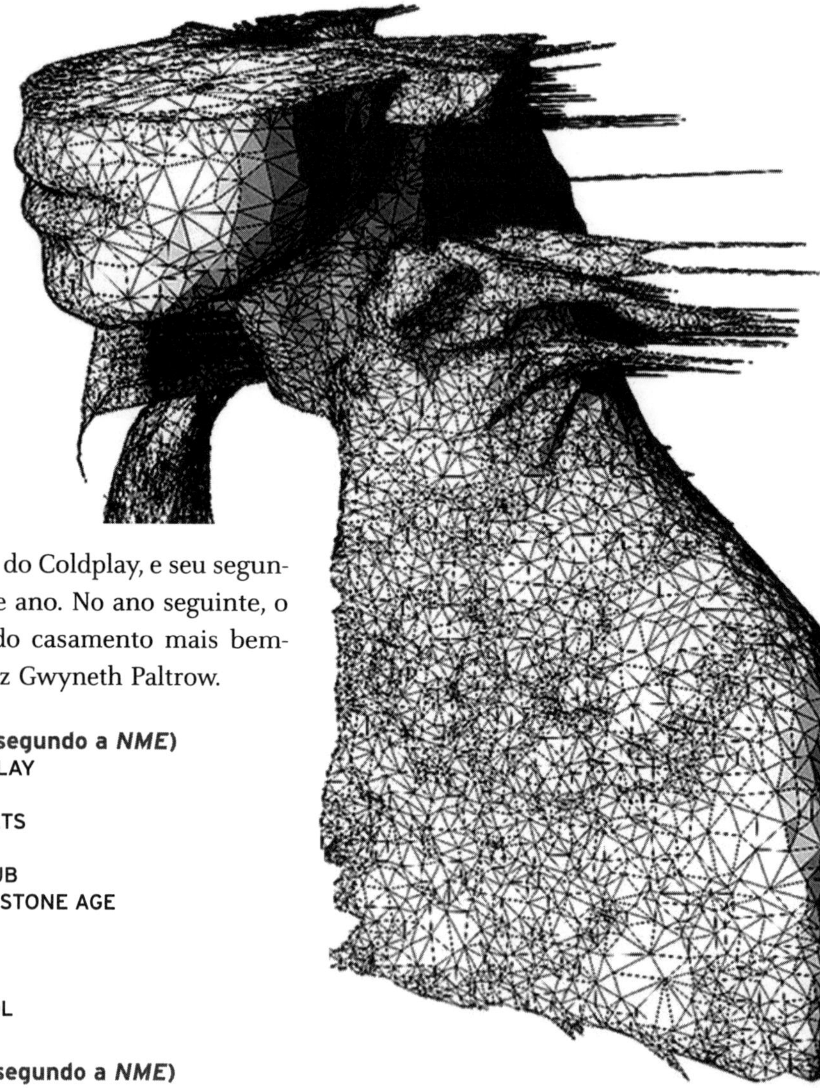

O DESTAQUE DE 2002

O ano de 2002 marcou a consagração do Coldplay, e seu segundo álbum foi eleito o melhor daquele ano. No ano seguinte, o vocalista Chris Martin foi o noivo do casamento mais bem-sucedido da nova geração, com a atriz Gwyneth Paltrow.

Os 10 melhores álbuns de 2002 (segundo a *NME*)

1. *A RUSH OF BLOOD TO THE HEAD*_COLDPLAY
2. *HIGHLY EVOLVED*_THE VINES
3. *ORIGINAL PIRATE MATERIAL*_THE STREETS
4. *THE CORAL*_THE CORAL
5. *BRMC*_BLACK REBEL MOTORCYCLE CLUB
6. *SONGS FOR THE DEAF*_QUEENS OF THE STONE AGE
7. *THE LAST BROADCAST*_DOVES
8. *THE EMINEM SHOW*_EMINEM
9. *THE DATSUNS*_THE DATSUNS
10. *TURN ON THE BRIGHT LIGHTS*_INTERPOL

Os 10 melhores álbuns de 2003 (segundo a *NME*)

1. *ELEPHANT*_THE WHITE STRIPES
2. *ECHOES*_THE RAPTURE
3. *ROOM ON FIRE*_THE STROKES
4. *CAST OF THOUSANDS*_ELBOW
5. *FEVER TO TELL*_YEAH YEAH YEAHS
6. *WANT ONE*_RUFUS WAINWRIGHT
7. *YOUTH & YOUNG MANHOOD*_KINGS OF LEON
8. *SPEAKERBOXXX/THE LOVE BELOW*_OUTKAST
9. *HAIL TO THE THIEF*_RADIOHEAD
10. *IT STILL MOVES*_MY MORNING JACKET

O TROCO DOS INGLESES

Depois do sucesso dos americanos, era hora de os ingleses reagirem e revelarem novas bandas. Foi então que, em 2003, um grupo escocês de Glasgow apareceu com um compacto chamado *Darts of Pleasure*. Seu nome: Franz Ferdinand, tirado de um duque austríaco da Primeira Guerra Mundial. No começo de 2004, lançaram a música "Take Me Out", que explodiu nas paradas, e em seguida saiu o álbum de estréia, que se tornou o melhor disco de 2004.

O segundo disco da lista dos melhores de 2004 era de outra banda inglesa, dessa vez de Londres — o Libertines —, um grupo de garotos apaixonados pelo punk do Clash, do The Jam, pela música dos anos 80 do Cure e Smiths e a música dos anos 60 do Kinks.

A banda era liderada pelo baderneiro e viciado em heroína Pete Doherty. Infelizmente só durou mais um disco, e Doherty, o vocalista, montou sua própria banda, o Babyshambles, não tão forte como os Libertines, mas que conseguiu emplacar o álbum *Down in Albion* entre os melhores de 2005.

O guitarrista Carl Barat, ex-Libertines, também lançou em 2006 sua banda — o Dirty Pretty Things —, que não conseguiu ser tão boa quanto o Libertines.

Os 10 melhores álbuns de 2004 (segundo a *NME*)

1. *FRANZ FERDINAND*_FRANZ FERDINAND
2. *THE LIBERTINES*_THE LIBERTINES
3. *A GRAND DON'T COME FOR A FREE*_THE STREETS
4. *SCISSOR SISTERS*_SCISSOR SISTERS
5. *THE FUTUREHEADS*_THE FUTUREHEADS
6. *THE GREAY ALBUM*_DANGER MOUSE
7. *THE COLLEGE DROPOUT*_KANYE WEST
8. *UP ALL NIGHT*_RAZORLIGHT
9. *LESSER MATTERS*_THE RADIO DEPT
10. *NO CITIES LEFT*_THE DEARS

ENQUANTO ISSO, NO CANADÁ...

Em 2005 foi a vez do Canadá mostrar para o mundo que também sabe fazer música. A banda Arcade Fire lançou um dos melhores discos do ano, *Funeral*. A banda tem influências diversas como Echo & The Bunnymen, Talking Heads, Pixies e Joy Division dos anos 80, e ainda Bowie e Roxy Music dos anos 70. Sua música, porém, não lembra nenhuma das bandas citadas, pois eles conseguem um estilo e uma identidade toda especial, e isso fez o mundo se render à banda, colocando-os entre os melhores álbuns de 2005.

Só perderam mesmo para uma nova banda inglesa, que também atraiu a atenção de todos com seu som influenciado pelo pós-punk e pelo indie rock do Sonic Youth, Blur e dos Pixies. O Bloc Party faz um indie dançante e bem elaborado. Às vezes os chamam de *art punkers*, pois sua música tem a inteligência de um Talking Heads na década de 80. Tal fato lhes garantiu uma grande credibilidade com a crítica, que acabou colocando-os como os melhores de 2005.

Os 10 melhores álbuns de 2005 (segundo a *NME*)

1. *SILENT ALARM*_BLOC PARTY
2. *FUNERAL*_ARCADE FIRE
3. *YOU COULD HAVE IT SO MUCH BETTER*_FRANZ FERDINAND
4. *I AM A BIRD NOW*_ANTONY AND THE JOHNSONS
5. *EMPLOYMENT*_KAISER CHIEFS
6. *GET BEHIND ME SATAN*_THE WHITE STRIPES
7. *ILLINOISE*_SUFJAN STEVENS
8. *LATE REGISTRATION*_KANYE WEST
9. *DOWN IN ALBION*_BABYSHAMBLES
10. *DEMON DAYS*_GORILLAZ

ALT-COUNTRY E ANTI-FOLK

Os americanos também criaram duas novas tendências musicais no final da década de 90 e as chamaram de alt-country e anti-folk, nada mais nada menos que uma música country alternativa e também de intérpretes inspirados pela música folk, porém com uma sonoridade mais ousada e experimental.

Um dos nomes do anti-folk que entrou na lista dos melhores discos de 2005 foi o jovem americano Sufjan Stevens, com o álbum *Illinoise*. Nessa mesma tendência, outro artista badalado foi Devendra Banhart — a propósito, também apaixonado pela Tropicália brasileira.

A DISPUTA ENTRE A AMÉRICA E A ILHA

O pop inglês, mesmo sem os Libertines, revelou em 2005 mais uma banda de sucesso: Kaiser Chiefs. Vindos de Leeds, na Inglaterra, eles fazem um som inspirado em Madness, Roxy Music, Blur e The Jam.

A música do Kaiser Chiefs contagiou a garotada desde seu primeiro hit. O compacto *I Predict a Riot* e o álbum *Employment* entraram em todas as listas dos melhores de 2005.

Os americanos, influenciados pelo novo pop inglês de bandas como Franz Ferdinand e Kaiser Chiefs, deram sua resposta com um grupo de Las Vegas chamado The Killers. Em 2004, eles foram responsáveis por um dos melhores discos daquele ano, *Hot Fuss*. Em 2006, lançaram o disco *Sam's Town*, que também entrou na lista dos mais premiados.

Animados com o sucesso de bandas como Franz Ferdinand e Kaiser Chiefs, as gravadoras independentes inglesas começaram a investir em novas bandas, e o selo Domino, que lançou Franz Ferdinand, em 2006, acertou com mais uma banda, o Arctic Monkeys, que inaugura uma nova era de sucesso via internet.

A banda começou disponibilizando algumas de suas primeiras músicas via internet e criou um público com esse meio. Quando lançou seu compacto *I Bet You Look Good on the Dancefloor*, em março de 2006, conseguiu chegar ao topo das paradas inglesas em menos de uma semana, confirmando o sucesso conseguido virtualmente. O grupo demonstrou tanta energia e boas músicas em seu álbum de estréia que teve seu disco eleito como o melhor de 2006.

O pop inglês, de seu lado, continua revelando novas bandas e propostas como Muse e Kasabian, dois grupos vindos da mesma leva do Coldplay e que acabaram conquistando a simpatia da crítica e do público.

A GRANDE SURPRESA

A grande surpresa dos últimos tempos foi em 2006 com a banda brasileira Cansei de Ser Sexy, que saiu dos porões paulistanos e foi parar na gravadora Sub Pop — a mesma que trouxe ao mundo o Nirvana.

Em 2006, o Cansei de Ser Sexy conseguiu conquistar toda a crítica inglesa especializada com seu álbum de estréia, além de ter feito aquilo que toda banda brasileira sonha: entrar na lista dos 10 melhores discos de 2006, segundo a revista *New Musical Express*. Na lista dos melhores álbuns, percebe-se que eles conseguiram ficar na frente dos Strokes, conquistando o quinto lugar.

Os 10 melhores álbuns de 2006 (segundo a *NME*)

1. *WHATEVER PEOPLE SAY I AM THAT'S WHAT I'M NOT*_**ARCTIC MONKEYS**
2. *SHOW YOUR BONES*_**YEAH YEAH YEAHS**
3. *BLACK HOLES AND REVELATIONS*_**MUSE**
4. *THE WARNING*_**HOT CHIP**
5. *CANSEI DE SER SEXY*_**CSS**
6. *ST. ELSEWHERE*_**GNARLS BARKLEY**
7. *SOMEONE TO DRIVE YOU HOME*_**THE LONG BLONDES**
8. *FIRST IMPRESSIONS OF EARTH*_**THE STROKES**
9. *EMPIRE*_**KASABIAN**
10. *THE BLACK PARADE*_**MY CHEMICAL ROMANCE**

EMO, NEW METAL E NOVOS GÓTICOS

Voltando ao lado americano, o movimento que mais causou polêmica em 2006 foi o chamado emo. Alguns jovens amam, outros odeiam, mas a verdade é que esse gênero acabou sendo o que mais vendeu na América e na Europa entre 2006 e 2007. Bandas como My Chemical Romance, Panic at The Disco e Fall Out Boy estão no topo da lista dos mais vendidos e são aclamados por uma nova geração.

O emo começou ainda nos anos 90, e, a princípio, chamavam-no de *emotional hardcore* ou *emo-core*, a forma de definir um hardcore mais melódico e emocionalmente perturbado por paixões adolescentes. Uma das primeiras bandas dessa tendência foi o Sunny Day Real State, depois vieram Dashboard Confessional, Pedro The Lion, Jimmy Eat World, The Get Up Kids e outras.

O punk pop americano e o new metal também geraram outros nomes para a nova década, como Good Charlotte, Alkaline Trio, Sum 41, Face to Face e até os canadenses do Simple Plan. Tudo isso impulsionado ainda mais pelo sucesso do álbum *American Idiot*, do Green Day, um dos álbuns mais vendidos de punk pop de 2004 para cá. Além desse álbum do Green Day, houve outros álbuns de punk pop na lista dos mais vendidos: *The Chronicles of Life and Death*, do Good Charlotte; *Still Not Getting Any*, do Simple Plan; e *Chuck*, do Sum 41.

Seguindo a linha new metal, o Linkin Park foi um dos grandes sucessos do rock americano a partir de 2000. Formada em Los Angeles, a banda lançou quatro bem-sucedidos álbuns até o momento: *Hybrid Theory* (2000), *Meteora* (2003), *Live in Texas* (2003) e *Minutes to Midnight* (2007).

Outro grande nome do metal nesta nova década é o System of a Down. A banda foi formada no sul da Califórnia, no final da década de 90. Influenciado por Mike Patton e seu Mr. Bungle, Slayer, Jane's Addiction, Metallica, Sepultura e Faith No More, o System of a Down criou um estilo que conquistou o público de metal da nova era, com os álbuns *System of a Down* (1998), *Toxicity* (2001), *Steal This Album* (2002), *Mesmerize* (2005) e *Hypnotize* (2005).

Em uma linha mais goth metal e pós-grunge apareceu o Evanescence, definido como uma mistura de Linkin Park com a cantora Tori Amos, muito disso graças à vocalista e pianista Amy Lee. O Evanescence é recordista de vendas com seus álbuns *Fallen* (2003), *Anywhere But Home (Live)* (2004) e *The Open Door* (2006).

O circo dos horrores de Marilyn Manson também não ficou sozinho em 2000, pois, no final da década de 90, aparecia o Slipknot, uma banda que adotou um visual de máscaras de Halloween, às vezes inspiradas no personagem Jason, do filme de terror *Sexta-Feira 13*. Com todo esse aparato e impulsionada pelo *Ozzfest* de Ozzy Osborne, a banda decolou a partir de 1999, quando assinou com o selo Roadrunner. Lançou os seguintes álbuns: *Slipknot* (1999), *Iowa* (2001), *Vol. 3: The Subliminal Verses* (2004) e *9.0: Live* (2005).

NO BRASIL

No Brasil, algumas bandas influenciadas pelo punk e pelo hardcore surgiram no final da década de 90 e hoje são as mais famosas do país, como o CPM 22 e o Hateen.

O CPM 22 (sigla de "Caixa Postal Mil e Vinte e Dois") lançou seu primeiro disco independente em 2000, influenciado por Ramones, Garage Fuzz, Cólera, Kiss, Green Day e até sons alternativos como os de Weezer e do Smashing Pumpkins. Criaram um estilo hardcore melódico, assinaram com uma grande gravadora em 2001 e estouraram em todo o país.

Discografia do CPM 22
A ALGUNS QUILÔMETROS DE LUGAR NENHUM (2000)
CPM 22 (2001)
CHEGOU A HORA DE RECOMEÇAR (2002)
FELICIDADE INSTANTÂNEA (2005)
MTV AO VIVO (2006)

O Hateen existe desde 1994, fazendo uma mistura de punk, hardcore e indie rock. O grupo gravou os quatro primeiros álbuns com músicas em inglês, mas, a partir do disco *Procedimentos de emergência*, de 2006, partiu para um repertório em português, graças ao vocalista Rodrigo Koala, que já havia composto vários dos sucessos do CPM 22.

Discografia do Hateen
HYDROPHOBIA (1998)
DEARLIFE (2000)
MORE LIVE THAN DEAD (2002)
LOVED (2004)
PROCEDIMENTOS DE EMERGÊNCIA (2006)

Também no estilo hardcore, outra banda bem-sucedida são os capixabas do Dead Fish. A banda foi formada em 1995, em Vitória, no Espírito Santo, e de lá para cá já lançou oito CDs e um DVD ao vivo. Até 2003, o Dead Fish era uma banda totalmente independente, mas em 2004 assinou com o selo Deckdisc e lançou o CD *Zero e um*, que ajudou mais ainda na divulgação do grupo.

Das novas bandas gaúchas, uma das mais bem-sucedidas é Cachorro Grande. Formada em 1999, em Porto Alegre, a banda foi responsável pelo ressurgimento do rock gaúcho na mídia, que além deles tem grandes grupos como Bidê ou Balde, Ultramen e Tequila Baby.

A música do Cachorro Grande é bastante influenciada pelo som dos anos 60, como Beatles, Stones, The Who, The Kinks e Os Mutantes. Em 2004, o segundo CD da banda foi encartado como brinde na revista do cantor Lobao, chamada *Outra Coisa*, e foi um sucesso em vendas. Isso levou a banda a assinar com a gravadora Deckdisc, que tornou o grupo famoso nacionalmente.

Discografia do Cachorro Grande
CACHORRO GRANDE (2001)
AS PRÓXIMAS HORAS SERÃO MUITO BOAS (2004)
PISTA LIVRE (2005)

Em 2005, a MTV lançou um DVD especial com as novas bandas gaúchas chamado *Acústico MTV — Bandas gaúchas*, e dele participaram Cachorro Grande, Bidê ou Balde, Wander Wildner e Ultramen.

Da Bahia veio uma cantora chamada Pitty, que conquistou norte e sul do país com seu estilo punk/hardcore, grunge e também influenciado pelo indie rock. Em 2003, Pitty lançou o álbum *Admirável chip novo* e começou a tocar nas rádios e na MTV com as músicas "Máscara", "Teto de vidro", "Equalize", entre outras. O disco foi um grande sucesso e mais da metade de suas músicas tocou nas rádios. Em 2005, o álbum *Anacrônico* seguiu a mesma trilha de sucesso do anterior, com sucessos como "Memórias" e "Déjà-vu", entre outros.

Pitty ganhou o prêmio da escolha da audiência da MTV Video Music Brasil, graças ao seu carisma com o público roqueiro, e agradeceu fazendo um discurso marcante: "Eu queria agradecer a todas as mulheres que me inspiraram nessa vida, que foram mulheres que usaram o seu cérebro e não as suas bundas pra conseguir alguma coisa...".

BIBLIOGRAFIA

Asbjornsen, Dag Erik. *Secent Gardens of the Mind*, 2000.

Bertoncelli Riccardo & Rizzi Cesare. *Enciclopédia Rock*, 1987.

Chacur, Fabian Decio. *Os Ídolos do Pop Rock*, 2001.

Christgau, Robert. *Christgau's Record Guide*, 1981.

Clarke, Donald. *Penguin Encyclopaedia of Popular Music*, 1989.

Dawon, Jim. *45 RPM*, 2003.

_____. *Rock Around the Clock*, 2005.

Erlewine, Michael. *All Music Guide*, 1994.

Evans, Mike. *The Rock´n´Roll Age*, 2007.

Gillett, Charlie. *The Sound of the City: The Rise of Rock and Roll*, 1970.

Hardy, Phil & Laing Dave. *Faber Companion to 20th Century Popular Music*, 1990.

Joynson, Veron. *The Tapestry of Delights*, 1995.

Nahoum, Leonardo. *Enciclopédia do Rock Progressivo*, 1994.

Pareles, Jon. *The Rolling Stone Encyclopaedia of Rock & Roll*, 1983.

Prenderast, Mark. *The Ambient Century*, 2000.

Robbins, Ira. *Trouser Press Record Guide*, 1985.

_____. *Trouser Press Guide to '90s Rock*, 1997.

Scruffi's, Piero. *History of Rock Music*, 1991.

Southern, Eileen. *The Music of Black Americans*, 1971.

REVISTAS E JORNAIS

Artrocker

Melody Maker

Mojo

New Musical Express

Poeira Zine

"Q"

Uncut

AGRADECIMENTOS Jaime Gaeta, Carlos Nishimiya, Guilherme Bryan, Fernando Naporano,

Bento Araújo, Ayrton Mugnaini Jr., Kosmo, Power Toys (Cássio), José e Júlia (Nuvem Nove – Discos)

ESTE LIVRO FOI COMPOSTO EM CELESTE E IMPRESSO PELA EDIOURO GRÁFICA SOBRE PAPEL OFFSET 120 G/M^2 PARA A EDIOURO EM 2009 (2ª edição/ 1ª reimpressão).